A FACE OCULTA DA EMPRESA

CB015475

MARCO A. OLIVEIRA

A FACE OCULTA DA EMPRESA

COMO DECIFRAR E GERENCIAR A CULTURA CORPORATIVA

A face oculta da empresa: como decifrar e gerenciar a cultura corporativa
© Marco A. Oliveira, 2009

Direitos desta edição reservados ao Serviço Nacional de Aprendizagem Comercial – Administração Regional do Rio de Janeiro e ao Sistema Fecomércio-RJ.

Vedada, nos termos da lei, a reprodução total ou parcial deste livro.

SISTEMA FECOMÉRCIO-RJ
SENAC RIO
Presidente do Conselho Regional: Orlando Diniz

Editora Senac Rio
Av. Franklin Roosevelt, 126/604
Centro – Rio de Janeiro – RJ – CEP: 20021-120
Tel.: (21) 2510-7100 – Fax: (21) 2240-9656
www.rj.senac.br/editora – comercial.editora@rj.senac.br

Editora: Daniele Paraíso

Produção editorial: Andréa Ayer, Elvira Cardoso e Karine Fajardo (coordenadoras), Lilia Zanetti, Marcia Maia, Mariana Rimoli e Paulo Serpa

Capa e projeto gráfico: Márcio Coutinho

Copidesque: Cristhiane Ruiz

Revisão: Isabella Leal

Impressão: Colorset

1ª edição: abril de 2009

CIP-BRASIL. CATALOGAÇÃO-NA-FONTE
SINDICATO NACIONAL DOS EDITORES DE LIVROS, RJ

O48f

Oliveira, Marco A., 1942–
    A face oculta da empresa: como decifrar e gerenciar a cultura corporativa / Marco A. Oliveira. – Rio de Janeiro : Ed. Senac Rio, 2009.
    312p. ; 16cm x 23cm

    Contém glossário
    ISBN 978-85-7756-042-4

    1. Cultura organizacional. 2. Administração de empresas. 3. Negócios – Administração. I. Título.

09-0540.   CDD: 658.406
                                                   CDU: 658.012.32

A Edna, cujo entusiasmo ao me ver escrevendo foi a tal ponto incentivador que recomendo a todo escritor que busque o mesmo em sua companheira (ou trate de arrumar uma que o tenha)!

O clássico que escreve sua tragédia observando certo número de regras que conhece é mais livre do que o poeta que escreve o que lhe passa pela cabeça e é escravo de outras regras que ignora.

Raymond Queneau (1903–1973), poeta e escritor francês, criador do movimento OuLiPo.

SUMÁRIO

APRESENTAÇÃO...11

CAPÍTULO 1 – O CONCEITO DE CULTURA 15

CAPÍTULO 2 – CULTURA CORPORATIVA 43

CAPÍTULO 3 – A ESTRELA DE SEIS PONTAS: VISÃO GERAL DO MODELO 81

CAPÍTULO 4 – DO CONTEXTO À MISSÃO: SONHOS E VISÕES DO EMPREENDEDOR..........103

CAPÍTULO 5 – O SENTIDO GERAL DA EMPRESA: MISSÃO, VISÃO, *CORE BUSINESS* E
   CORE COMPETENCES 135

CAPÍTULO 6 – A FORMAÇÃO DA CULTURA CORPORATIVA 157

CAPÍTULO 7 – AS MODALIDADES DA CULTURA CORPORATIVA 177

CAPÍTULO 8 – O IDEÁRIO: O QUE ESTÃO PENSANDO OS "HOMENS LÁ EM CIMA"? 215

CAPÍTULO 9 – POLÍTICAS, ESTRATÉGIA E MODELO DE GESTÃO DA EMPRESA 255

NOTAS BIBLIOGRÁFICAS 291

GLOSSÁRIO 303

APRESENTAÇÃO

Como consultor, venho me debruçando sobre um apaixonante objeto de estudo: a cultura corporativa – comumente chamada de cultura organizacional ou empresarial. Há algum tempo desenvolvi um modelo para a análise da estratégia das empresas, que me possibilitou refletir profundamente sobre as conexões entre cultura corporativa e estratégia, além de outros aspectos da gestão. Nomeei esse modelo Hexagrama Estratégico, ou Estrela de Seis Pontas, em virtude do formato que, quase por acaso, acabou assumindo: uma figura geométrica composta por dois triângulos equiláteros superpostos (sem qualquer referência intencional ao símbolo judaico conhecido por estrela-de-davi ou signo-de-salomão).

Em 1995, defendi uma dissertação de mestrado no Departamento de Antropologia da Universidade de São Paulo. O trabalho versava sobre a cultura corporativa e já continha um embrião do modelo citado, embora, a partir de então, eu o tenha desenvolvido e aperfeiçoado. Em meus seminários, minhas aulas e palestras sobre esse tema, os participantes têm demonstrado bastante interesse ao verificarem que a Estrela de Seis Pontas é um esquema eficiente de planejamento e execução a ser aplicado nas tomadas de decisões nas organizações em que atuam.

O modelo integra conceitos tratados freqüentemente de forma desconexa, tais como missão, visão, valores, cultura, políticas, competências, princípios, poder, ambiente externo e estratégia. Minha intenção é que esse modelo seja útil ao leitor em suas análises e reflexões sobre as organizações com as quais trabalha.

Antes, porém, apresento uma metáfora que considero essencial para a compreensão do estudo da cultura corporativa.

A teoria mais aceita sobre a formação do universo é a do Big Bang: uma explosão cósmica ocorrida há dez ou vinte bilhões de anos teria espalhado matéria cósmica em todas as direções.[1] Na comunidade científica, acredita-se que o Sol e os planetas formaram-se praticamente ao mesmo tempo, a partir de uma nuvem de material interestelar que teria se contraído e, gradativamente, se aglomerado, dando forma a astros compostos de terra, gelo e gás, em proporções variáveis. A matéria nuclear remanescente tornou-se o Sol.[2]

Utilizei o exemplo do sistema solar para criar uma imagem das empresas e de sua cultura: um gestor, ou um pequeno grupo de gestores, detém ou representa o capital, mantendo um poder hegemônico sobre todo o restante. Metaforicamente, o Sol representa esse ente hegemônico capitalista, e os planetas encenam o papel dos principais *stakeholders* de uma empresa.

O ENTE HEGEMÔNICO E OS
PRINCIPAIS *STAKEHOLDERS* DE UMA EMPRESA

O termo *hegemônico* (do grego *hegemon*, que significa líder, condutor) expressa a idéia de liderança. *Stakeholder* (do inglês *stake*, que quer dizer interesse, participação; e *to hold*, equivalente a manter, possuir) designa aquele que tem interesse direto na existência e no sucesso da empresa. Os principais *stakeholders* de uma empresa são *empregados*, *clientes* e *fornecedores*, respectivamente, *ente produtor*, *ente adquiridor* e *ente provedor*. Cada um representa um "planeta" gerado pela "explosão" primordial e que, uma vez criado, passa a gravitar em torno do Sol. O *ente produtor* é o planeta que orbita mais próximo do Sol e também é o *stakeholder* mais importante na cultura da empresa.

Os três *stakeholders* principais são completamente distintos do mercado, dos concorrentes, dos sindicatos (patronais e de trabalhadores), do governo local, e até mesmo da sociedade em geral. Todos têm interesse na continuidade e no sucesso da empresa, é claro, mas o fato importante é que, ao contrário dos principais, os demais *stakeholders* independem da empresa: suas existências não estão sujeitas a ela.

Empregados, clientes e fornecedores também continuarão existindo, mesmo que a empresa desapareça. Nesse caso, porém, não serão mais *empregados*, *clientes* ou *fornecedores*: terão de se estabelecer em outra esfera na qual serão denominados *trabalhador*, *consumidor* e *empresa X ou Y*. E poderão novamente ser considerados empregados, clientes ou fornecedores, em relação a outra empresa.

Qualquer empresa tem origem num *ente hegemônico* e é por este conduzida em toda a sua trajetória. Nenhuma empresa existe sem tal ente. Não existe empresa sem seus *entes provedores* (que a abasteçam de suprimentos e serviços), *produtores* (que elaborem os produtos e/ou prestem os serviços que ela oferece) e *adquiridores* (que comprem esses produtos e serviços). Assim, temos de pensar que a cultura da empresa, em última análise, resulta da inter-relação contínua e dinâmica entre o ente hegemônico e os três entes por ele gerados e sustentados.

A rigor, nos dias de hoje, a cultura de uma empresa está muito mais relacionada ao intenso embate entre o ente hegemônico e o ente produtor. Ao passo que o ente provedor e o ente adquiridor permanecem mais afastados. Na verdade, o ente provedor quase sempre se mostra tão distante que poucas vezes percebemos sua presença nas manifestações culturais da empresa. Já o ente adquiridor costuma ser mais participativo na cultura corporativa; porém, ainda assim, é o ente produtor que mais se destaca. Portanto, é nas relações entre o corpo de gestores de nível estratégico e os colaboradores da empresa que se concentra, de fato, o que acontece de importante na cultura corporativa.

Há pelo menos dois fenômenos que estão transformando totalmente as empresas e poderão vir a ser, em curto prazo, aspectos igualmente determinantes de sua cultura: o desmantelamento das estruturas tradicionais de organização; e a crescente volatilidade nos comportamentos e na fidelidade dos consumidores. Efeito do processo de globalização, esses fenômenos apontam para um evidente aumento da importância tanto de fornecedores quanto de clientes na vida cultural da empresa.

No primeiro caso, a banalização dos processos de redução de quadros (*downsizing*) e terceirização (*outsourcing*) desloca para fora das empresas funções e departamentos que antes as caracterizavam: serviços, matérias-primas e produtos, em vez de serem produzidos internamente, como até poucas décadas atrás, têm sido supridos muitas vezes por organizações extra-empresa. Nesse caso, a impressão que se tem é de uma empresa cuja cultura se expande para abarcar outras unidades produtoras, sobre as quais o ente hegemônico detém um poder cada vez mais diluído e volátil. Um prenúncio disso pode ser visto nas empresas automobilísticas japonesas (na Toyota, em particular), em que, há duas ou três décadas, os estudiosos da administração identificaram estruturas de fornecedores organizadas em constelações sistêmicas girando em torno da empresa principal.

A velocidade das mudanças tecnológicas, o crescimento acelerado da oferta de produtos e serviços, o aumento da concorrência, da guerra propagandística e de outros fenômenos tornam os clientes cada vez mais bem informados, exigentes e volúveis, o que faz com que, nos dias de hoje, seja muito mais difícil conservar um cliente ativo por um longo período do que há duas ou três décadas. Para compensar essa defasagem, as organizações buscam, incessantemente, maneiras de aumentar sua base de clientes (por meio do franqueamento de produtos, serviços e marcas, por exemplo). No entanto, com tal atitude, empresas se expandem e se volatilizam. Que efeitos estruturais esses fenômenos produzirão, dentro de algum tempo, sobre a cultura corporativa é algo que ainda ninguém sabe. Mas, certamente, é também algo que merece e precisa ser posto sob vigilância constante.

Este livro é composto de nove capítulos. Nem todos tratam especificamente da cultura corporativa. Considero que, de forma isolada, tal cultura não é suficiente para explicar a complexa dinâmica de uma empresa. Assim como toda a teoria da gestão seria insuficiente para explicá-la caso não considerasse a cultura um dos seus ingredientes mais essenciais e complexos, será preciso, também, entendermos conceitos de gestão que se associam àqueles relativos à cultura e seus desdobramentos a fim de chegar a uma explicação mais abrangente do funcionamento das empresas.

No Capítulo 1, é apresentado um apanhado dos conceitos sobre cultura em geral, na tentativa de levar o leitor a obter alguma familiaridade com esse conceito antropológico; o Capítulo 2 discute a cultura corporativa propriamente dita, utilizando-se dos conceitos que foram abordados no capítulo anterior e tratando de relacioná-los com a dinâmica empresarial.

O Capítulo 3 é dedicado à apresentação do modelo do Hexagrama Estratégico ou Estrela de Seis Pontas. A intenção desse capítulo é fazer uma breve introdução sobre o modelo proposto, para que o leitor conheça os conceitos básicos e possa avançar na elaboração mais aprofundada dos capítulos seguintes.

No Capítulo 4, é analisado mais detidamente o contexto em que a empresa se forma e no qual atua, bem como as complexidades que tal contexto apresenta. Nesse capítulo, ressalte-se a figura do empreendedor como personagem central no processo de identificação de oportunidades, idealização e concretização da empresa.

O Capítulo 5 é dedicado à análise dos conceitos de missão, visão, *core business* e *core competences* da empresa. Há uma forte associação entre esses conceitos e sua importância para a correta compreensão da estratégia, do ideário do ente hegemônico e da cultura corporativa.

O Capítulo 6 enfoca a formação e a revolução da cultura da empresa ao longo do tempo.

No Capítulo 7, são analisados diferentes tipos e formas de cultura corporativa.

O Capítulo 8 é dedicado ao ideário do ente hegemônico, que é o sistema de crenças e valores dos dirigentes da empresa. Esse ideário estará continuamente entrando em choque com a cultura corporativa, dentro de uma lógica que o leitor poderá constatar.

Por fim, o Capítulo 9 descreve como o ideário gera as políticas e a estratégia corporativa, e como essa estratégia demanda o constante aperfeiçoamento do sistema de gestão.

Este livro está estruturado de forma a possibilitar ao leitor iniciar sua leitura pelo tema que mais lhe interessar, mesmo que fora da ordem usual. A organização em subcapítulos facilita a localização de um assunto específico. O glossário, situado no fim do livro, ajuda no esclarecimento de termos específicos empregados ao longo do texto.

Marco A. Oliveira

CAPÍTULO 1

O CONCEITO DE CULTURA

É difícil fixar no papel os caminhos das andorinhas, que cortam o ar acima dos telhados, perfazendo parábolas invisíveis com as asas rígidas...

Ítalo Calvino (1923–1988), escritor italiano nascido em Cuba, em *As cidades invisíveis*.

A ANGÚSTIA PROVOCADA PELO DESCONHECIDO

Apocalypse Now (1979), filme de Francis Ford Coppola, ambientado no Vietnã, com Martin Sheen no papel do capitão Willard e Marlon Brando como o coronel Kurtz, um oficial execrado, é marcado por uma atmosfera de crescente tensão. Uma contínua batida de tambor atormenta o espectador, prenunciando o horror cada vez maior com o qual o capitão Willard e sua tropa se defrontam, à medida que, seguindo o curso de um rio, avançam no interior da mata. Visões atormentadoras vão se revelando, e, aos poucos, eles se vêem rodeados de indivíduos misteriosos nos quais poderes ocultos se manifestam por meio de comportamentos assustadores. Ao transpor os limites de um mundo exótico e inóspito, o capitão Willard vai se desligando completamente da condição humana.

Apesar de horrorizado, não há como recuar; Willard deve seguir em frente, como se essa viagem fosse seu inescapável destino. Trata-se de uma jornada sem volta, mas *para dentro de si mesmo*: uma descoberta de que tudo aquilo que lhe parece tão horrendo e odioso no homem que persegue está presente nele mesmo.

O roteiro de *Apocalypse Now* foi adaptado de um romance de 1899 do escritor ucraniano naturalizado britânico Joseph Conrad (1857–1924), chamado *Coração das trevas*. Nesse livro o autor faz um relato sobre os horrores do colonialismo europeu, por meio da história de um marinheiro, Charlie Marlow, que se embrenha no Congo

Belga à procura de um misterioso comerciante de marfim chamado Kurtz, que teria se deixado influenciar demais pela magia do continente negro, sucumbindo aos instintos selvagens. Aparentemente, a história de Marlow pode ser lida como uma viagem ao interior do Congo, mas, num nível mais velado, também pode ser interpretada como uma viagem ao interior da alma humana.

O filme de Coppola, transferindo a ação para o Vietnã, também assinala, como *Coração das trevas*, a idéia de intensos contrastes entre o luminoso e o sombrio, o amistoso e o inóspito, o conhecido e o estranho, o doméstico e o selvagem, o passivo e o indômito.

DA NITIDEZ AO VESTÍGIO

Gosto de considerar esse filme uma metáfora da trajetória pela qual a administração de empresas vem passando ao longo de sua história: a cada novo movimento, a cada nova escola ou nova abordagem, nos vemos mais envolvidos por uma atmosfera de estranheza, imponderabilidade e intangibilidade no trato da gestão.

Talvez não seja algo específico do campo da administração; talvez seja mesmo uma tendência da humanidade nos dias de hoje.

"Tudo o que é sólido desmancha no ar." Karl Marx (1818–1883) usou essa frase para sintetizar a modernidade, e Marshall Berman, em 1986, a usou para dar título ao livro em que trata do mesmo assunto. Ao traduzir o sentimento de Berman, Antonio Ozaí afirma: "No lugar da segurança, da coesão social fundada na moral cristã medieval, dos espaços territoriais bem definidos, de uma compreensão estática e perene do tempo, a força dos sentimentos e dos vínculos pessoais (...), a modernidade, impõe a insegurança das incertezas, a crise dos parâmetros, a desarmonia."[1]

De fato, a sociedade passa por um processo de fragilização e estranhamento gradativos, à medida que segue transformando-se em grande velocidade. Tudo o que sabíamos antes já não nos ajuda no dia-a-dia: todas as nossas referências, aquilo que conhecíamos tem de ser revisto. Ainda assim, resistimos a encarar essa mudança e, em nossos pensamentos e ações, continuamos insistindo no passado – inutilmente!

Na administração de empresas, esse *movimento para dentro* parece óbvio, ainda que poucos se disponham a analisar e a tentar uma explicação para o fenômeno. Pois, se refletirmos bem sobre a história da administração, constataremos que ela vem registrando um inegável processo na direção da intangibilidade – do concreto para o abstrato, do fixo para o móvel, ou, conforme afirma Nicholas Negroponte, diretor do Media Lab, "dos átomos para os *bits*".

O FIM DA FÁBRICA

Talvez tudo tenha de fato começado com o código do inventor americano Samuel Morse (1791–1872), ou com a primeira comunicação sem fio do cientista italiano Guglielmo Marconi (1874–1937): a comunicação a distância significou a inauguração da "era do remoto" na gestão, que cem anos depois atingiria o virtual.

Naquela época, tudo ainda era físico e material, concreto, denso. Em 1785, a invenção da máquina a vapor alavancou a Revolução Industrial, e, logo depois, alguns itens típicos da disciplina que futuramente seria nomeada *administração* começaram a ser delineados: os primeiros problemas trazidos pelos baixos preços das mercadorias e pelos altos volumes de produção, entre outros.

A fábrica sempre foi o *locus* no qual a administração moldou sua personalidade – e, por muito tempo, "fábrica" e "empresa" foram sinônimos. As primeiras fábricas datam do início do século XIX, portanto quarenta ou cinqüenta anos após o aparecimento da máquina a vapor. As aciarias e as tecelagens foram provavelmente os primeiros ramos industriais a se destacarem, além das ferrovias e dos bancos, segmentos empresariais que também logo ganharam porte e status de grandes negócios.

Em 1820, o industrial escocês Robert Owen (1771–1858) enfrentou, pela primeira vez, problemas com a produtividade em sua tecelagem, em decorrência da desmotivação de seus empregados. Daí em diante, as dificuldades nas relações entre capital e trabalho ficariam cada vez mais evidentes. Por esse motivo, Owen é considerado o primeiro administrador de empresas.[2]

A ORIGEM DA ESCOLA DAS RELAÇÕES HUMANAS

Somente no início da década de 1920 surgiram os primeiros defensores do "lado humano das organizações", adeptos do movimento criado por Elton Mayo (1880–1949) com base nas constatações que fez em sua famosa experiência sobre motivação das pessoas no trabalho, na unidade de Hawthorne da Western Electric. Antes de Mayo, a administração de empresas resumia-se exclusivamente à fábrica e aos seus processos, inventados, aplicados e controlados estritamente pelos engenheiros da administração científica. A Escola das Relações Humanas foi o primeiro movimento que teve realmente a intenção de deslocar o foco do *hard* (fábrica) para o *soft* (as pessoas), na busca de maior produtividade.

"O mundo se efetiva em meio a materiais e máquinas. O produto do trabalho é múltiplo, indistinto, impessoal. Ali, o anonimato e a serialidade estão presentes. A existência da marca do humano, do jeito e do traço que o trabalhador individual poderia imprimir ao produto foi suspensa",[3] descreve o antropólogo Everardo Rocha. E prossegue: "Em primeiro lugar, a produção é ali representada claramente como 'coisa de máquinas'. Como um universo composto de esteiras, ligas, rolamentos, trituradoras e alavancas. Como um mundo onde apenas se coloca uma fruta no início de um grande caminho mecânico e este cumpre a tarefa de realizar as múltiplas e sucessivas operações transformadoras que criarão o produto."[4]

Desde então, os sinais de que a administração se encaminhava do sólido para o etéreo, do substancial para o imponderável, começaram a se multiplicar e a se suceder com maior rapidez: no fim da década de 1940, as empresas, ao incorporarem as idéias do psicólogo alemão Kurt Lewin (1890–1947), passaram a considerar processos desenvolvidos em grupo fator de produtividade. Surge, assim, o desenvolvimento organizacional, com o objetivo de elaborar vivências de impacto sobre as pessoas.

DO PRODUTO AO SERVIÇO

Nos anos 1950, Peter Drucker alerta os gestores para uma nova concepção: a importância dos clientes, de suas necessidades e seus desejos. As empresas que, até então, apenas comunicavam aos consumidores o que tinham para lhes vender, deveriam passar a fabricar aquilo que os consumidores desejassem comprar – houve um deslocamento da empresa orientada para o produto para a empresa orientada para o mercado.

Os Estados Unidos foram o primeiro país a ingressar na "era dos serviços": na qual a quantidade de pessoas empregadas nesse setor tornou-se maior do que nos setores de agricultura, indústria e comércio juntos. A administração não seria mais a mesma. A noção de *produto*, então definido como "algo e seus benefícios", dava lugar à idéia de *serviço*, em que os *benefícios* avidamente procurados poderiam ser encontrados em diferentes situações.

A FLUIDEZ DAS ESTRUTURAS

Numa trajetória paralela, no período de 1920 a 1950, as empresas se consolidaram como grandes burocracias; mas, nos anos 1960 e 1970, tornaram-se claras as vantagens de se adotar uma forma mais fluida de organização: as grandes empresas passaram a se estruturar em unidades estratégicas de negócios autônomas, e surgiram os comitês, ou *task-forces*, e a organização matricial, com sua inovadora dupla subordinação (administrativa e funcional) – em substituição às velhas organizações piramidais que congregavam legiões de empregados em múltiplos escalões hierárquicos.

Contribuindo para a agilização das estruturas organizacionais, iniciavam-se os processos de terceirização (e *quarteirização!*), além do *downsizing* e do *networking*. Todos esses são produtos da busca ávida das empresas por maior flexibilidade – as grandes e rígidas estruturas fixas tornaram-se agora um traço definitivamente *démodé*!

Nos anos 1980, os mercados de trabalho já vinham encolhendo a olhos vistos, eliminando-se anualmente milhões de postos de trabalho, principalmente nas áreas de apoio das organizações. No fim dessa década, o assustador termo *reengenharia* prenunciava drásticos e temíveis cortes de pessoal. Num curioso deslocamento do trabalho assalariado para o autônomo, a maioria dos gerentes intermediários, então destituídos de seus cargos nas empresas em que atuavam – a maior parte com experiência profissional apreciável, na faixa dos 40 anos e com cerca de vinte anos de experiência –, iria formar um exército de franqueados que pagariam *royalties* por marcas, produtos e serviços, acelerando o crescimento do sistema de franquias.

Em 1989, o consultor britânico Charles Handy descreveu o que chamou de "organização do tipo trevo" como modelo básico para as empresas do futuro – ele ampliou o modelo de empresa tradicional com suas três "folhas": *core business*, *terceiros* e *aliados estratégicos*, os três fatores fundamentais para a composição de uma empresa.

A empresa eficaz é formada por um núcleo de profissionais qualificados que detêm o conhecimento necessário para tocar o negócio; prestadores de serviços contratados para as tarefas não-essenciais a esse *core business*; e, finalmente, uma força de trabalho flexível e temporária. Handy justifica sua proposta, afirmando que "a força de trabalho na forma de três folhas sempre existiu em embrião"; o que passou a ser diferente foi a escala – cada uma das folhas passou a ser realmente significativa.[5]

O NASCIMENTO DA CULTURA

A ascensão econômica do Japão, no fim dos anos 1970, fez com que o mundo ocidental se voltasse atentamente para aquele país, aturdido com o grande êxito das empresas japonesas e temeroso da forte concorrência que começava a se instalar. É a *Pax Nipponica* que chegava para substituir a *Pax Americana*.[6]

O que os japoneses fazem melhor do que nós?, perguntam-se, perplexos, os dirigentes de empresas, os acadêmicos e os consultores americanos. *It's the culture, stupid!* é a resposta imediata. Enquanto os sorridentes japoneses aplicam o que aprenderam com Peter Drucker e W. Edwards Deming (este, aliás, completamente desconhecido no próprio país, os Estados Unidos, até 1986), os americanos correm para tentar copiá-los! Livros a respeito da cultura japonesa começam a surgir aos montes nas prateleiras das livrarias: *Teoria Z*, de William Ouchi[7] e *As artes gerenciais japonesas*, de Pascale & Athos,[8] são apenas dois exemplos das tentativas de explicar e dimensionar a cultura japonesa.*

Em 1982, Tom Peters e Robert Waterman publicaram *Vencendo a crise*,[9] cuja mensagem é clara: as empresas excelentes têm em comum uma série de práticas perfeitamente reconhecíveis, entre as quais a mais importante é "ater-se ao conhecido, nunca sair daquilo que se conhece bem".

LUGARES TRANSITÓRIOS, TEMPOS FLEXÍVEIS

E a jornada para o intangível prosseguia. Nos anos 1980, a popularização do micro-computador drenou o poder do até então intocável centro de informação das organizações, ampliando-o até a periferia: o *mainframe* dava lugar à democratização da informação, e assim cada departamento de uma empresa podia criar um sistema próprio, que possibilitaria mais agilidade no desenvolvimento das funções.

O golpe de misericórdia na "central de informações" veio com a internet, no fim dos anos 1990. A realidade virtual se instalara definitivamente, dando início à era da gestão remota. Nas relações virtuais, não-presenciais, interagimos por meio das mensagens; o suposto passa a ser, mais que uma possibilidade, a realidade: "A máscara, metáfora do anonimato, impede o olhar social que reconhece e amarra cada um ao seu próprio lugar, à sua própria identidade e ao que dele se espera", reflete a psicóloga Claudia Lanzarin. "A suspensão do olhar (...) autoriza a fala do indizível, faz surgir uma outra palavra, uma outra ação e, por que não dizer, os outros habitantes de nossa subjetividade."[10] Na realidade, "O problema do virtual não é dar um sentido ao mundo, mas sim recriá-lo, refazer o mundo à sua imagem e semelhança, como um clone. A verdade do homem é essa, o clone. Descrevo-o de uma maneira *cool*, mas sei que isso é terrível", ensina o pensador francês Jean Baudrillard.[11]

Paralelamente, as novas tecnologias das comunicações autonomizaram ainda mais o trabalhador – proporcionaram-lhe mobilidade e diluíram a importância do controle do tempo e da ocupação dos territórios no desenvolvimento de suas tarefas;

---

* Acredito que foi exatamente esse fenômeno do aparecimento da cultura como mola propulsora do sucesso econômico e empresarial japonês que levou os americanos à criação de mais uma buzzword de grande sucesso nos anos 1990: benchmarking!

horários e lugares, anteriormente fatores de extrema importância no controle do trabalho, não são mais considerados essenciais –, o que anunciava mudanças na forma de medi-lo ou avaliá-lo. Também aí pode ser constatada a genialidade de Peter Drucker, que previu esse novo estado de coisas já em 1954, ao publicar *Prática de administração de empresas*, lançando as bases da então chamada administração por objetivos![12] O fato é que nos dias de hoje é possível trabalhar em qualquer lugar e a qualquer hora, com a mesma competência (ou incompetência) de antes, quando era necessário escritório e horário fixos. "Bons tempos aqueles em que podíamos nos sentar no 42º andar do prédio da empresa das 9h às 17h, passando memorandos do lado esquerdo da mesa para o direito", suspira Tom Peters.

Pretendo mostrar aqui que a disciplina da administração caminha numa direção que a leva aceleradamente do tangível ao intangível: dos objetos para as idéias, da indústria para os serviços, do papelório para a informação digital, das estruturas rígidas e pesadas para as organizações fluidas e móveis; e, no que nos concerne aqui, do formalismo racional das estruturas organizacionais para o simbólico da cultura. Em especial, a cultura corporativa precisa, decididamente, ser mais bem reconhecida, estudada e compreendida pelos administradores de empresas, para uma gestão de real qualidade. Ajudar nessa tarefa é a finalidade deste livro.

A CULTURA, SEGUNDO OS ANTROPÓLOGOS

Sempre tive certa hesitação quanto a empregar a palavra *cultura* para falar do que se passa no dia-a-dia das empresas. Há algumas diferenças importantes no entendimento desse termo em relação ao modo como os antropólogos tendem a utilizá-lo. Tentando contribuir para sanar esse impasse, iniciemos o exame de um pressuposto básico: o objeto chamado *cultura*, quando se refere às empresas, não é exatamente o mesmo objeto que os antropólogos assim denominam.

Uma tentativa simples e direta de descrever a cultura pela visão dos antropólogos (sei que os gerentes gostam, em especial, do que é simples e direto) é apresentá-la como um composto formado por dois subsistemas que interagem intensamente e se reforçam mutuamente: um subsistema simbólico e outro prático.

O componente simbólico da cultura é um conjunto imponderável de crenças e valores, idéias, significados, modos de ver o mundo; e, apesar dessa sua "volatilidade" (ele continuamente escapa às nossas tentativas de apreendê-lo), está presente em praticamente tudo o que se faz no grupo social em foco – sobretudo nas ações e nas interações das pessoas, bem como nos produtos dessas ações.

O outro componente da cultura é o conjunto das ações e suas conseqüências, perceptíveis no dia-a-dia dessa organização. Nas empresas, esse subsistema compreende tudo o que as pessoas fazem, dizem, vestem, fabricam ou usam para realizar suas atividades; ou seja, abrange comportamentos, relacionamentos e artefatos (a "cultura material").

A cultura, então, apresenta-se por meio desse conjunto de dois subsistemas: um agregado de símbolos, crenças, valores e interpretações mais ou menos generalizados que perpassam o imaginário das pessoas e circulam entre os integrantes de uma coletividade; e um agregado de objetos e de práticas sociais comuns. Em qualquer cultura, esses dois conjuntos de elementos interagem de maneira dinâmica, influenciam-se e integram-se, reforçando-se um ao outro e mantendo entre si um equilíbrio próprio, no qual a existência de um justifica a existência do outro. A Figura 1.1, a seguir, representa essa interação:

Figura 1.1 – A interação entre os universos simbólico e prático na cultura

A IMPOSSÍVEL HOMOGENEIDADE

Ao estudar as sociedades tribais do passado, os antropólogos procuram descobrir não só o comportamento dos integrantes dessas tribos, mas, também, seus mitos e outros elementos simbólicos, na tentativa de formular teorias adequadas sobre o modo como o homem se organiza e se comporta em sociedade. A antropologia claramente orientou-se para o estudo de povos que se mantiveram relativamente isolados, a fim de poder observar culturas em estado mais ou menos "puro", com a mínima influência de outras culturas – o contato entre povos inevitavelmente estimula os empréstimos culturais de parte a parte, tornando menos homogênea cada cultura envolvida.

Em contrapartida, numa cultura relativamente homogênea, as formas simbólicas e as práticas disponíveis tendem a mostrar maior coesão e harmonia entre si, compondo uma totalidade uniforme quando vistas em conjunto. Dada essa uniformidade, o pesquisador tem mais condições de compreender os aspectos mais amplos da vida cultural de uma sociedade, com base em algum aspecto particular dela.

Não sabemos exatamente de que forma uma coletividade chega a desenvolver padrões tão regulares e harmônicos de conduta e de linguagem que lhe permitam alto grau de exercício da comunicação e de prática da cultura propriamente dita. Sobre isso, afirma o sociólogo francês Pierre Bourdieu (1930–2002): "Enquanto ignorarmos o verdadeiro princípio dessa orquestração sem maestro, que confere regularidade, unidade e sistematicidade às práticas de um grupo ou de uma classe, e isso na ausência de qualquer organização espontânea ou imposta dos projetos individuais, condenamo-nos ao artificialismo ingênuo..."[13]

INTERFLUXOS CULTURAIS

Essa esperada homogeneidade, contudo, não está presente nas sociedades complexas como a nossa, marcadas pelo multi-interculturalismo, em que os intercâmbios culturais são variadíssimos e extremamente freqüentes. É corriqueiro que, numa grande cidade, elementos culturais de diversas origens estejam sendo a todo momento reunidos em conjuntos temporários e heterogêneos, combinações únicas e jamais repetidas, que pouco depois se desfarão. Um indivíduo que passe por uma rua qualquer na cidade de São Paulo pode ficar sabendo, por exemplo, por uma placa à entrada de uma casa, que ali se ensina dança do ventre, tai chi chuan e ioga. Por si só, essas três práticas revelam a grande e fragmentada diversidade cultural que nos rodeia, visto que cada uma delas tem origens, histórias e trajetórias completamente distintas, até chegar a nós.

Cruzamentos culturais dessa ordem intensificaram-se drasticamente nas décadas recentes, principalmente por ação dos meios de comunicação de massa, a ponto de se poder brincar dizendo – como fez o major português A. Teixeira ao jornal *O Expresso*, de seu país: "Se Lenin tivesse tido a possibilidade de utilizar um meio de comunicação como a televisão, a Revolução de Outubro teria sido em setembro"![14]

Posso dar mais um breve e bem-humorado exemplo dessa mistura caótica de traços culturais tão díspares: o historiador e brasilianista americano Matthew Shirts estava num restaurante mexicano em São Paulo, à espera da esposa. Numa mesa próxima, ocupada por diversos homens de origem japonesa, Shirts logo percebeu que alguns eram nisseis nascidos no Brasil, enquanto outros eram visitantes japoneses que não falavam português. Shirts concluiu que a cena era "de um internacionalismo absurdo, quase cômico", pois, como diz ele: "Eu estava em São Paulo, no Brasil, olhando japoneses e nisseis se servirem de comidas e bebidas mexicanas. E tem mais um detalhe: eu sou americano. E esperava uma brasileira linda, que costuma se atrasar bastante."[15]

Sejam as culturas relativamente homogêneas como as antigas sociedades tribais, ou heterogêneas como as coletividades urbanas, elas são feitas de representações coletivas que se expressam na prática cotidiana. E, imersos nelas (ou, mais comumente, em seus cruzamentos dinâmicos), cada um de nós acaba partilhando, necessariamente, com outros seres humanos que fazem parte do mesmo grupo social, os muitos elementos presentes na cultura em que nos formamos.

A INTEGRIDADE DA CULTURA

Uma noção importante a destacar aqui é que toda cultura tem tendência a se encaminhar para compor um sistema íntegro, relativamente uniforme, ainda que não o seja no momento. Por definição, as culturas não são "confusões sem plano, emaranhados caóticos", e sim "estruturas ordeiras, dotadas de harmonia interior", para usar termos de Leslie White (1900–1975), o antropólogo americano que estabeleceu a teoria da evolução cultural.[16]

Ou seja, mesmo indivíduos de personalidades muito distintas entre si, vindos de ambientes que nada têm a ver uns com os outros e trazendo idéias estranhas para um ambiente comum tenderão a formar algum embrião de cultura, caso se dê a esse grupo o tempo, a intensidade de convivência e o isolamento necessários. O psicoterapeuta argentino de origem francesa Enrique Pichon-Rivière (1907–1977) focalizou tal aspecto ao criar a sigla Ecro (Esquema Conceitual Referencial Operativo) para se referir a um núcleo cultural desenvolvido, mesmo que por um pequeno grupo. O espectador de TV que conhece o programa *Big Brother Brasil,* da Rede Globo, poderia certamente observar um "embrião de cultura" até mesmo entre os participantes do programa (ou pelo menos entre aqueles que escapam da eliminação até a sexta ou sétima semanas de convivência na casa).

Mas essa visão sobre a cultura é bastante diferente daquela que geralmente preside a ação dos administradores, consultores e estudiosos da gestão, quando se referem à cultura corporativa: eles vêem a cultura como se ela fosse uma espécie de artefato a ser manipulado em prol da máxima rentabilidade ou produtividade. Assim, como faz com qualquer outro recurso gerencial, o administrador enxerga na cultura não mais que uma das várias peças componentes de uma empresa, que pode e deve ser substituída por outra melhor quando não apresentar a eficiência esperada.

Aqueles que se aprofundam nos estudos antropológicos não têm dúvidas de que interferir numa cultura é uma ação altamente problemática, pelas várias razões que serão expostas. A primeira razão é que os ingredientes que formam a cultura de tal forma se interpenetram que a tentativa de eliminar ou substituir um deles ou a tentativa de introduzir algum novo elemento nessa cultura invariavelmente irá afetar os traços adjacentes, desorganizando, por fim, o sistema todo. Exemplos bastante trágicos disso têm sido observados no Brasil e em todo o mundo – por exemplo, nas tentativas de "aculturação" de sociedades indígenas.

Quanto ao efeito desastroso que pode resultar da introdução de algum novo elemento estranho a uma cultura, sugiro ao leitor que assista ao filme do diretor sul-africano Jamie Uys (1921–1996), *Os deuses devem estar loucos*. Nessa história, uma garrafa de Coca-Cola, atirada de um avião, cai no deserto do Kalahari, na África, e é apanhada por um nativo (um bosquímano). Este, ignorando qual seria a "intenção dos deuses" ao enviar aquele presente, procura de todos os modos encontrar uma aplicação para o novo objeto que chega inesperadamente ao seu contexto cultural. O resultado é tragicômico.

A ESPECIFICIDADE DA CULTURA

Uma segunda questão importante é que a integridade ou a coesão de seus componentes faz com que cada cultura seja específica, única e distinta de qualquer outra. Há culturas similares, que compartilham características, mas não são exatamente iguais. Pesquisar uma cultura significa identificar sua especificidade e exige do pesquisador o abandono de todos os seus conceitos prévios, fazendo *tabula rasa* do que pensa ou sente a respeito daquela cultura. Os antropólogos dizem, acerca desse ponto, que o pesquisador deve tratar de identificar as "categorias do nativo", em vez de trazer para a análise da cultura suas próprias categorias já definidas.

François Laplantine, professor de etnologia em Lyon, França, adverte:

> Se o projeto da antropologia cultural é, de fato, o de confrontar os comportamentos humanos os mais diversificados, de uma área geográfica para outra (...), o postulado da irredutibilidade de cada cultura termina impedindo o próprio empreendimento da comparação. Detenhamo-nos sobre esse ponto que é, a meu ver, essencial.[17]

Pesquisadores que não são antropólogos podem não agir dessa forma e empreender uma pesquisa munidos de uma grade de fatores pelos quais passarão em revista a cultura estudada. O psicólogo americano Ed Diener, professor da Universidade de Illinois, por exemplo, ao pesquisar o "sentimento de felicidade" de diversas nacionalidades, concluiu que os povos dos países escandinavos parecem ser os mais felizes, ao passo que os asiáticos são bem menos felizes do que se esperava (além de verificar, também, que os latinos tendem a olhar mais para os acontecimentos bons da vida do que para os ruins).[18] Pesquisas feitas dessa forma, com base em categorias comparativas preestabelecidas, podem fazer algum sentido na psicologia, mas certamente não na antropologia tradicional.

Ainda assim, mesmo entre antropólogos podem ocorrer abordagens como essa, em especial quando o grupo social estudado está simbolicamente próximo daquele a que pertence o estudioso. Zaluar alerta para esta armadilha:

> A pesquisa etnográfica, por isso mesmo, resumiu-se quase a completar o repertório das manifestações dessa lógica simbólica *cujos princípios já estariam decifrados previamente.* (...) A atividade da pesquisa, da busca, da descoberta, teria o campo delimitado pela *prévia solução do enigma ou do código decifrado* [os grifos são meus].[19]

O MODELO DE ANÁLISE DA CULTURA CORPORATIVA DE HOFSTEDE

Buscar as "categorias do nativo" não é o que se faz comumente no estudo das culturas corporativas; a regra consiste exatamente em fazer o contrário: definir *a priori* as categorias nas quais determinada cultura será analisada – ou em que duas ou mais culturas serão comparadas. Para ser mais claro, no estudo das culturas das empresas é praticamente "oficial" o procedimento de "delimitar o campo pela prévia solução do código cultural", ou de identificar "o repertório das manifestações dessa lógica simbólica cujos princípios já estariam decifrados previamente".

Um bom exemplo disso pode ser o modelo de análise da cultura proposto pelo professor e consultor holandês Geert Hofstede, um dos mais prestigiados e conhecidos no mundo. Hofstede estuda a cultura organizacional tomando por base um conjunto fixo de seis dimensões ou orientações:

1. orientação para *processos* x orientação para *resultados*;
2. orientação para o *empregado* x orientação para o *trabalho*;
3. orientação *paroquial* x orientação *profissional*;

4. orientação para *sistemas abertos* x orientação para *sistemas fechados*;
5. orientação para *controle relaxado* x orientação para *controle rigoroso*;
6. orientação *normativa* x orientação *pragmática*.[20]

Em cada uma dessas dimensões, uma escala, geralmente de cinco gradações, é usada para avaliar em qual dos dois lados do eixo e com que intensidade situa-se a empresa analisada.

Pessoalmente, não me oponho à idéia de identificar os traços de uma cultura com base em categorias apriorísticas trazidas pelo pesquisador, mesmo que esteja de acordo com as palavras dos antropólogos citados anteriormente. Mas, nesse caso, teremos forçosamente de entender a "cultura" de uma empresa de forma diferente daquela pela qual o tema vem sendo focalizado: ela não deve ser encarada como uma "cultura" propriamente dita, mas como uma forma especial de "subcultura".

Essa mudança de enfoque altera substancialmente o tratamento metodológico a ser dado ao estudo da cultura corporativa. Mas, não se trata, em absoluto, de uma má solução, e não digo isso apenas para adotar um eufemismo ou artifício retórico, por ter de aceitar como inevitável um tipo de análise cultural das empresas que, embora errado, "está aí". Ao contrário, penso realmente ser útil e oportuno ver a cultura empresarial como *subcultura* e adotar procedimentos metodológicos adequados para tratá-la desse modo.

ANÁLISES PRESCRITIVAS OU DESCRITIVAS DA CULTURA

Há nesse procedimento um sério risco: quando consultores e administradores relacionam os itens-chave dentro dos quais se avaliará a cultura de uma empresa, podem inadvertidamente tornar sua lista muito mais uma *prescrição do que crêem ser eficaz do que uma descrição do fenômeno cultural*. Uma lista *prescritiva da eficácia* é aquela na qual os fatores são incluídos porque, na visão do autor, podem indicar se uma organização é eficaz ou ineficaz; já uma lista *descritiva da cultura* é aquela organizada com fatores que apenas descrevem o que se observa na cultura da organização, sem fazer julgamentos de valor. Mesmo ao analisar culturas empresariais, a segunda forma é indiscutivelmente melhor do que a primeira – o analista da cultura corporativa deve agir como um "etnógrafo", não como um consultor!

Esse alerta é importante principalmente porque não é fácil para os analistas de cultura empresarial se despirem de seu papel usual de consultores, para adotar uma neutralidade que não é própria de sua profissão. Aliás, isso não é fácil sequer para os antropólogos que, em tese, deveriam estar mais bem treinados para consegui-lo. Os primeiros estudos sobre as sociedades tribais, nos primórdios da antropologia, foram feitos por pessoas cujos interesses nem sempre eram neutros. Uma história que circula entre antropólogos conta que *sir* James George Frazer (1854–1941), quando indagado se teve contato pessoal com nativos para escrever *O ramo de ouro*, teria respondido algo como: "Eu não, Deus me livre!"

Talvez isso não passe de folclore ou piada maldosa. No entanto, sabe-se que os estudos sobre raça, a partir de meados do século XIX, originaram os conceitos de monogenismo e de eugenia, áreas nas quais o conhecimento desenvolvido foi claramente baseado no pressuposto da superioridade de certos grupos étnicos sobre outros.[21]

Também o inglês Lewis Henry Morgan (1818–1881), no seu *Ancient Society* de 1877, um dos primeiros estudos de antropologia, chama claramente os povos não-industrializados de "selvagens". Nas décadas que se seguiram, aliás, essa visão preconceituosa pouco mudou. "Será preciso muito tempo para que sejam considerados outra coisa que não crianças grandes", afirmou Auzias.[22]

Outro exemplo é a antropóloga americana Ruth Benedict (1887-1948), que foi bastante criticada por ter escrito seu famoso livro sobre a sociedade japonesa, *O crisântemo e a espada*, a pedido do Pentágono, que tinha a intenção principal de conhecer melhor o inimigo para poder derrotá-lo mais facilmente.[23]

Se visões preconceituosas como essas ocorrem entre antropólogos, por que não ocorreriam entre especialistas em administração? Todavia, não creio que seja o caso das categorias propostas por Hofstede, as quais, ao que parece, sugerem aspectos *descritivos* básicos das culturas corporativas, sem tentar impor receitas para tornar as empresas mais eficazes. Fica o alerta, de qualquer modo.

O CONCEITO DE SUBCULTURA

Subcultura é, resumidamente, o termo que usamos para designar "os valores, crenças, atitudes e estilos de vida de uma minoria dentro da sociedade".[24]

Uma subcultura existe quando a cultura de um grupo claramente diverge, em certos aspectos, daquela do grupo dominante, embora esteja impregnada desta. Em termos gerais, a cultura de um segmento interno do grupo social que está sendo considerado será uma subcultura quando apresenta condutas relativamente (mas não radicalmente) distintas do padrão geral adotado pelo grupo social como um todo – e isso em razão de peculiaridades de ordem demográfica (idade, sexo, classe econômica, localização geográfica etc.) ou psicográficas (crenças e valores, preferências políticas, religiosas ou sexuais, interesses específicos, formas de lazer, credos, ideologias etc.).*

A idéia da existência de subculturas dentro de um dado contexto sugere que aquela cultura não é capaz de uniformizar os pensamentos, sentimentos e comportamentos de seus integrantes, como adverte o antropólogo americano Marvin Harris. Assim, mesmo as sociedades menos populosas podem ter suas subculturas (por exemplo, a masculina e a feminina), enquanto nas sociedades maiores e mais complexas se encontram subculturas variadas, decorrentes de distinções étnicas, religiosas ou de classe.[25]

O conceito de subcultura surgiu nos anos 1930, nas pesquisas de Alfred L. Kroeber (1876–960), Ralph Linton (1893–1953), Melville J. Herskovits (1885–1963) e outros antropólogos americanos. "Uma subcultura seria, então, como que um dialeto de uma língua", comenta o antropólogo chileno Tomás Millán. O termo, contudo, adquiriu conotação pejorativa, quando passou a ser empregado para designar a cultura de populações marginalizadas, pobres ou criminosas – e essa carga negativa obviamente acelerou o processo de desgaste da expressão, que acabou por cair em desuso.[26]

Ainda assim, é um conceito rico de conteúdo. A idéia de subcultura nos remete imediatamente às noções de *multiculturalidade* e *interculturalidade*. Os traços culturais de qualquer sociedade não são homogeneamente compartilhados por todos os agrupamentos sociais internos que a compõem; dentro de uma mesma cultura há, na realidade, diversas culturas (há, de fato, uma *multiculturalidade*). Além disso, temos de levar em conta que essas diferentes subculturas não são estáticas, ao contrário, movem-se, alteram-se e, sobretudo, justapõem-se, superpõem-se e interpenetram-se, produzindo, assim, choques, adaptações culturais, empréstimos e inevitáveis sincretismos. A esse processo denominamos *interculturalidade*.[27]

AS EMPRESAS E SUA CULTURA

A (SUB)CULTURA DE CADA EMPRESA

No que diz respeito às empresas, a fim de podermos aceitar como válidas para uma análise cultural as categorias prévias de Hoftstede (ou quaisquer outras categorias

---

* Os termos *demográfico* e *psicográfico* são amplamente utilizados em marketing, referindo-se a formas comuns de segmentação de mercados. São termos pouco familiares para os antropólogos, mas comuns aos administradores de empresa.

decididas *a priori* por um analista de empresas), teremos de admitir a presença de alguma cultura dominante que seja a fornecedora dessas categorias e à qual, portanto, as culturas de todas as empresas se subordinam – ou seja, cada empresa é, de fato, *uma entre diversas subculturas* presentes numa mesma é única cultura mais abrangente!

Não deve haver surpresa nessa afirmação, pois, por definição, qualquer que seja o nível em que tomemos uma cultura para estudo, sempre encontraremos uma outra, mais abrangente, que a engloba. Ou: "Por mais diminuto que seja o recorte que se faça da realidade e por maior que seja sua coerência interna, esse objeto estará necessariamente permeado por relações cuja lógica os ultrapassa."[28]

Nesse caso, embora cada empresa tenha seus próprios valores, crenças, atitudes e estilos, distintos daqueles praticados por entidades similares, mesmo assim, ela será reconhecida como pertencente a um contexto cultural maior. Mais especificamente: para serem válidos como instrumento de análise das empresas em geral, os seis fatores propostos por Hofstede terão de significar traços culturais relevantes num sistema simbólico mais amplo, sistema esse que é compartilhado por todas as empresas. A meu ver, esse sistema simbólico mais amplo é uma cultura derivada do sistema capitalista ou, como a nomeio, uma *cultura capitalística*.

A EMPRESA COMO INSTITUIÇÃO DO CAPITALISMO

A formação do capitalismo como sistema econômico é analisada pelo sociólogo alemão Max Weber (1864–1920) em seu clássico *A ética protestante e o espírito do capitalismo*. Weber defende que a ética calvinista (e, nela, a idéia da profissão como vocação) foi um fator determinante na formação do capitalismo. "Weber procura mostrar como a valorização protestante da ascese e da frugalidade estimulou a poupança, motor da acumulação capitalista."[29] As empresas são, inquestionavelmente, o principal instrumento de realização do modo de produção capitalista – em última análise, é apoiado nelas que ele se concretiza. A idéia de empresa nasceu no século XIX. Sobre esse nascimento, reflete Peter Drucker:

> Essa nova Corporation, essa nova Société Anonyme, essa nova Aktiengesellschaft não podia ser explicada simplesmente como resultado de uma reforma, que era a maneira pela qual se apresentavam o novo exército, a nova universidade e o novo hospital. Era evidentemente uma inovação. (...) Era a primeira instituição autônoma em centenas de anos, a primeira a criar um centro de poder que estava no interior da sociedade e ao mesmo tempo era independente do governo central da nação-estado. A necessidade sentida pela economia

industrial de criar economias de escala e de amplo alcance levaria as grandes companhias à vanguarda do capitalismo e da sociedade...[30]

A existência das empresas nas sociedades humanas somente tem sentido se forem dotadas de um conjunto de crenças, valores e práticas *que lhes sejam conferidos essencialmente pelo modo de produção capitalista*. Ou seja, uma parte central da cultura de qualquer empresa decorre do fato de estar inserida no contexto capitalista. Cada empresa se apropria a seu modo das normas emanadas desse sistema, mas sua cultura, de qualquer modo, se subordina ao universo simbólico mais amplo do capitalismo.

Curiosamente, poucos estudiosos do tema, ainda que aceitem que as culturas corporativas devam ser examinadas como casos particulares de um recorte em nível superior, reconhecem ser esse recorte o sistema capitalista. A maioria deles prefere colocar outras origens culturais no lugar – que certamente também contribuem com a cultura empresarial, em especial a cultura do país em que a empresa opera. Ott, por exemplo, diz que "a cultura da sociedade é um modelador (...) *fundamental* da cultura organizacional" [grifo do autor]. Para esse autor não há dúvida de que "as crenças, valores e expectativas mantidas pelos constituintes mais importantes, internos e externos, da organização, são formados na cultura mais ampla", mas essa *cultura mais ampla*, em seu ponto de vista, refere-se de fato a "normas, crenças, valores e estilos de vida sociais".[31]

Essas influências formadoras da cultura da empresa são verdadeiras; no entanto, tão ou mais verdadeira é a constatação de que o exame das sociedades ocidentais contemporâneas somente pode ser feito, como diz o filósofo francês Gilles Lipovetsky, levando-se em conta "o consumo, a uniformização dos modos de vida, a globalização econômica, a hegemonia de certas marcas e a massificação".[32]

O ECONÔMICO, O POLÍTICO E O SIMBÓLICO

Em toda sociedade, as relações sociais pertencem a três instâncias: econômica, política e simbólica. Em uma sociedade, a atividade econômica está relacionada aos agentes envolvidos na produção, na conservação e na distribuição de bens e serviços. Tradicionalmente, os agentes econômicos são os detentores dos meios de produção.

A economia funciona por intermédio de algum modo de produção – uma das várias formas de relacionamento possíveis entre esses agentes econômicos. Especificamente no modo de produção capitalista, os empresários são os detentores dos meios de produção, e os trabalhadores, os que fazem uso desses meios para seu trabalho, gerando bens e serviços e sendo remunerados por isso. Outros modos de produção existiram no passado e continuam freqüentes no presente, tais como: o escravismo, o socialismo de Estado, o feudo, a comuna.[33]

As relações políticas dão-se em torno do *poder*. Srour afirma que "poder é uma relação social: de mando e obediência; da sujeição da vontade a outras vontades".[34]

Política pode ser definida, então, como qualquer forma de regulação da existência coletiva – regulação que está presente nas decisões tomadas, nos confrontos entre interesses contraditórios ou nas disputas por posições. Numa empresa, a atuação de um gerente sobre seus subordinados é sempre um ato de poder: um gerente toma decisões, comanda equipes, informa pessoas, autoriza ou desautoriza ações, em última análise, assume uma postura essencialmente política.[35]

A ordem simbólica está relacionada aos bens e serviços produzidos pela sociedade. É por intermédio do simbólico que os indivíduos de uma sociedade se identificam e reconhecem-se como fazendo parte dela. O conhecimento, a compreensão do mundo, as formas de expressão estética, os valores, as crenças religiosas e os rituais e convenções que praticam são alguns dos principais fatores que compõem a dimensão simbólica de uma sociedade. Tudo isso se encontra inscrito nas práticas sociais "como veios que as percorrem".[36]

Qualquer registro da vida social, num dado momento, em determinada sociedade, pode ter três leituras simultâneas: a econômica, a política e a simbólica:

1. Se pretendermos analisar um fenômeno qualquer pela vertente econômica, perguntaremos: "Que bens ou serviços estão sendo produzidos, armazenados, vendidos ou trocados? Em que papéis, como agentes produtores desses bens e serviços, os indivíduos envolvidos se apresentam?"
2. As perguntas que nos ajudarão a desvendar os contornos *políticos* da situação que estamos analisando são: "Que poder esses indivíduos ou grupos exercem?" "Sobre quem o exercem?" Ou ainda: "Quem exerce qual poder sobre esses indivíduos ou grupos?"
3. Se pretendemos ser analistas *simbólicos* da situação estudada, as perguntas que faremos são: "Que elementos simbólicos estão presentes na situação?" "De que forma eles identificam os personagens individuais ou coletivos envolvidos?"

A SUPREMACIA DAS ESFERAS POLÍTICA E ECONÔMICA

As instâncias econômica, política e simbólica não têm o mesmo peso. Nas sociedades tribais tradicionais, por exemplo, o peso maior está no simbólico, que governa as relações sociais, subordinando os aspectos políticos e econômicos da vida em comum. Um grupo tribal tradicional cultiva determinados produtos, usa determinadas ferramentas ou obedece a determinadas recomendações do feiticeiro da aldeia, sempre com base nos mitos e nas crenças que governam a vida social, mais do que qualquer outro aspecto. Numa aldeia indígena sem qualquer interferência do homem branco, os nativos teriam toda a sua organização social subordinada aos seus mitos e costumes.

De acordo com a afirmação do antropólogo teuto-americano Franz Boas (1858–1942), entre os kwakiutl da América do Norte, o nascimento de gêmeos era um acontecimento maravilhoso, que deixava os pais orgulhosos. Em tais casos, os pais eram submetidos a diversas interdições, tendo de viver isolados da comunidade nos primeiros quatro anos de vida das crianças e sendo proibidos de exercerem atividades produtivas ou mesmo de prover suas necessidades, ficando seus parentes encarregados de lhes dar apoio material e moral por todo esse tempo. O efeito prático dessas medidas era, sem dúvida, a dedicação exclusiva dos pais aos gêmeos, contribuindo decisivamente para que estes sobrevivessem e se tornassem crianças fortes e saudáveis. Mas esse efeito prático não era levado em conta, valendo a explicação mítica para tais medidas: gêmeos eram criaturas dotadas de poderes sobrenaturais, podendo curar doentes, suscitar ventos favoráveis e controlar a chuva e o nevoeiro. Havia, ainda, a crença arraigada de que todos na aldeia morreriam se os pais das crianças não aceitassem agir desse modo.[37]

O especialista francês em antropologia política Pierre Clastres (1934–1977) chama a atenção para a condição pré-política das sociedades tribais, ao afirmar:

> Encontramo-nos então confrontados com um enorme conjunto de sociedades nas quais os detentores do que alhures se chamaria poder são de fato destituídos de poder, onde o político se determina como campo de fora de toda coerção e de toda violência, fora de toda subordinação hierárquica; onde, em uma palavra, não se dá uma relação de comando-obediência.[38]

Nas sociedades complexas como a nossa se dá uma inversão, com o simbólico subordinando-se às esferas do político e do econômico. Conteúdos simbólicos deixam de ser substantivos, como nas tribos, para se tornarem, por assim dizer, simples adjetivações matizadoras desses grupos sociais. O que passa a valer mesmo para qualquer deles é o "cacife" político e econômico que detêm, em seus confrontos de interesses com outros grupos cujos interesses também estejam ali simbolicamente representados.

A IDEOLOGIA

Nesse panorama, o que dizer, então, das culturas das empresas? Elas passam a ser, de fato, agregados simbólicos que se subordinam aos interesses políticos de grupos corporativos interagindo entre si, e que estão, de qualquer forma, sob a influência direta de interesses econômicos, os quais se subordinam, finalmente, a interesses políticos ainda mais amplos e abrangentes.

Dentro desta perspectiva, o que fundamentalmente torna nossa sociedade diferente da tribal é o fato de a cultura estar *subordinada* às instâncias econômica e política. Uma cultura "subordinada" não pode ser tratada da mesma forma que uma cultura "livre", não-subordinada; ou seja, as relações de poder que se imiscuem nas relações simbólicas necessariamente as transformam: a cultura subordinada deixa de ter um significado em si para significar outra coisa, qual seja, o valor político do grupo social que a cultiva. Ela já não é propriamente cultura, mas, de fato, transformou-se em *ideologia*.

A ideologia, assim como a cultura, é um sistema de idéias e conceitos mantidos por um grupo social nas suas relações com outros grupos; e, também, transmitidos por meio de um discurso próprio desse grupo social. Porém, diferente do que acontece com a cultura (livre), esses conceitos e idéias passam a ser utilizados para *defender uma doutrina* e para *justificar os interesses específicos* de um grupo.

PRINCÍPIOS E VALORES PESSOAIS

Talvez seja melhor falar em valores pessoais em vez de ideologia, nos casos em que a defesa de certas idéias ou crenças é feita por uma ou por poucas pessoas em algum caso específico. Todavia, se uma idéia for defendida por grandes grupos de pessoas, é justificável tratá-la como ideologia.

Tomemos como exemplo o caso de uma empresa comercial – uma rede de livrarias – que comercializa, além de livros, CDs e DVDs. Com as dificuldades que o negócio vem enfrentando, três dos sócios querem parar de oferecer filmes e livros mais elaborados e eruditos, que têm vendagem limitada, para se concentrar na literatura de maior apelo popular e em CDs de músicas de sucesso. Os outros dois sócios se dizem chocados com a proposta, uma vez que a empresa foi formada exatamente com a intenção de oferecer ao público literatura, cinema e música de alta qualidade.

Está instalado, nesse caso, um confronto que não é apenas de natureza econômica ou financeira, mas sobretudo entre dois sistemas de pensamento opostos

O CONCEITO DE CULTURA

acerca de uma mesma realidade. Forçando um pouco a situação, poderíamos dizer que cada grupo de sócios tem uma "cultura" própria, mas é óbvio que o termo *cultura* não seria adequado nesse caso – primeiro porque não falamos em "cultura" quando se trata da reunião de apenas duas ou três pessoas, mas também porque explicações exclusivamente "culturais" não dariam conta do que está havendo de fato.

Assim, será melhor entendermos que há valores ou princípios pessoais em conflito: os sócios que participam de um dos grupos querem fazer dinheiro, em vez de perder dinheiro; os sócios que formam o outro agrupamento querem que a empresa seja um meio de levar conhecimento à sociedade. Cada um deles dispõe de recursos que poderá usar para fazer valer seu ponto de vista: participação acionária na empresa, carisma pessoal, informações sobre o mercado ou um contrato assinado pelos sócios.

No caso dessa empresa, certamente um dos grupos deixará a sociedade. Srour nos mostra que alguns sistemas ideológicos são mais enérgicos e impulsionadores de mudanças do que outros. Diz ele:

> As ideologias religiosas, filosóficas, jurídicas, morais ou econômicas permanecem num plano mais teórico ou contemplativo. As ideologias políticas, ao contrário, abrigam uma virtude ímpar: incitam à ação urgente; e dizem a todos quem é quem.[39]

A EMPRESA COMO CENTRO DA DINÂMICA CAPITALISTA

Voltemos à idéia da empresa como centro da ação capitalista. Drucker nos apresenta cinco características-chave que, a seu ver, descrevem as empresas desde que foram inventadas, em 1870:

1. A empresa é o "senhor", o empregado é o "servidor". Como a empresa é a proprietária dos meios de produção, sem os quais o empregado não consegue ganhar a vida, este necessita muito mais da empresa do que o contrário.
2. A grande maioria dos empregados trabalha em tempo integral para a empresa. O pagamento que recebem pelo trabalho é sua única renda e provê sua subsistência.
3. A maneira mais eficiente de se produzir qualquer coisa é juntar sob uma só administração a maior quantidade possível de atividades necessárias para fazer a produção acontecer.
4. Fornecedores e, em especial, fabricantes têm poder sobre o mercado, porque detêm, sobre o produto ou o serviço, informações que o consumidor não tem, não pode obter e das quais não necessita, caso confie na marca que está comprando.

5. A cada tecnologia específica corresponde uma e uma única indústria; e, inversamente, a cada indústria específica corresponde uma e uma única tecnologia.[40]

Essa lista representa um conjunto de princípios que orientam as empresas em todo o mundo. Ela poderia ser estendida, acrescentando-se outros aspectos também característicos da empresa num regime capitalista, tais como: controle dos acionistas, lucro, custos, contratações e demissões.

A CULTURA CAPITALÍSTICA

É importante não confundir o capitalismo como sistema econômico com o capitalismo como cultura que se forma sob a égide do sistema econômico, pois trata-se de entidades distintas. Por isso preferi usar, para designar a cultura, o adjetivo *capitalístico*, em vez do termo *capitalista*: o fato de a empresa estar necessariamente submetida à hegemonia do sistema capitalista impõe, aos atores sociais que gravitam em torno dela, certas práticas sociais e determinados valores e crenças que vão constituir uma verdadeira *cultura com traços típicos do capitalismo*. Em alguns aspectos talvez não seja tão fácil fazer essa distinção – e essa é uma razão a mais para se utilizar, em vez do adjetivo *capitalista*, o adjetivo *capitalístico*, palavra que, embora inusitada e estranha, ou talvez por isso mesmo, é bem mais apropriada para forçar a reflexão do leitor sobre o que quero afirmar aqui.

Tomei emprestado o termo *capitalístico* do filósofo e psicanalista francês Félix Guattari (1930–1992), para quem o sistema de produção capitalista não opera unicamente no registro dos valores de troca, que são "da ordem do capital, das semióticas monetárias ou dos modos de financiamento", mas também como um modo de produção de subjetividade, que atinge igualmente "setores do Terceiro Mundo ou do capitalismo periférico, assim como as economias ditas socialistas dos países do leste, que vivem numa espécie de dependência e contradependência do capitalismo".[41]

Seguindo esse raciocínio, pode-se compreender, portanto, que mesmo aquelas organizações presentes nas sociedades, que não visam ao lucro, ou mesmo que não são econômicas na sua essência – ONGs, clubes, associações, fundações, igrejas, cooperativas e outras –, são hoje claramente orientadas no sentido de se definir e agir de forma *capitalística*.

O FAMILIAR E O ESTRANHO

O DISTANCIAMENTO NECESSÁRIO

Tentar *entender* a cultura capitalística provavelmente nos exigirá uma boa dose de esforço. A dificuldade está justamente no fato de estarmos totalmente mergulhados nela. É muito comum que alguém não se dê conta da própria cultura em que vive, pois ela impregna completamente a pessoa. Por exemplo, comer usando garfo e faca, usar paletó e gravata, dirigir um carro, ir ao cinema, trabalhar numa empresa, assistir à televisão, falar ao telefone ou andar na rua são comportamentos culturalmente orientados. No entanto, trata-se de condutas tão óbvias, realizadas tão espontaneamente, que simplesmente não nos ocorre que não nascemos sabendo realizá-las, mas as aprendemos durante a vida. Os antropólogos costumam dizer que a cultura funciona como uma *segunda natureza*; ou que os comportamentos culturais tendem a ser *naturalizados* (vistos como algo natural) pelas pessoas: é como já se tivessem nascido com eles.

Em contrapartida, tomamos consciência facilmente de uma cultura que não é a nossa. Por exemplo, um turista americano passeando na avenida Paulista ou um ex-patriado inglês ou alemão trabalhando em nossos escritórios irão mostrar comportamentos tão distintos dos nossos que logo nos damos conta de que se trata de condutas próprias de outras culturas.

Para percebermos como nossas ações são culturalmente orientadas, é necessário que venhamos a sofrer alguma espécie de *choque de cultura* – por exemplo, que nos deparemos inesperadamente com traços de outra cultura que não seja a nossa; ou que algo saia dos trilhos, impedindo nosso comportamento habitual em determinada situação.

Um exemplo disso ocorre quando uma pessoa é internada para uma cirurgia e a colocam numa cama vestindo apenas uma camisola, sem nenhuma roupa por baixo. O fato de estar praticamente nu geralmente deixa o paciente desconfortável e inibido, principalmente na presença de outros – mesmo que estes sejam médicos e enfermeiros. Essa pessoa, então, se dá conta de uma realidade cultural bem simples: a de que tem o costume de... *usar roupa*!

Num de seus filmes etnográficos mais representativos, *Os tambores de antes: Tourou e Bitti*, gravado em 1967 na região do rio Níger, na África, o etnólogo e cineasta francês Jean Rouch (1918-2004) deparou-se com uma situação inesperada, em que os nativos de uma aldeia local puderam perceber quanto sua conduta era culturalmente orientada: estava em plena gravação de um culto religioso em que deveria ocorrer uma possessão. Entretanto, o nativo que deveria receber o espírito simplesmente não entrou em transe – a possessão prevista não ocorreu. Essa circunstância insólita produziu uma ruptura no ritual em andamento, com a conseqüente desarticulação do comportamento das demais pessoas que participavam do evento: elas não sabiam mais como conduzir-se.

Outro documentarista teria, talvez, interrompido a filmagem, passando a aguardar uma definição da situação antes de dar prosseguimento à gravação. Mas não Rouch! Num insight próprio de sua personalidade, ele continuou registrando o que se passava e acabou fazendo um filme justamente sobre isso: um evento que *não* estava acontecendo![42]

Exemplos análogos, até mesmo no âmbito da vida empresarial, podem ser verificados: os gerentes de um departamento freqüentemente se reúnem com seu diretor para acompanhamento das atividades. Mas o diretor é substituído por uma mulher, que chama os gerentes para uma primeira reunião, às 7 horas da manhã... na casa dela! Todos irão estranhar bastante. Esse estranhamento, sem dúvida, é uma oportunidade de as pessoas tomarem consciência de qual era a conduta anterior.

O DIFÍCIL DISTANCIAMENTO DO QUE NOS É FAMILIAR

A questão que pretendo levantar reside no fato de que estamos demasiadamente acostumados com o que acontece numa empresa para sermos capazes de analisar sua cultura de forma isenta: esse é um típico caso em que o objeto analisado (a empresa) é algo muito próximo, familiar demais para seu analista; e isso tem suas implicações.

Antropólogos já demonstraram que têm mais facilidade para estudar culturas distantes da sua, que mostrem ser, nos primeiros contatos, o mais estranhas possível. Esse distanciamento é fundamental para se apreender a especificidade de uma cultura.

Apesar disso, os antropólogos sabem também que é cada vez mais difícil encontrar novas culturas "estranhas" para se estudar.

> Autores como Clifford Geertz têm procurado demonstrar que o desmantelamento dos impérios coloniais acabou por fazer desmoronar uma das condições básicas da "veracidade" do trabalho antropológico: a garantia de que a cultura estudada e o público leitor estariam física e moralmente separados. Segundo ele (Geertz), o discurso antropológico tradicional – que descreve o funcionamento de uma cultura distante – destinava-se a uma audiência que, por não estar em contato direto com aquela realidade, devia ser persuadida de que as coisas ali se passavam exatamente do modo como o pesquisador as expõe.[43]

Além disso,

O CONCEITO DE CULTURA

> a incorporação progressiva das sociedades não-capitalistas no sistema econômico mundial tem levado à gradual extinção dos objetos de investigação tradicionais da ciência antropológica. Desaparecem rapidamente aquelas sociedades integradas e estáveis que os antropólogos do período colonial teimavam em reconstituir.[44]

Está instalado um novo dilema, pois o analista da cultura empresarial é, em geral, alguém bastante acostumado a trabalhar com empresas (e normalmente considera essa familiaridade um fator positivo, não o contrário). Para ultrapassar essa barreira, em vez de tentar obter maior familiaridade com o contexto cultural que lhe é estranho, como fazia anteriormente o antropólogo, ele deve agora tentar encontrar o *estranho* no contexto cultural que lhe é *familiar*.

Conseguir esse estranhamento provavelmente dará ao analista de culturas um grande sentimento de realização. Reconhece um profissional da área de antropologia, do Rio de Janeiro:

> Quando se é antropólogo, um dos momentos mais fundamentais é aquele em que o nosso mundo, os círculos sociais em que nos movemos, as famílias que nos cercam, os universos de símbolos e valores nos quais acreditamos começam a causar estranheza. Neles, de repente, se abrem espaços para pensamentos ora engraçados, ora assustadores, mas que sempre colocam em suspensão aquilo que está automatizado e rotinizado.[45]

EXEMPLOS DE ESTRANHAMENTO DO FAMILIAR

Apresento, a seguir, dois exemplos que demonstram as dificuldades descritas anteriormente.

1. O *Papalagui*

Em 1914, o dramaturgo e escritor alemão Erich Scheurmann (1878–1957), em viagem pelo arquipélago de Samoa (então colônia alemã), travou amizade com Tuiávii, chefe da tribo Tiavéa, da pequena ilha de Upolu, ouvindo deste o relato das impressões que tivera quando de sua visita à Alemanha, como integrante de um grupo folclórico samoano em excursão pela Europa.

Durante a viagem, Tuiávii fez uma espécie de "etnografia às avessas", descrevendo o comportamento do europeu (chamado por ele de *Papalagui*) tal como este descrevia o dos samoanos. Apresento um pequeno trecho de seu relato, publicado por Scheurmann em 1920:

| 39

De onde vem o dinheiro? Como é que se pode ganhar muito dinheiro? Oh, de muitas formas, com facilidade ou com dificuldade. Se cortas o cabelo de teu irmão, se tiras a sujeira da frente da cabana dele, se levas uma canoa na água, se tens uma boa idéia. Diga-se, por amor à justiça, que se tudo exige muito papel pesado e metal redondo, é no entanto fácil ganhá-los em troca de qualquer coisa. Basta fazeres o que se chama na Europa "trabalhar". "Se trabalhares, terás dinheiro", é o que diz uma regra moral dos europeus.

Existe aí uma grande injustiça que o Papalagui não nota, nem quer pensar sobre isto para não ser obrigado a reconhecer que ela existe. Nem todos que têm muito dinheiro trabalham muito. (Por sinal, todos gostariam de ter muito dinheiro sem trabalhar.) É assim: quando um branco ganha tanto dinheiro que dá para comer, para ter sua cabana e sua esteira e mais algumas coisas, imediatamente, com o dinheiro que tem a mais, faz seu irmão trabalhar para ele. Dá-lhe, primeiro, o trabalho que lhe sujou e endureceu as mãos; faz que limpe os excrementos que ele próprio expeliu. Se é mulher, arranja uma moça que trabalhe para ela, mandando-a limpar a esteira suja, lavar a louça e as peles em que coloca os pés, consertar as tangas que se rasgaram, sem ter o direito de fazer nada que não seja bom para seu amo. Homem ou mulher, quem assim procede fica com tempo para o trabalho mais importante, mais divertido, que não suja as mãos, não cansa e dá mais dinheiro. Se ele é construtor de barcos, o outro deverá ajudá-lo a construir barcos. Do dinheiro que este produz ajudando, e que devia, portanto, ficar todo para ele, o amo tira-lhe uma parte, a maior e, assim que pode, põe mais dois irmãos trabalhando para ele, depois três, e mais, e mais, em número cada vez maior, até cem ou mais, seus irmãos constroem os barcos para ele.

Enfim, o amo já não faz coisa alguma senão deitar-se na esteira, bebendo *kava* (bebida do tipo aguardente) européia e queimando rolos de fumaça, vendendo os barcos quando estes estão prontos e recebendo o metal e o papel que os outros, trabalhando, ganharam para ele. Dizem, então: ele é rico. Invejam-no, adulam-no muito e lhe falam com palavras sonoras, porque a importância do homem, no mundo branco, não é dada por sua nobreza, coragem, o brilho das suas idéias, mas pela quantidade de dinheiro que tem, quanto dinheiro é capaz de guardar por dia, quanto guarda no seu forte baú de ferro que terremoto algum pode destruir.[46]

2. Ritos corporais entre os Nacirema

O trecho a seguir é parte de um artigo de 1973 do antropólogo americano Horace Miner (1912–1993):

Os Nacirema são um grupo norte-americano que ocupa o território entre as tribos Cree, no Canadá, Yaqui e Tarahumare, no México, e Carib e Arawak, nas Antilhas. Pouco se sabe sobre sua origem, exceto que vieram do leste. Conforme a mitologia dos Nacirema, um herói cultural, Notgnihsaw, deu origem à nação.

Entre os Nacirema, apesar de o povo dedicar muito de seu tempo às atividades econômicas, uma grande parte dos frutos de seu trabalho e grande parte de seu dia são dedicados a atividades rituais. O foco dessas atividades é o corpo humano, cuja aparência e saúde assomam como interesse dominante no ethos desse povo.

A crença fundamental subjacente a todo o sistema parece ser de que o corpo humano é repugnante e sua tendência natural é para a debilidade e a doença. Encarcerado em tal corpo, a única esperança do homem é desviar essas características, através do uso de poderosas influências ritualísticas. Cada moradia tem um ou mais santuários dedicados a esse propósito. Os indivíduos mais poderosos nessa sociedade têm muitos desses santuários em suas casas. As famílias aplicam placas de cerâmica às paredes desse santuário. As cerimônias que se praticam nesses santuários são privadas e secretas. Os ritos são normalmente discutidos apenas com as crianças, e somente durante o período em que estão sendo iniciadas nesses mistérios.

O ponto focal do santuário é uma caixa ou cofre embutido na parede, em que são guardados inúmeros encantamentos e poções mágicas, sem os quais nenhum nativo acredita que poderia viver. Boa parte deles é composta de preparados conseguidos através de médicos-feiticeiros, cujo auxílio é recompensado por meio de dádivas substanciais. Essas poções mágicas são tão numerosas que, freqüentemente, depois de algum tempo, os Nacirema se esquecem de quais são suas finalidades específicas e temem usá-las de novo.

Abaixo dessa caixa de encantamentos, no santuário, existe uma pequena pia batismal. Todos os dias, cada membro da família, um após o outro, entra no santuário, inclina sua fronte ante a caixa de encantamentos, mistura diferentes tipos de águas sagradas na pia batismal e procede a um breve rito de ablução. As águas sagradas vêm do Templo da Água da comunidade, onde sacerdotes executam elaboradas cerimônias para tornar o líquido ritualmente puro.

Os Nacirema têm um horror quase patológico e ao mesmo tempo uma fascinação com relação à cavidade bucal, cujo estado acreditam ter uma influência sobrenatural sobre as relações sociais. Acreditam que, se não fosse pelos rituais bucais, seus amigos os abandonariam e seus companheiros os rejeitariam.

O ritual do corpo executado diariamente por cada Nacirema inclui um rito bucal, que consiste na inserção de um pequeno feixe de cerdas de porco na boca, juntamente com certos pós mágicos, e então em movimentá-los numa série de gestos altamente formalizados.[47]

Os Nacirema, de que fala Miner, são na realidade os cidadãos americanos. O nome *Nacirema* é a palavra *American* ao contrário, e o herói civilizador da nação,

Notgnihsaw, é de fato *Washington*, cujo nome também está grafado ao contrário. Nesse trecho, Miner está apenas descrevendo o banheiro da casa de um cidadão americano comum, falando dos cosméticos e dos remédios no armário acima da pia. Ele diz também que os americanos lavam o rosto e escovam os dentes todos os dias.

Trata-se, é claro, de uma brincadeira; mas ela, como o exemplo anterior, serve para mostrar como é difícil falar com neutralidade de nossa própria realidade cultural. Só isso já sugere quanto é complicado, na verdade, analisar a cultura de uma empresa, tentando compreender a lógica que está por trás dela.

CAPÍTULO 2

CULTURA CORPORATIVA

*Todos os bichos são iguais; mas alguns
bichos são mais iguais que os outros.*

George Orwell (1903–1950), escritor inglês,
em *A revolução dos bichos.*

FONTES FORMADORAS DA CULTURA DA EMPRESA

O que faz com que a cultura empresarial varie de uma empresa para outra? Quais são
as origens dessas peculiaridades?

A empresa busca os conceitos, as crenças e os valores que vão formar sua
subcultura específica nas seguintes fontes:

- o ramo de negócio;
- os valores do fundador;
- o ideário da empresa-mãe;
- as crenças e os valores da sociedade local; e
- os fatos históricos que impactaram a empresa no passado.

Nas organizações que não são empresas propriamente ditas (clubes, fundações,
órgãos públicos, associações, ONGs etc.), um sexto item deve ser acrescentado. Nessas
organizações a cultura capitalística deve ser vista como mais uma fonte formadora da
cultura. No caso das empresas, especificamente, as cinco fontes complementares estão
representadas na Figura 2.1, a seguir.

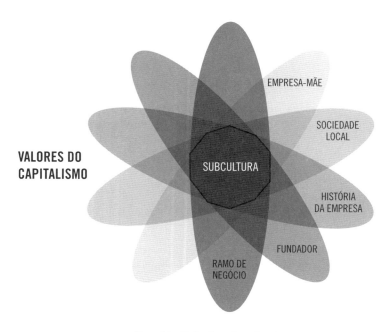

Figura 2.1 – Fontes formadoras da cultura da empresa

Nem sempre estão presentes na empresa todas as cinco fontes citadas. Embora algumas fontes possam ter mais peso que outras, não há uma ordem definida de prioridade.

CONTRIBUIÇÕES DO RAMO DE NEGÓCIO À CULTURA DA EMPRESA

O ramo de negócio em que uma empresa opera é uma das fontes de suas especificidades culturais: bancos são empresas muito diferentes de lojas de departamentos, que, por sua vez, são distintas das empresas de processamento de dados.

Mesmo nas empresas que operam no mesmo setor da economia (agropecuário, industrial, comercial ou de serviços), nem sempre haverá proximidade entre as suas influências. Em qualquer setor econômico, a variedade das formas de operar tende a ser grande demais para que se verifique alguma uniformidade. Certamente haverá alguma proximidade entre duas empresas do setor agrícola, se uma delas for uma fazenda de café, e a outra, de soja; mas dificilmente encontraremos proximidade entre uma usina de cana-de-açúcar e uma fazenda de gado, mesmo que façam parte do mesmo setor.

O mesmo ocorre se compararmos duas empresas industriais (uma fundição e uma montadora de veículos, por exemplo), ou duas empresas comerciais (uma loja de departamentos e uma distribuidora de revistas), ou ainda duas empresas de serviços (uma empresa de courier e outra de organização de eventos). Em cada caso, trata-se de ramos completamente diferentes, embora pertencentes a um mesmo setor da economia. Um bom modelo para se analisar mais sistematicamente quais contribuições vindas do ramo de negócio da empresa ajudam a formar sua cultura é dado pelo esquema das cinco forças proposto por Michael Porter para analisar a estratégia competitiva. Porter recomenda que um estrategista se concentre em cinco aspectos do contexto em que a estratégia competitiva é formulada:

- a concorrência dentro da própria indústria;
- o poder de barganha dos fornecedores;
- o poder de barganha dos clientes;
- a ameaça de produtos ou serviços substitutos; e
- a ameaça de entrada de novos concorrentes.

Para cada uma dessas "forças que dirigem a concorrência" dentro de determinado ramo de negócio, Porter relaciona e expõe uma profusão de subfatores que devem ser analisados.[1]

EXEMPLO 1

Nos negócios de uma empresa de comércio atacadista, por exemplo, seus relacionamentos com os clientes e com os fornecedores são áreas nas quais se formam traços culturais importantes. Um exemplo de empresa desse tipo é o Armarinho Santo Antonio, empresa atacadista (hoje com suas atividades encerradas) sediada em Ubá (MG) e fundada por José Antonio Mendes.

Seu Zequinha, como era chamado o fundador, tinha sido mascate no passado, começara a trabalhar vendendo linhas, agulhas e botões de porta em porta e, em quarenta anos, conseguiu montar um verdadeiro império atacadista, com faturamento anual, em 1991, ano de sua morte, de algo próximo de US$ 100 milhões!

Era parte da cultura do Armarinho Santo Antonio o estreito relacionamento com os clientes, muito antes de essa relação ser vista como estratégica por multinacionais de todo o mundo: o Armarinho Santo Antonio não remarcava preços e repassava integralmente aos seus 30 mil pequenos e médios clientes as vantagens e os descontos que obtinha dos fornecedores, em vez de usá-los para aumentar a margem de lucro. Essa prática era viabilizada pelo poder de barganha do Armarinho junto aos fornecedores, graças às suas encomendas de enormes volumes dos duzentos principais itens que comercializava (por exemplo, somente as encomendas anuais de zíper equivaliam a mais de 600 quilômetros).

Outro traço da cultura desta empresa era, portanto, a disputa por preço com os fornecedores em defesa dos clientes, razão pela qual seu Zequinha era conhecido como o "Robin Hood de Ubá". Nem sempre os fornecedores aceitavam esses procedimentos do Armarinho, tanto é que duas fábricas do setor têxtil deixaram de abastecer a empresa.

Mas foi agindo dessa forma que o Armarinho Santo Antonio obteve uma invejável credibilidade junto aos clientes, a ponto de, durante o Plano Collor, em 1990, quando a empresa se viu ameaçada pela falta de caixa e precisou queimar seu estoque, ter recebido nada menos que 15 mil *cheques em branco* de seus clientes!

Esse episódio ganha ainda maior destaque quando se verifica que sua relação com os clientes tinha algo ao mesmo tempo paternal e autoritário: a empresa, por princípio, comprava a prazo e vendia somente à vista; e, além disso, estabelecia cotas para seus clientes, alegando poder, assim, vender menos e mais barato para maior quantidade deles.[2]

EXEMPLO 2

O mercado costuma mudar com freqüência. O que era anteriormente um aspecto positivo da cultura, alavancando os negócios, pode se tornar negativo e, com o passar do tempo, transformar-se em um problema. Em ramos de negócio que são bastante dinâmicos e se transformam em poucos anos, uma cultura que antes ajudava a empresa pode ter a função inversa, depois de algum tempo.

O consultor britânico Gordon McBeath relata o caso de uma empresa que desenvolveu, ao longo dos anos, uma estratégia corporativa que tinha como um dos principais aspectos manter padrões técnicos de alto nível. Ao mesmo tempo, ela se acostumou a dar menor importância aos preços e ao cumprimento de prazos de entrega, como fatores que poderiam ser igualmente estratégicos: seus dirigentes entendiam que os clientes compreenderiam essa ordem de prioridades e concordariam naturalmente com ela, mantendo seus pedidos normalmente.

Essa abordagem se tornara um hábito da empresa, justamente por ter funcionado muito bem por um longo tempo. Todavia, seus dirigentes constataram que o mundo havia mudado e, como resultado disso, a organização acabou passando por momentos difíceis ao manter os mesmos princípios de atuação no mercado. Os dirigentes tiveram de aceitar a evidência de que os clientes passaram a ter mais clareza a respeito do que queriam daquela empresa, bem como qual preço consideravam mais competitivo.

CULTURA CORPORATIVA

Assim, a cultura da empresa, em vez de um trunfo, se tornara um entrave à sua competitividade e precisava ser urgentemente mudada. A empresa teve de mostrar aos clientes que reconhecia isso – o que conseguiu somente quando recrutou externamente todo um novo grupo de profissionais de marketing e de planejamento de vendas.[3]

EXEMPLO 3

Nos Estados Unidos, em 1993, o Pentágono chamou seus principais fornecedores da indústria da defesa para uma reunião que ficou conhecida como *the last supper* (a última ceia). Com o fim da Guerra Fria, o orçamento militar havia sido cortado pela metade e a administração do Pentágono deixou claro que pretendia manter um número drasticamente menor de fornecedores. O resultado disso foi uma grande quantidade de fusões e aquisições de empresas fornecedoras: 32 empresas de defesa acabaram se consolidando em apenas nove![4]

Não há dúvida de que esse exemplo é elucidativo de quão expressiva pode ser a força que um cliente governamental exerce sobre seus fornecedores.

CONTRIBUIÇÕES DOS VALORES DO FUNDADOR À CULTURA DA EMPRESA

Outra fonte importante para a formação de uma cultura corporativa são as idéias, as crenças e os valores do(s) fundador(es) da empresa. Obviamente, essa fonte de influência é mais visível nas empresas familiares que ultrapassaram o estágio da primeira geração (em que eram geridas pelo próprio fundador), mas que prosseguiram sem haver profissionalização da gestão de topo.

A propósito, Ott reflete que "fundadores e outras figuras dominantes, líderes anteriores da organização, tendem a recrutar e atrair pessoas que têm visões, valores, crenças e pressupostos semelhantes aos seus; é dessa forma que, pela força de suas personalidades, modelam a cultura". "Os fundadores da organização geralmente têm sua própria teoria sobre como ter sucesso", prossegue Ott, "e essa teoria tem na origem a cultura da sociedade em que essas pessoas foram criadas, assim como suas experiências pessoais prévias." E conclui: "À medida que a organização cresce, os que são recém-chegados e têm teorias compatíveis com aquelas do fundador movimentam-se, ocupando posições executivas e gerenciais e além disso trazendo gerações subseqüentes de novos membros que têm visões também compatíveis."[5]

Aquilo que o fundador, portanto, pensa e crê é um ingrediente poderoso na formação da cultura de uma organização – principalmente se o fundador tiver demonstrado carisma pessoal, desenvolvido um papel determinante na trajetória de sucesso da empresa e... não estiver mais presente! Nessas circunstâncias, muitas vezes é difícil mudar coisas sem agredir diretamente a cultura vigente, simplesmente cortando seus principais representantes.

EXEMPLO 1

Um bom exemplo é o que acontecia com a Disney Corporation em fins da década de 1980, quando Michael Eisner assumiu a direção da empresa: mais de dez anos após a morte do fundador, o "fantasma" de Walt Disney (1901–1966) continuava à espreita nos corredores dos estúdios da companhia, em Burbank, na Califórnia, conforme relata uma reportagem da revista *Fortune* de 1991. A cada decisão estratégica que era preciso tomar nos estúdios, segundo se conta, os altos executivos se mostravam indecisos, imaginando o que Disney teria feito naquele caso.

A reportagem relata que esses "idólatras" estavam, dessa forma, "afundando o estúdio com uma atitude obsoleta, típica de antiquadas empresas familiares"; e afirma que Eisner, "percebendo que às vezes não se consegue mudar a história sem substituir as pessoas envolvidas, subiu a bordo e limpou o convés, trazendo novos executivos, muitos dos quais não haviam conhecido Disney pessoalmente".

A medida esfacelou a cultura vigente até então, fragmentando-a e fragilizando-a e deixando o caminho livre para as medidas estratégicas que a nova gestão pensava serem as melhores. Deu certo, e Eisner e seus homens acabaram por promover uma verdadeira revolução na companhia – entre outras mudanças, ousando produzir filmes para adultos, "que teriam deixado o velho Walt de cabelos em pé", como *A cor do dinheiro*, de Martin Scorsese, em 1986.[6]

EXEMPLO 2

Em 1935 o vitorioso redator de publicidade Leo Burnett resolveu alçar vôo solo, fundando sua própria agência. Mas, com a ousadia típica dos empreendedores, abriu seu espaço de um modo que contrariava totalmente o senso comum: em vez de procurar um lugar no lógico "ninho", aparentemente seguro, da Madison Avenue em Nova York, onde se abrigavam todas as principais empresas de publicidade americanas, Burnett foi alojar-se, com apenas oito funcionários e três clientes, num escritório improvisado no hotel Palmer House, em Chicago. Naquele local, até a decoração afetada do lobby parecia casar-se perfeitamente com o gosto um tanto *kitsch* do jovem publicitário.

Ao saber disso, os futuros concorrentes vaticinaram uma carreira desastrosa para Leo Burnett: "Ele vai terminar vendendo maçãs pelas ruas", afirmaram, imaginando-o entre aquela legião de desempregados que sobrevivia de biscates, aqui e ali, durante a terrível depressão econômica americana dos anos 1930. Eles erraram feio na previsão: a empresa tornou-se um sucesso mundial.

Com sua ironia ferina, Leo Burnett aproveitou a deixa e, poucos anos depois, passou a distribuir, a quem entrava na sua agência, nada menos que... maçãs! Esse procedimento tornou-se uma tradição e uma marca registrada da empresa.

Em 1989, comemorando mais uma vez o êxito de seu pioneiro fundador, a agência de publicidade Leo Burnett distribuiu nada menos que 70 mil maçãs nos cinqüenta escritórios que mantinha no mundo inteiro. Era essa a representação emblemática de um faturamento que chegava, naquela época, a US$ 3,2 bilhões.[7]

CONTRIBUIÇÕES DO IDEÁRIO DA EMPRESA-MÃE À CULTURA DA EMPRESA

Empresas que são filiais, sucursais, subsidiárias ou extensões de outras empresas certamente têm sua cultura bastante influenciada pelas respectivas empresas-mãe ou matrizes, mesmo no caso de empresas franqueadas, licenciadas ou distribuidoras, ainda que, a rigor, juridicamente não pertençam à empresa-mãe.

Quando a filial está localizada em outro país, a influência tende a ser ainda mais acentuada, dadas as diferenças nas culturas envolvidas. Apesar de politicamente incorreta, é emblemática uma velha piada que circulou certa vez na unidade brasileira de uma empresa multinacional americana com sede na Flórida e operando em vários países: conta-se que um navio cheio de executivos dessa empresa, de várias nacionalidades, naufragou, tendo se salvado, em diferentes pequenas ilhas, grupos de três pessoas: numa delas, uma mulher e dois homens franceses; noutra, uma mulher e dois homens espanhóis; noutra ainda, uma mulher e dois homens ingleses; e noutra, finalmente, uma mulher e dois homens brasileiros.

A piada diz que, numa dessas ilhas, os dois homens duelaram até a morte, ficando juntos a mulher e o vencedor; noutra, os dois homens e a mulher entraram num acordo para que todos os três convivessem sem problemas; noutra ilha, os dois homens mataram a mulher e ficaram juntos; e, finalmente, na ilha dos brasileiros, sem saber o que fazer, os três trataram de dar um telefonema para a sede da empresa na Flórida, para obter instruções.

Piadas tendem a ser altamente valorizadas por analistas de cultura empresarial, porque, por trás do que dizem, geralmente revelam as crenças e os valores de uma empresa. Essa piada revela a falta de liberdade dos executivos da filial brasileira para tomar decisões sobre os negócios em seu próprio país, sendo obrigados a pedir a orientação da matriz para tudo.

Os estudos sobre globalização, que se popularizaram nos últimos anos na administração, criaram mais uma *buzzword*: o termo glocal, ou seja, para se tornar uma empresa global, uma organização internacional deve estimular suas sucursais a pensar *globalmente* e agir *localmente*. A piada que circulou na unidade brasileira da multinacional americana mostra, sem dúvida, uma empresa que está longe de ser *glocal*.

EXEMPLO 1

O empresário Akio Morita (1921–1999), considerado nos Estados Unidos o mais ocidental dos executivos japoneses, foi o fundador e por muitos anos o principal executivo da Sony Corporation. Ele publicou, em 1986, um livro de muito sucesso chamado *Made in Japan*, em que relata seus primeiros anos à frente da Sony. O livro beneficiou-se, na época, do fascínio que as empresas japonesas exerciam sobre a economia americana, que atravessava uma crise séria. Em seu livro, Morita apresenta esta história:

> Recentemente, uma companhia americana, fabricante de softwares, altamente complexos, formou uma joint venture com uma empresa japonesa. Na ocasião, o sócio japonês disse ao americano: "Gostaríamos que o senhor desenhasse o showroom, enquanto nós ficaríamos encarregados dos escritórios." A idéia parecia razoável e foi aceita.
>
> Ao fim, o showroom ficou muito bonito, com luz suave e cadeiras confortáveis para visitantes e clientes. O equipamento em exposição no showroom recebeu grande destaque pelo uso de modernas técnicas de exposição que incluíam demonstrações em vídeo e elegantes prospectos impressos em quatro cores, promovendo a companhia e seus produtos.
>
> Enquanto isso, na parte superior do prédio, toda a equipe de direção da nova empresa foi colocada num salão enorme, sem nenhum tipo de divisória. Havia apenas um amontoado de mesas com telefones, arquivos e outros móveis indispensáveis, tudo dentro de um arranjo bem rigoroso.
>
> Ao ver isso, o sócio americano ficou espantado, mas o sócio japonês logo explicou que, quando os clientes japoneses entram nos escritórios de uma nova empresa que ainda está batalhando no mercado e vêem tapetes luxuosos, escritórios privativos e muito conforto ficam desconfiados de que a empresa não é séria, pois está gastando muito com o bem-estar da gerência, talvez em detrimento do produto ou até dos clientes em potencial. "Se tivermos sucesso, dentro de um ano poderemos colocar umas divisórias baixas e, depois de dois ou três anos, até mesmo um escritório privativo para cada executivo, completou o japonês. Mas no momento temos todos de lembrar que ainda estamos lutando juntos para que a empresa tenha sucesso."[8]

O caso relatado por Morita é bastante elucidativo, ao mostrar quanto os princípios e as práticas culturais vigentes na empresa-mãe podem ser determinantes na formação da cultura da unidade local dessa empresa.

EXEMPLO 2

No início da década de 1990 a General Electric Co. criou um importante programa para o desenvolvimento de equipes e a solução de problemas para aplicação nos países em que operava, denominado *Work Out*, que estimulava os funcionários a apresentar sugestões e formular projetos de utilidade para a empresa.

Esse programa foi posto em prática também na subsidiária brasileira da empresa, a General Electric do Brasil S.A., tendo os primeiros dois grupos locais se reunido em julho de 1990. O então vice-presidente de Recursos Humanos e Relações Governamentais da GE local fez, na ocasião, um balanço da experiência: os grupos produziram 129 idéias, das quais saíram 42 projetos, que tratavam de assuntos que iam desde a simplificação de relatórios internos até a melhoria de processos produtivos. Desses, quarenta projetos foram aprovados e resultaram em planos de ação.[9]

A notícia divulgada não apresentava dados comparativos no que diz respeito ao desenvolvimento do *Work Out* nos países em que foi aplicado, ou sobre variações que pudesse ter sofrido ao longo das aplicações. Sabe-se que o programa, que recebeu a aprovação do então CEO da empresa, o famoso executivo Jack Welch, foi considerado bem-sucedido.

A menção ao *Work Out* é feita aqui apenas para lembrar que programas aplicados pela matriz nas várias unidades internacionalmente espalhadas de uma empresa transnacional tendem a passar por alterações ou *customizações*, em poucos anos adquirindo feições locais bem definidas e bastante distintas daquelas que tinham inicialmente, quando foram lançados. Isso aconteceu, por exemplo, com os grupos formados inicialmente no Japão em fins de 1970, para a formulação e o estudo de sugestões no trabalho, chamados CCQs (Círculos de Controle de Qualidade); ou, nos anos 1990, com o programa (também japonês) chamado 5S, que tratava da higiene e da organização do local de trabalho.

A experiência mostra que, embora os pacotes de treinamento ou as ferramentas de gestão vindos da matriz de uma empresa ainda apresentem, depois de algum tempo, algumas das características iniciais com que chegaram ao país, o mais provável é que em pouco tempo se adaptem à cultura local.

CONTRIBUIÇÕES DAS CRENÇAS E DOS VALORES DA SOCIEDADE LOCAL À CULTURA DA EMPRESA

As mudanças de ordem social são as mais sutis e difíceis de prever e mesmo de detectar. O comportamento do consumidor, as atitudes da sociedade em relação a algum aspecto da vida social, a deterioração ou a valorização da imagem de uma categoria ou tipo social são situações que devem estar sob a atenção de empresários e executivos constantemente.

Qualquer mudança no contexto em que a empresa opera pode impactá-la.

EXEMPLO 1

Uma reportagem de 1990 na revista norte-americana *Fortune* comenta a experiência da multinacional Procter & Gamble no Japão, em meados dos anos 1980.

Naquela época, a divisão japonesa da P&G, chamada Sunhomes e sediada em Osaka, enfrentava sérios problemas: faturava muito pouco para seu porte e perdia para as concorrentes locais Lion e Kao, que entravam agressivamente no mercado, com produtos de qualidade superior. Além disso, com aquele nome, ninguém parecia conhecê-la (a maioria dos japoneses pensava tratar-se de uma construtora).

O novo diretor designado para a unidade, o holandês Durk Jager, resolveu pesquisar a imagem da empresa junto aos clientes e descobriu inicialmente que a propaganda das fraldas Pampers era totalmente inadequada: a imagem que mostrava – uma cegonha carregando um bebê – era considerada divertida, mas confusa para os japoneses, para quem a cegonha nada tem a ver com o nascimento de crianças.

Sua descoberta posterior foi ainda mais surpreendente: os consumidores japoneses compram menos tomando por base a marca do produto e muito mais a reputação da empresa detentora da marca. Portanto, o nome Sunhomes em nada beneficiava a subsidiária local da Procter & Gamble.

Jager mudou o nome da divisão para Procter & Gamble Far East e passou a usar o logotipo da companhia em todos os produtos, apresentando-o também ao fim de cada comercial de TV. Dessa forma, conseguiu transferir para os produtos a boa reputação que a P&G possui em todo o mundo. As vendas tornaram-se dez vezes maiores e a unidade japonesa da P&G passou a ser a divisão internacional da empresa com crescimento mais rápido e uma das mais lucrativas.[10]

O exemplo mostra a importância da cultura local para a empresa, que deve estar plenamente identificada com os traços culturais vigentes. Estando atento para isso, o novo CEO da P&G conseguiu resultados expressivamente melhores do que a empresa vinha obtendo. E provavelmente as providências que tomou resultaram em mudanças culturais que integraram mais a empresa à cultura local.

CULTURA CORPORATIVA

EXEMPLO 2

A cadeia de fast-food McDonald's talvez seja o melhor exemplo de uma empresa que teve sua cultura praticamente toda modelada por um executivo, Ray Kroc (1902–1984), seu idealizador.

Por vários anos, essa cultura funcionou muito bem, impulsionando as vendas e a expansão do McDonald's nos Estados Unidos e no restante do mundo. A partir de fins dos anos 1980, todavia, isso começou a mudar e, então, uma cultura tão arraigada e tão "definitiva" como era aquela passou a atuar, ao contrário de antes, como um obstáculo ao desempenho da rede.

Uma reportagem de 1990 sobre o McDonald's nos EUA dizia que a concorrência mais agressiva da rede não mais vinha das grandes cadeias nacionais de fast-food, mas de difusos "ataques de guerrilha" por parte de supermercados, delicatéssens e lojas de conveniência em postos de gasolina – enfim, de qualquer lugar que vendesse comida congelada. As pessoas não tinham mais como primeira opção os restaurantes de fast-food, elas passaram a cozinhar bem mais em casa, usando praticamente apenas o forno microondas.

"O fast-food já não é assim tão fast", constatou nessa ocasião Mona Doyle, presidente da Consumer Network, consultoria em pesquisas de mercado da Filadélfia. "Hoje as pessoas sabem que podem aquecer alguma coisa para comer, em casa, em noventa segundos."

Não era só isso, entretanto: os consumidores passaram a se preocupar cada vez mais com a nutrição, reduzindo o açúcar, os carboidratos e, em especial, evitando ingerir gordura. No Brasil, outros fatores contribuíram ainda mais para obrigar o McDonald's a mudar sua cultura: a violência das grandes cidades afastou muitos moradores das lojas de rua, e os restaurantes a quilo passaram a ser uma opção largamente adotada.

O resumo da história é que o McDonald's foi obrigado a fazer um grande esforço para mudar seu cardápio, tentando dar um caráter mais saudável a alguns itens e reduzindo a quantidade de colesterol e de sal. A empresa passou, por exemplo, a fritar os alimentos (exceto as batatas fritas) em gordura vegetal. Ainda assim, a mudança não foi fácil: "Experimentamos as saladas durante dez anos, até nos decidirmos sobre isso", disse, na época, Thomas Glasgow Jr., o vice-presidente de desenvolvimento de produtos da empresa.[11]

Esse exemplo, como o anterior, mostra que o comportamento do consumidor é um fator preponderante nos moldes da cultura de uma empresa.

| 53

A FACE OCULTA DA EMPRESA

FATOS HISTÓRICOS DA EMPRESA INFLUINDO NA CULTURA

Toda empresa, como toda coletividade dotada de cultura, tem historicidade – isto é, ocorrem em torno dela fatos e situações determinantes de sua cultura. Para conhecer a cultura de uma organização é fundamental saber a sua história.

EXEMPLO 1

Um bom exemplo disso é o do banco americano First Chicago Bank, conforme relato de 1983 de Stanley Davis, consultor que se autodefine como um "clínico de organizações" e cuja carteira de clientes incluía, na época, vários bancos nacionais e estrangeiros.

"Quando a definição de um segmento da economia muda", reflete Davis, "é preciso examinar não apenas as estratégias que se empregam, mas igualmente as crenças e os valores sobre os quais repousam tais estratégias". Essa afirmação aplicava-se especialmente ao First Chicago Bank na época, quando o *turnover* de pessoal era enorme. Um novo presidente, Barry Sullivan, havia assumido o cargo e, com a saída do seu antecessor, A. Robert Abboud, muitos executivos também deixaram o banco.

O banco concluiu que era preciso desenvolver um novo conjunto de valores, que ajudasse os funcionários a entender como se comportar com os clientes e entre eles mesmos. Ao avaliar o comportamento do pessoal em todo o banco, se percebeu que a cultura vigente era de uma preocupante aversão ao risco, o que seria um forte obstáculo aos planos de Sullivan: elevar o First Chicago à categoria de um dos cinco primeiros bancos do país em desempenho, em dois anos.

Por que a aversão ao risco? Onde e como teria se originado esse traço cultural? Davis constatou que o banco sofrera sérias perdas de credibilidade no fim da década de 1970 e que, por causa disso, o pessoal havia se "acovardado". "Tínhamos de fazer todo mundo aceitar que o risco é parte do negócio", conta um dos executivos da empresa.[12]

A reportagem termina com a informação de que o First Chicago Bank vinha tentando instilar maior agressividade em sua equipe, por meio da implementação de planos especiais de incentivos que privilegiavam a aceitação de riscos calculados. Havia otimismo quanto aos resultados, ainda inconclusos. O que é importante nesse caso, porém, é compreender que a aversão do banco aos riscos era um traço decisivo de sua cultura, decorrente de experiências reais ocorridas no passado.

EXEMPLO 2

Outra história curiosa sobre como os fatos modelam a cultura de uma empresa é a do nascimento da 3M: poucos sabem que essa empresa foi originalmente formada para explorar o coríndon (sesquióxido de alumínio), um mineral abrasivo usado na fabricação de lixas. Porém, depois de terem feito um grande investimento, os fundadores da empresa acabaram por descobrir que as minas, adquiridas na esperança de achar coríndon, forneciam apenas outros minerais sem valor algum para a fabricação daquele produto.

Em vez de desistir do empreendimento, entretanto, como seria de esperar, os fundadores encararam o problema de outro modo e tentaram várias alternativas de produtos com base nos minerais disponíveis, chegando a criar diversos produtos de interesse comercial.

A história nos mostra, portanto, que a 3M é uma companhia nascida de um grande erro. Coincidência ou não, o fato é que ela é tida hoje como uma empresa que estimula a experimentação por parte de seus executivos e que se mostra geralmente bastante tolerante em relação aos erros que possam vir a ser cometidos nessas experiências. Tudo indica que a inventividade típica da 3M, e que a transformou na grande empresa que é hoje, seja de fato um traço cultural.[13]

CULTURA DE EMPRESA E MUDANÇA

SUBSTRATO CULTURAL: A CAMADA CAPITALÍSTICA DA CULTURA

Foi mostrado que a melhor maneira de se estudar a cultura de uma empresa é considerá-la em duas partes ou "camadas": a primeira é o que chamo de *substrato cultural* (ou *cultura de base*), formada pelos traços da *cultura capitalística*, que são decorrentes da própria natureza capitalista das empresas. A "camada superior" ou "superposta" a essa é a que chamo de *superestrato cultural* (ou *cultura de cobertura*), e seus traços são formados por um amálgama de influências diversas, vindas de várias fontes já citadas e exemplificadas: o ramo de negócio da empresa; os valores de seu(s) fundador(es); o ideário da empresa-mãe à qual ela se subordina; as crenças e os valores vigentes na sociedade local; e os fatos históricos que impactaram a empresa no passado. Depositado sobre a cultura capitalística, portanto, o amálgama cultural da *cultura de cobertura* tempera e suaviza a crueza e a diretividade da cultura capitalística de base, ao mesmo tempo em que confere maior especificidade e identidade à empresa.

Em qualquer empresa esse substrato *cultural* (capitalístico) está presente, embora em algumas ele possa ser uma camada mais "rala" (menos marcante) de cultura e, em outras, uma camada mais "espessa" (mais marcante). Para analisar a cultura empresarial, é preciso estender um pouco mais essa metáfora e apresentar esse substrato cultural em três modalidades possíveis: as camadas "rala", "média" e "espessa".

Nas empresas com camada "espessa" de substrato cultural capitalístico a presença de traços capitalísticos marcantes ou determinantes da cultura é por demais evidente: são empresas que em geral mantêm a prática de cortar constantemente os custos, forçam seu pessoal a buscar resultados ambiciosos, exigem muito de seus dirigentes e colaboradores, permitem e até mesmo favorecem lutas políticas internas, baseiam suas decisões em disputas de poder e buscam lucro a qualquer preço. Algumas situações concorrenciais e de mercado podem induzir a empresa a desenvolver tais traços culturais capitalísticos, por exemplo:

❖ atuação em mercados intensamente concorridos, em que a conquista de uma pequena parcela adicional exige uma verdadeira guerra concorrencial;
❖ operação com tecnologias em rápida transformação, podendo significar que um pequeno avanço de um concorrente a colocaria em perigo;
❖ concorrência sobretudo baseada em preço, sendo a qualidade e a tecnologia do produto bastante equivalentes entre os vários competidores;
❖ operação em mercados sujeitos a fortes batalhas publicitárias;
❖ competição em mercados abrigando excessiva quantidade de concorrentes com poder relativamente bem equilibrados entre si; e
❖ concorrência em mercados de produtos de consumo forçado ou de primeira necessidade, ou mediante concessões governamentais.[14]

No outro extremo, outras empresas mostram uma camada apenas "rala" de substrato cultural capitalístico: são empresas menos tensas, em que a vida das pessoas tende a ser mais "leve". Embora também busquem lucro, persigam reduções de custos, racionalizem processos e ajam para reduzir as despesas com pessoal, essas empresas tendem a atuar de forma mais "humana" com as pessoas, evitando tanto quanto possível as demissões, favorecendo o diálogo interno nos vários níveis hierárquicos, tentando promover certa harmonia interna, pesquisando e buscando aperfeiçoamentos no clima interno e/ou disponibilizando canais que permitam manifestações pessoais dos empregados. O substrato cultural mais "ralo" de cultura capitalística tende a estar presente, por exemplo, nas empresas que:

❖ reinam absolutas em mercados monopolísticos ou como concessionárias servindo clientes cativos;
❖ operam com tecnologias maduras, em ambientes de concorrência estável;
❖ atuam em mercados fortemente regulados por intervenção governamental;

- são elas próprias controladas pelo Estado (em nível local, estadual ou nacional), ou contam com receitas expressivas independentes de seu desempenho nos negócios; e
- fornecem produtos ou serviços que são *commodities*.

Essa forma "mitigada" de substrato cultural capitalístico encontra-se claramente presente, hoje em dia, nas organizações econômicas não-empresariais (cooperativas, autarquias e outras) e mesmo naquelas organizações que não são economicamente orientadas (órgãos públicos da administração direta, sindicatos, ONGs, fundações, clubes, associações). Nestas, embora esse substrato cultural capitalístico possa ser especialmente "ralo" (fino), ele ainda assim permanece existindo, uma vez que se tratam de organizações que proliferam numa sociedade marcada pelo modo de produção capitalista e, como tal, usam profusamente (ou ao menos pretendem usar) ferramentas típicas de administração, tendendo, assim, a seguir certas práticas que estão presentes nas empresas propriamente ditas: redução de custos, produção de receita, organização racional das funções, cobrança de desempenho de seus executores, melhoramento contínuo da eficiência e da eficácia das operações etc.

Por fim, entre esses dois níveis de "espessura" da camada cultural capitalística, podemos considerar, para fins de análise da cultura empresarial, os casos intermediários, em que o substrato cultural tem "espessura" média. A Figura 2.2, na página a seguir, apresenta essa idéia.

SUPERESTRATO CULTURAL: A CAMADA SUPERPOSTA DE CULTURA

Sobre o substrato cultural capitalístico ou cultura de base, repousa um amálgama de traços culturais produzidos por influências diversas, vindos das demais fontes mencionadas. Essa segunda camada que se superpõe à cultura capitalística é aqui denominada *cultura idiossincrática*.

O termo *idiossincrasia* designa a disposição que um indivíduo ou objeto (neste caso, uma cultura) demonstra ao reagir de modo absolutamente particular, e diferente daquele de seus semelhantes, aos estímulos que recebe do exterior. O termo pretende sugerir, portanto, que toda cultura de empresa tem, para além de seu substrato cultural tipicamente capitalístico, a capacidade de reagir de maneira única, exclusiva ou incomparável, às solicitações de seu entorno. Quando afirmamos que as manifestações do superestrato cultural são idiossincráticas, estamos querendo dizer que, mesmo que se verifiquem culturas que reagem ao contexto de forma parecida ou similar, nenhuma cultura de empresa é totalmente igual a outra. A cultura da empresa é, portanto, uma "impressão digital" da organização.

Esse superestrato cultural pode se apresentar igualmente mais "ralo" ou mais "espesso", inversamente ao que acontece com a "espessura" do substrato cultural capitalístico: sempre um tende a ser preponderante sobre o outro. Empresas fortemente marcadas por uma cultura capitalística tendem a apresentar uma cultura idiossincrática mais "leve" ou tênue; ao contrário, empresas nas quais a cultura capitalística é menos marcante, a cultura idiossincrática parece estar bem mais presente. Essa visão é apresentada a seguir, na Figura 2.2.

Figura 2.2 – "Camadas" da cultura corporativa

Podemos fazer, talvez, uma analogia entre a cultura corporativa e a fórmula de um medicamento. Esta sempre contém uma *base*, que encerra seu princípio ativo, e um *veículo*, a substância que permite à base exercer sua função (os especialistas da área nos perdoem o simplismo dessa descrição). Numa cultura corporativa, a base, que encerra seu "princípio ativo", é sua camada capitalística: sem esta não há sentido em se falar de cultura de empresa. Mas essa cultura capitalística precisa estar associada a outros traços culturais que lhe confiram especificidade, que a tornem peculiar ou própria apenas daquela empresa. Essa função é cumprida pela cultura idiossincrática.

Há ainda, no entanto, uma boa parte da cultura idiossincrática que não se encontra associada à cultura capitalística. Essa outra parte é composta de hábitos coletivos, cuja contribuição para os negócios da empresa é difícil de determinar. Sua função é manter em equilíbrio, integrado e funcionando de forma mais ou menos

CULTURA CORPORATIVA

harmoniosa, todo o sistema cultural de uma empresa. A finalidade de tais traços é demonstrar que essa cultura está viva, pulsante e operativa. Rituais diversos, como as comemorações de aniversários, as chamadas *casual Fridays*, as compensações de feriados, assim como ambientes como as salas de jogos no clube dos empregados, a TV na sala de refeição, a locadora de vídeo interna, o quadro de avisos repleto de piadas e mensagens pessoais, o bate-papo na hora do café, a pizza com o chefe uma vez por mês e muitas outras iniciativas desse tipo são exemplos de cultura excipiente.

FORMA, USO, FUNÇÃO E SIGNIFICADO DOS TRAÇOS CULTURAIS

Deixemos um pouco de lado a cultura corporativa propriamente dita e voltemos ao exame da cultura em geral. Numa cultura, cada traço cultural interligado aos demais num amplo sistema encerra quatro propriedades. Ignorar qualquer uma delas pode ser um ato perigoso, que levará à perturbação do funcionamento das demais propriedades desse traço cultural e, por contágio, de outros traços culturais e até mesmo, conseqüentemente, da cultura como um todo. As quatro propriedades são: forma, uso, função e significado.[15]

Forma é aquilo que, num traço cultural, pode ser apreendido pelos sentidos; uso é a aplicação prática que o traço cultural tem na cultura da qual participa; função é a implicação decorrente desse uso; e significado é uma associação subjetiva que se faz entre a função do traço cultural e a cultura em que se insere. O quadro a seguir sintetiza essas quatro propriedades:

PROPRIEDADES DOS TRAÇOS CULTURAIS

FORMA
A aparência ou aspecto do traço cultural.

USO
A razão prática pela qual o traço cultural tem a forma que tem.

FUNÇÃO
A utilidade ou aplicação prática que se dá ao traço cultural no cotidiano.

SIGNIFICADO
O papel que esse traço cultural representa para a coletividade em que está presente.

| 59

Tomemos como exemplo um traço cultural simples, comum em muitas empresas: o uniforme dos operários. Nas fábricas, em geral, trata-se de um macacão confeccionado em brim grosso e resistente, de cor escura, normalmente azul. Sua *forma* é bem conhecida: é uma roupa própria para o trabalho, inteiriça, de corte simples e fácil identificação visual.

Seu *uso* também é fácil de identificar: o uniforme facilita as ações no trabalho, por ser uma roupa que favorece os movimentos e não deixa sobrando pontas ou franjas que possam se prender numa máquina e causar algum acidente. Além disso, é uma roupa fácil de vestir e despir, que torna mais rápida a entrada e a saída do operário da área de trabalho.

A *função* essencial do uniforme como traço cultural é a imediata identificação da categoria à qual pertence o trabalhador que o usa – trata-se de um operário da fábrica. Uma função adicional é a homogeneização da imagem visual dos operários, que transmite a idéia de que todos são trabalhadores da mesma empresa.

Por fim, o *significado* desse traço cultural é dado pela associação que existe entre a função exercida pelo uniforme e a coletividade na qual esse traço cultural existe: por que os operários de uma fábrica devem ser identificados como pertencentes à mesma empresa? Por várias razões, entre as quais: favorecer a construção da coletividade; incentivar o comprometimento com a organização; racionalizar e acelerar os processos na organização (o início da jornada, as paradas para o café ou o almoço, a circulação interna, a saída do trabalho etc.), de modo a evitar perda de tempo e maximizar a produtividade.

Cada uma das propriedades de um traço cultural revela a mesma dinâmica cultural, apenas operando num registro diferente. Interferir num desses níveis pode ser suficiente para desequilibrar todo o sistema.

Essa dinâmica explica muito do caos cultural que vivemos nos dias de hoje nas sociedades urbanas e complexas. Elas não podem ser analisadas como faziam os antropólogos do passado, que estudavam tribos e sociedades ágrafas isoladas do restante do mundo; isto é, como culturas relativamente homogêneas que, ao longo de gerações, puderam fixar internamente seus traços culturais e caracterizar devidamente o caráter sistêmico desses traços. Essas culturas, consistentes e harmônicas internamente, não existem mais.

A INTERCULTURALIDADE NAS EMPRESAS

Como quase todas as instituições de nossa sociedade, as empresas são submetidas a contínuas e intensas interferências, capazes de questionar e desestabilizar sua cultura.

Essas interferências podem ser desenvolvidas pelos próprios gestores de nível estratégico intencionalmente, com o intuito de se desfazer da cultura vigente e substituí-la por outra. Na prática, a cultura de qualquer empresa encontra-se sob permanente revisão.

Essas interferências são de várias ordens. Algumas, muito importantes, decorrem do fato de que a empresa tem um objetivo econômico: seus gestores pretendem e precisam transformar suas ações em lucro. Para os acionistas, que detêm poder sobre a empresa, esta deve ser exatamente isto: uma máquina de fazer lucro. Como conseqüência, há o permanente incentivo ao aumento da produtividade e da competitividade em relação aos concorrentes.

A empresa opera num contexto marcado por intensa fermentação, no qual inúmeras ocorrências econômicas, políticas, sociais, tecnológicas, com maior ou menor importância, fazem com que seja testada e desafiada. Nos dias de hoje, as ocorrências que a afetam acontecem não apenas em âmbito local ou nacional, mas também no plano mundial. Frente a tais condições, seus dirigentes tendem a manter-se em permanente estado de prontidão, tentando ao mesmo tempo proteger seus negócios atuais e vislumbrar e aproveitar oportunidades de novos negócios que possam estar surgindo.

No que diz respeito às empresas, tais forças as obrigam a constantes reajustes nos rumos dos negócios. As influências vindas do exterior são nitidamente mais impactantes do que as iniciativas tomadas do interior da empresa pelos dirigentes, visando à antecipação e à neutralização de riscos. Em última análise, o trabalho de gestão poderia ser descrito como uma espécie de jogo, em que se está sempre buscando o equilíbrio numa "corda bamba", para se fazer frente às ameaças externas.

Professores de administração, pesquisadores, consultores, executivos e escritores especialistas nesse tema dão grande importância ao permanente embate entre empresa e contexto cultural. Para eles, uma *gestão eficaz* é aquela capaz de neutralizar os efeitos ameaçadores que as mudanças exercem sobre a continuidade da empresa no mercado e, ao mesmo tempo, criar oportunidades para alavancar os lucros.

A REENGENHARIA DA CULTURA NOS PROCESSOS DE MUDANÇA

A abundante produção teórica sobre gestão de empresas promove e corrobora a visão citada anteriormente. Os produtores de *know-how* sobre gerência estão constantemente oferecendo a seus clientes uma grande quantidade de novos conceitos, teses, técnicas e ferramentas para que possam pavimentar o caminho da empresa em direção à competitividade e ao lucro. Certamente há propostas sólidas; no entanto, grande parte do que é produzido, infelizmente, não se baseia em verificações empíricas confiáveis, tratando-se mais de construções conceituais criativamente maquinadas por seus autores. Em conseqüência, é comum a falar sobre as práticas de gestão de um terreno semântico em que se misturam termos e expressões "técnicas", além de metáforas e analogias populares que se desgastam rapidamente, logo substituídos por novos termos de moda.

AS *BUZZWORDS*

Toda essa produção simbólica contribui para a formação do discurso com que os gestores das empresas descrevem sua "cultura". É comum as formulações terem como fonte as teses de gerência mais populares no momento, que se agrupam numa espécie de "cultura desejada", a respeito da conceituação da empresa e de seu gerenciamento. Apesar da especificidade dos cenários econômico, tecnológico, político e social em que cada empresa está inserida, e além da diversidade de tamanhos, localizações, ramos de atividade e formas de organização societária das empresas, as "culturas desejadas" tendem a ser notavelmente monocromáticas, variando muito pouco de uma empresa para outra e sendo descritas com os mesmos termos populares, como *qualidade total, administração participativa, parceria, ganha-ganha, valorização do ser humano, encantamento do cliente, coaching, empowerment* etc.

CULTURA DE EMPRESA: O DUPLO SENTIDO DO TERMO

A propósito, o próprio termo *cultura* em geral é usado nas empresas simultaneamente com dois sentidos distintos. Por um lado, *cultura* é o conjunto dos comportamentos que vêm sendo praticados e que teriam se tornado velhos e obsoletos, necessitando ser substituídos. Os dirigentes da empresa, ao se queixarem *dessa* cultura, costumam fazê-lo dizendo coisas tais como: "Precisamos mudar a cultura da empresa" ou "A cultura atual da empresa não atende mais às necessidades dos negócios".

Por outro lado, o termo *cultura* designa também as idéias dos altos executivos sobre como a empresa deveria ser gerida. Nesse caso, é comum ouvir frases de outro tipo: "Precisamos implantar a nossa cultura nesta empresa!" ou "Vamos trocar a cultura atual por uma nova cultura!"

A constante troca de vocabulário para falar da cultura da empresa faz com que ela seja como algo substituível ou descartável. O tratamento dado à cultura é, portanto, mais ou menos similar àquele dado às máquinas, às rotinas de trabalho, aos organogramas ou mesmo às pessoas que trabalham na empresa: tudo precisa ser útil aos propósitos da organização e produzir resultados, caso contrário deve ser trocado por um equivalente melhor, mais atualizado ou mais eficiente – entende-se a cultura como algo a ser substituído, do mesmo modo como se substitui uma máquina velha por outra mais moderna ou se demite um colaborador de desempenho insatisfatório, colocando em seu lugar outro mais eficiente ou de desempenho mais promissor.

A FRAGILIDADE E A IMPERMANÊNCIA DA CULTURA DE EMPRESA

É certo que a cultura da empresa tem um caráter temporário, se a compararmos com a cultura das sociedades tradicionais ou de grupos étnicos. O tempo, em especial, é um fator fundamental na diferenciação entre os dois tipos de cultura: numa sociedade tribal, o tempo pode ser contado em décadas ou em séculos. Essa imagem não faz sentido algum nas culturas empresariais, em que o tempo extremamente "comprimido" faz com que uns poucos anos sejam vistos como "um longo tempo".

Tampouco se pode dizer que a empresa tenha, por exemplo, *mitos* ou *totens*, pelo menos no sentido que esses termos assumem nas sociedades tribais. A empresa tem, é claro, suas histórias, seus personagens ou seus episódios que se tornam conhecidos de todos, assim como há certos objetos simbólicos mais significativos que outros. Todavia, é provável que, no período de vinte ou trinta anos, na melhor das hipóteses, a realidade da empresa tenha se alterado substancialmente, a ponto de tudo isso ter sido esquecido e substituído.

Que dizer, então, daquilo que se chama usualmente de *usos e costumes*, *traços culturais* ou mesmo *hábitos*, as bases mais comuns sobre as quais se erigem as culturas tradicionais? Nas empresas, o tempo comprimido reduz drasticamente a duração de vida desses elementos constituintes da cultura a não mais que uns poucos anos. As empresas também cultivam seus hábitos coletivos, caso contrário não se poderia sequer afirmar que mantêm uma cultura própria.

O mundo moderno – e o mundo das empresas é parte ativa dele – tem na velocidade e na mudança suas características mais marcantes: nada permanece, tudo muda; tão logo passam a ser, as coisas já estão começando a deixar de sê-lo. "A 'aceleração' da história corresponde de fato a uma multiplicação de acontecimentos na maioria das vezes não previstos pelos economistas, historiadores ou sociólogos", diz Marc Augé.

A superabundância factual (...) que só pode ser plenamente apreciada levando-se em conta, por um lado, a superabundância da nossa informação e, por outro, as interdependências inéditas do que alguns chamam hoje de "sistema-mundo", traz incontestavelmente um problema para os historiadores. (...) Mas esse problema é precisamente de natureza antropológica.[16]

Os hábitos caracteristicamente estão alojados em nosso subconsciente, o qual tem seus mecanismos de acionamento automático para disparar tais hábitos quando precisamos deles para agir sem ter de pensar e fazer escolhas conscientes. E, se é assim, então os homens das sociedades tribais e tradicionais, que permaneciam com os seus hábitos em vigência por vidas inteiras, são (ou foram) bem mais tranqüilos do que nós hoje. Quanto a nós, vamos constatando o tempo todo que bem pouco tempo se passa até que percebamos que uma parte apreciável de nosso estoque de hábitos está com o prazo de validade vencido, obsoleta e precisando ser renovada.

A CULTURA NÃO É UMA PEÇA DE REPOSIÇÃO

Por tudo isso, é compreensível que a abordagem do administrador em relação à cultura seja tão reducionista – vista por ele como um objeto descartável, sujeito a ser substituído sempre que não funcionar para seus propósitos.

Cultura, no entanto, não é apenas uma outra pecinha do quebra-cabeças organizacional, como freqüentemente se pensa. De meu ponto de vista (e do de muitos outros estudiosos do tema), a cultura não é algo que uma organização *tem*, e sim o que uma organização é.[17]

Um dos mais árduos desafios que os consultores encontram ao fazer uma análise de uma cultura corporativa está justamente em convencer os dirigentes de que essa cultura não funciona de forma mecanicista e não pode, portanto, ser tratada como se fosse uma peça de equipamento que se desgasta, quebra ou torna obsoleta.

Os dirigentes costumam se imaginar contrapondo uma *nova cultura* (ou uma *cultura desejada*) à *cultura atual*. Como veremos mais adiante, essa *nova cultura* desejada pelos gestores de nível estratégico será chamada aqui de *ideário*, *cultura ideal* ou *cultura oficial*, embora não se trate de uma *cultura*, rigorosamente falando.

A *cultura atual*, em geral tratada como descartável, será chamada de *cultura real* (quando colocada em oposição ao *ideário*) ou simplesmente *cultura* ou *subcultura*.

OS PILARES CONCEITUAIS DA MUDANÇA ORGANIZACIONAL

Em síntese, uma das mais importantes missões que um presidente ou dirigente principal de uma empresa se atribui é quase sempre a de "mudar a cultura": trocar a cultura atual por outra melhor. Subjacente a essa forma de pensar se oculta uma visão de mundo – ou um conjunto de valores ou definições sobre a empresa, estabelecidas *a priori*, que repousa sobre três princípios.

O primeiro desses princípios é o de que, para cada momento específico vivido por uma empresa, deve existir uma cultura apropriada ou ideal, capaz de conduzir a empresa ao lucro. O corolário desse princípio, então, é que é papel do dirigente, acima de qualquer outra coisa, descobrir qual deve ser essa cultura mais apropriada ou ideal para cada momento e trazê-la imediatamente para dentro da empresa. "Mudar a cultura" é um inalienável papel do dirigente, o responsável pela obtenção do lucro.

O segundo princípio é o de que, em oposição a essa cultura desejada, sempre está em vigência na empresa uma outra cultura, a "cultura atual", total ou parcialmente obsoleta e inadequada e, portanto, total ou parcialmente indesejável (uma vez que não contribui para a obtenção do lucro, mas o impede ou dificulta, ou é, no mínimo, inútil para esse fim). É papel do dirigente, ao estabelecer a "nova" cultura, livrar-se da cultura "velha". Geralmente, porém, o alto executivo não percebe que os efeitos maléficos de uma tentativa desastrada de "mudar a cultura" podem ser notavelmente maiores do que seus benefícios.

O terceiro princípio é a "mudança cultural", implementada com base em duas medidas, não necessariamente nesta ordem:

1. Eliminar os colaboradores (em especial os mais graduados) que sejam considerados representantes da indesejável "cultura antiga". O principal critério para identificar esses colaboradores em geral é o fato de terem participado ativamente e perceptivelmente se comprometido com ações gerenciais anteriores, fortemente associadas à "cultura antiga".
2. Convocar colaboradores vistos como adeptos da "nova cultura" (tanto aqueles que permaneceram quanto os admitidos recentemente) para se submeterem a seções intensivas de treinamento e desenvolvimento, a fim de que entendam e passem a praticar a "nova cultura".

Pressionado de ambos os lados por essas duas "culturas", o dirigente da empresa concebe seu projeto estratégico com base nos três princípios que compõem essa matriz de pensamento.

A FACE OCULTA DA EMPRESA

Uma de minhas hipóteses neste trabalho é que esse modelo para o tratamento na cultura corporativa subsiste no imaginário dos dirigentes, orientando suas crenças acerca do que é uma "gerência eficaz", embora, como comumente tenho verificado em muitos casos de "mudança cultural", essa matriz de pensamento se revele demasiado frágil, pouco se sustentando pelos resultados práticos obtidos.

UM BREVE EXEMPLO

Para exemplificar as idéias expostas nos parágrafos anteriores, transcrevo um trecho pequeno, mas revelador, de um artigo publicado em 1991 pela revista *Fortune*, sobre a "criação de uma nova cultura empresarial". Diz o articulista:

> Digamos que sua situação seja a seguinte: você automatizou a fábrica, passou a trabalhar com estoque mínimo, eliminou o desnecessário no organograma e a companhia ainda não está deslanchando como deveria – e você tem aquela estranha sensação de saber o motivo. É a cultura; são valores, heróis, mitos e símbolos que sempre estiveram presentes na organização; são atitudes que dizem: *Não discorde do chefe* ou *Não faça onda* ou *Faça o suficiente para se manter no emprego* ou *Pelo amor de Deus, não assuma responsabilidades*. E como você vai conseguir mudar tudo isso?

O trecho anterior esclarece de que modo executivos, empresários, consultores e estudiosos da administração vêem a cultura da empresa. Os seguintes comentários a respeito parecem-me oportunos:

* O trecho citado admite que a "cultura" de uma empresa existe, mas a descreve como algo intangível, etéreo ou fantasmático: a "cultura" seria algo que "sempre esteve presente na organização", mas que não se consegue ver ou perceber pelos sentidos.
* O trecho propõe também que a "cultura" de uma empresa poderá ajudar ou dificultar a competitividade. Mas, felizmente, segundo sustenta o autor, a "cultura" poderá ser mudada, se não estiver sendo de utilidade para a empresa. Mais que isso: o texto, veladamente, sugere que a "cultura" com sinal negativo é a mais comum e a mais importante de se detectar e mudar.
* O trecho citado sugere, em apenas três palavras, o que é recomendável fazer a respeito dessa "cultura", quando ela mostra ser um obstáculo aos interesses dos dirigentes: "mudar tudo isso"! Essa instrução deixa claro que, quando a "cultura" está sendo inconveniente, ou um empecilho à boa atuação da empresa, convém

eliminá-la ou pelo menos substituí-la por alguma outra mais apropriada aos objetivos traçados pelos dirigentes.

❖ O texto admite, assim, a possibilidade de a "cultura" da empresa ser moldada. Especificamente, o artigo sugere que o leitor localize certos objetos abstratos (mas prioritários) e os analise, a fim de identificar a "cultura": valores, heróis, mitos e símbolos; ou então, focalize indiretamente a "cultura" pela observação dos comportamentos das pessoas que possam ser entendidos como manifestações típicas dos valores identificados como parte dessa "cultura", tais como: *Não discorde do chefe* ou *Não faça onda*. Finalmente, o texto revela que devemos identificar as atitudes de resistência, por parte dos empregados, às mudanças que desejamos implementar, a fim de neutralizá-las.

A "MICRO-HISTORICIDADE" DA CULTURA CORPORATIVA

Minha proposta de modelo para a análise da cultura corporativa inclui a idéia de que essa é uma *cultura real*, decorrente, em grande parte, de acontecimentos reais. Poderíamos falar mesmo de uma "micro-historicidade" da empresa – uma história que se constrói tomando por base a visão particular de um ator social específico (no caso, a empresa), restrito em sua pequenez a um ponto, no cenário amplo de uma sociedade maior. Podemos verificar que, no cotidiano da empresa, comportamentos coletivos se iniciam, se estabelecem e têm a sua continuidade mesmo depois que as razões originais deixaram de existir. Sobre isso os dirigentes não têm controle algum e, portanto, mesmo quando tais comportamentos contribuem para o bom desempenho da empresa, não podem ser creditados à gerência, às ações intencionais dos dirigentes para "mudar a cultura".

Verificados no dia-a-dia, muitos desses comportamentos são bem mais concretos que o agregado de símbolos, crenças, conceitos, mitos e histórias, por vezes fragmentários e desconexos, próprios da cultura interna. É curioso notar, entretanto, que os praticantes da gerência tendem a se preocupar mais com estes últimos do que com os primeiros. De fato, têm-se dado maior ênfase a desvendar esse simbolismo pulverizado no imaginário das pessoas que trabalham na empresa do que aos comportamentos mais comuns. Há aí um hábito inconsciente que faz parte justamente do modelo estrutural utilizado para abordar o confronto entre ideário e cultura (real).

Para se fazer a análise da cultura da empresa seria metodologicamente mais apropriado começar captando os comportamentos das pessoas no dia-a-dia, elementos que formam a prática social, do que tentar desvendar seu universo simbólico e conceitual. Quando esse procedimento é utilizado, comportamentos que de início pareceriam prosaicos e banais se revelam uma rica fonte de dados sobre a cultura da empresa – e mostram aos interessados por que certos programas de trabalho muitas vezes não dão certo, ou por que determinadas pessoas tidas como brilhantes simplesmente não funcionam naquela empresa.

Parece-me um paradoxo que os praticantes da administração, tão fortemente instados a "agir", "antecipar-se", "fazer alguma coisa" no dia-a-dia, e tão avessos às reflexões quando se trata de produzir resultados para a empresa, adotem um procedimento tão divergente ao analisar a cultura da organização: deixam de lado o óbvio, o prático, para se enredar numa teia de possíveis crenças e propósitos, cuja busca parece atender mais ao objetivo de preencher um espaço cultural reservado ao intangível do que ao de encontrar respostas para problemas reais. Enquanto, por um lado, os gestores das empresas se angustiam com a transformação do concreto em abstrato e fantasmático, por outro parecem crer que seja inevitável mergulhar nesse outro lado escuro da administração – mais ou menos como o capitão Willard, de *Apocalypse Now*, mergulha nas profundezas do desconhecido, no Camboja.

CONCEITOS COMPLEMENTARES

O SURGIMENTO DA IDÉIA DE "CULTURA DE EMPRESA", COM A ADMINISTRAÇÃO JAPONESA

Foi no fim dos anos 1970 que se começou a falar da cultura nas empresas. Somente a partir desse momento a "cultura" passou a ter presença assídua na literatura sobre gestão de negócios; e, em meados dos anos 1980, tornara-se tema central em livros e publicações especializadas. Em 1987 Maria Ester de Freitas, professora da Easp-FGV, pesquisou a bibliografia sobre cultura de empresa e constatou que as referências ao tema, até o fim dos anos 1970, eram escassas e periféricas, mas durante a década de 1980 teria se verificado "uma verdadeira massificação do assunto". A autora relacionou 140 livros e artigos publicados nos Estados Unidos entre 1980 e 1989,[18] apenas uma pequena parte do que se produziu sobre o tema até então.

A atenção dada, na época, às novas práticas de gestão adotadas pelas empresas japonesas contribuiu decisivamente para o aparecimento do tema da cultura corporativa. O que primeiro revelou a existência dessas práticas foram os Círculos de Controle da Qualidade (CCQs), que rapidamente popularizaram-se no Ocidente. Eram nada mais que grupos de empregados formados com o intuito de sugerir e implementar melhorias operacionais.

No período de seu surgimento, no início dos anos 1980, entretanto, outras práticas já se disseminavam em muitos países: o *just-in-time*, o *Kanban*, a manufatura flexível etc. No conjunto, desenhava-se um movimento mais amplo em prol de uma nova visão sobre a qualidade nas empresas, logo conhecido por Total Quality Control (TQC). Mais tarde, os japoneses o redenominaram Total Quality Management (TQM). Segundo alguns autores, a justificativa para essa mudança foi que os engenheiros e empresários japoneses haviam inadvertidamente empregado a palavra inglesa *control* com o sentido que se dá ao termo *management*. Assim, a troca do nome *TQC* para *TQM* não passaria da correção de um lapso.

Seja essa explicação uma verdade ou apenas uma lenda, o fato é que o termo "cultura" incorporou-se ao vocabulário dos praticantes da gerência em fins dos anos 1970, quando a economia do Japão era a que mais crescia no planeta, atraindo os olhares de todo o mundo empresarial – que tentavam enxergar as verdadeiras razões pelas quais as companhias japonesas prosperavam e lucravam tanto, quando o mundo capitalista ocidental parecia fazer o percurso inverso.

As explicações recaíram sobre a cultura japonesa: ela seria "diferente", teria suas próprias especificidades e ofereceria um conjunto de soluções inteiramente distintas na direção dos negócios e no gerenciamento de equipes de trabalho. Além disso, os japoneses foram capazes de "aculturar" os conceitos e as técnicas importados dos Estados Unidos, transformando-os em condutas completamente diversas das originais, agora "niponizadas" – e tornadas altamente eficientes! Diante de tamanho sucesso, as empresas ocidentais concluíram que as empresas ocidentais deveriam praticar as mesmas técnicas dos japoneses. Logo, os ocidentais deveriam imitar os japoneses.

Em linhas gerais, essa foi a tese defendida em livros de administração que tiveram elevada vendagem na época, como *Teoria Z*, de William Ouchi, *As artes gerenciais japonesas*, de Richard Pascale e Anthony Athos ou *Vencendo a crise*, de Tom Peters e Robert Waterman Jr.

A gestão japonesa de sucesso mostrou que a cultura tornou-se um novo objeto a ser incorporado às técnicas de gerenciamento das empresas em prol da produtividade e da competitividade.

DO, O PRECURSOR DA CULTURA EMPRESARIAL

Anteriormente às técnicas de gestão japonesas, a proposta conceitual e metodológica da administração que mais se aproximava do conceito de "cultura organizacional" era o chamado Desenvolvimento Organizacional (DO), fundamentado em idéias e instrumentos da psicologia social, e não da antropologia.

O DO deu seus primeiros passos nos EUA na década de 1940, inspirado pelas práticas de dinâmica de grupo propostas pelo psicólogo e cientista social alemão Kurt Lewin (1890–1947), radicado naquele país: em 1946, líderes comunitários do estado de Connecticut reuniram-se para um experimento que visava encontrar uma forma inovadora de ensinar habilidades coletivas, que melhorasse os padrões de comportamento das pessoas em comunidade. O pressuposto era de que, ao retirar os apoios usuais de um grupo de pessoas acostumadas a interagir e que condicionavam suas interações e práticas, ao colocar os integrantes deste grupo juntos numa situação suficientemente estranha, eles se veriam obrigados a refazer seus padrões anteriores de relacionamento, descobrindo novas formas de interação coletiva.

A técnica criada por esses psicólogos foi nomeada T-group (*training group*) ou *sensitivity training* (treinamento de sensibilização). Seu formato mais usual consistia em reunir os participantes do grupo numa sala vazia, sob a observação impassível de uma equipe de psicólogos, que deixariam os participantes agirem e interagirem como quisessem, bem como fazerem todas as conjecturas que lhes viessem à mente. O resultado variava. Algumas vezes, mostrava-se muito bom, em outras, desastroso.

Chamado de "movimento do potencial humano", influenciado pela cena hippie de então, o desenvolvimento organizacional dominou a área de atuação dos psicoterapeutas nos anos 1960.*

O desenvolvimento organizacional, todavia, não visava à psicoterapia em grupo nem se dirigia a outras esferas da vida das pessoas além da profissional. Criado com a finalidade de aumentar a autenticidade e a eficácia da atividade coletiva nas organizações, o movimento teve seu ápice no fim dos anos 1960 e no início da década seguinte. Uma breve comparação entre os conceitos de "cultura empresarial" e desenvolvimento organizacional, entretanto, mostrará uma diferença essencial: enquanto as abordagens que buscam identificar a cultura e agir sobre ela levam em conta, além do comportamento das pessoas, o universo simbólico presente na organização (as crenças e os valores, as histórias, as interpretações míticas que se dão aos fatos), o DO não procurava conhecer ou explicar esse universo, concentrando-se na proposta de forçar as pessoas à experimentação em grupo e à revisão das condutas exercidas por elas.

---

* Pode-se ter uma idéia desse movimento assistindo-se a um filme (difícil de encontrar, entretanto) de 1969, de Paul Mazursky, chamado *Bob & Carol & Ted & Alice*, com Robert Culp, Natalie Wood, Elliot Gould e Dyan Cannon nos papéis principais. O filme mostra as mudanças nos comportamentos e relacionamentos de dois casais americanos que vão participar de workshops, seminários de sensibilização, grupos de encontro, laboratórios comportamentais e maratonas vivenciais no estilo daqueles realizados em institutos da época, como Esalen (Big Sur, Califórnia), Oasis (Chicago), Aureon (Nova York) ou Kairós (San Diego).

O VIÉS PSICOLÓGICO NA ANÁLISE DAS QUESTÕES HUMANAS

Abordagens psicológicas continuam sendo empregadas nas organizações mesmo nos casos que deveriam ser tratados pelos métodos das ciências sociais. Philippe Bernoux, sociólogo e professor de sociologia industrial da Universidade de Lyon, entende que esse viés se deve a um "individualismo metodológico", que é, por sua vez, produto de uma confusão entre "individualismo" e o que ele chama de "psicologismo": "Uma das primeiras dificuldades para a explicação sociológica da empresa reside no lugar que é atribuído aos indivíduos", diz ele. "O senso comum, ou pelo menos aquele que é expresso comumente pelos membros de uma empresa, tende a valorizar o papel dos indivíduos."[19]

"Consideramos os fatos coletivos como produto, composição ou agregação de um conjunto de ações individuais", completa.[20] Ou ainda: "Explicar um fenômeno social é remetê-lo às ações individuais elementares que o compõem; isto é, são os indivíduos que tomam as decisões que, por efeito de agregação, produzem os fenômenos sociais."[21]

Não é difícil compreender, portanto, o tipo de raciocínio que leva os dirigentes a acreditarem que é possível "mudar a cultura" da empresa submetendo o corpo gerencial a cursos e seminários.

O individualismo é uma doutrina filosófica que pode ser interpretada de três formas: a primeira delas considera o indivíduo o centro da vida e o valor mais elevado; a segunda, muito próxima desta, diz que as práticas de qualquer sociedade devem visar, como finalidade, ao bem dos indivíduos que a compõem; e a terceira forma, que nos interessa particularmente, afirma que a ação consciente dos indivíduos é uma forma suficiente de explicar os fenômenos sociais ou históricos. Essa terceira acepção do individualismo está profundamente arraigada nas práticas gerenciais, que glorificam o empreendedor, valorizam o líder carismático e avaliam o desempenho individual em vez do coletivo.

É compreensível, portanto, que qualquer problema que envolve o ser humano nas organizações seja abordado pelos instrumentos da psicologia. Bernoux sugere que as origens desse individualismo metodológico estão no filósofo racionalista e teórico político inglês Thomas Hobbes (1588–1679), no filósofo social e educador francês Jean-Jacques Rousseau (1712–1778) (que são sua base filosófica), no economista político escocês Adam Smith (1723–1790), no austríaco Joseph Schumpeter (1883–1950/9) e outros economistas clássicos (sua base econômica) e, finalmente, no psicólogo behaviorista americano B. F. Skinner (1904–1990) (sua base psicológica).[22]

De acordo com a visão da psicologia skinneriana, os dirigentes das empresas tendem a adotar uma visão fenomenológica da psicologia, valorizando, sobretudo, a experiência sensível e dando pouca importância aos aspectos psicodinâmicos, "internos", da personalidade, defendidos, por exemplo, pela psicanálise. Eles esperam, assim, que os indivíduos adotem sempre uma postura essencialmente racional frente aos fenômenos que os impactam, e que possam, portanto, adotar novos valores ou modos de pensar por obra de sua própria vontade.

Por outro lado, a premissa básica das ciências sociais (sociologia, antropologia, ciência política) é a de que os seres humanos não agem de modo apenas instintivo ou absolutamente racional, embora esse componente psicológico esteja presente em suas condutas. Ao contrário, tudo que o indivíduo pensa, sente ou faz está sob influência de sua história – dos comportamentos, pensamentos e sentimentos que são típicos da comunidade em que nasceu e foi criado, bem como das expectativas de outros seres humanos. Os indivíduos são, ao mesmo tempo, produtores e produtos da sociedade em que vivem. Se pensarmos dessa forma, veremos que, de fato, o advento da idéia de "cultura organizacional", com base na ascensão da economia japonesa, significou uma mudança significativa de enfoque, na busca de soluções para os problemas humanos e sociais das empresas, comparativamente ao que acontecia na época do desenvolvimento organizacional.

LEARNING ORGANIZATION, UM CONCEITO RECENTE

Em época mais recente, outra expressão veio se somar a essas, na tentativa de explicar o comportamento humano nas organizações: *learning organization* (organização de aprendizagem ou organização que aprende). O termo foi criado pelo executivo (hoje professor e conferencista) holandês Arie de Geus, sendo popularizado pelo americano Peter Senge. Uma *learning organization* pode ser entendida como uma organização que tem "o desejo e a capacidade" de "aprender continuamente de todas as fontes – e de converter rapidamente sua aprendizagem em ação", o que é sua "maior vantagem competitiva".[23]

O conceito de *learning organization*, portanto, parece melhor atender aos interesses das organizações empresariais do que o conceito anterior de cultura corporativa: enquanto esta denomina algo que está na empresa, a idéia por trás do conceito de *learning organization* é a de encarar a empresa como uma instituição em busca permanente, visando sempre ao melhor. Além disso, essa definição sugere que tal busca incessante por melhoria é a forma correta de a empresa agir para obter uma "vantagem competitiva". Essa visão instrumental ou utilitarista do processo de mudança não está presente no conceito tradicional de mudança cultural.

A METÁFORA BIOLÓGICA

Outro sinal do viés psicológico que turva a visão sobre os processos coletivos nas empresas é a linguagem claramente "psicologizante" e "biologizante" que se emprega para descrever fenômenos humanos coletivos: fala-se da empresa como se ela fosse um organismo vivo e dotado de desejo, inteligência, intenção e pensamento próprios. É comum ouvir que uma empresa é "saudável", que ela "toma decisões", que "cresce", ou que está "doente"; igualmente, os autores com freqüência falam em "canibalização" de produtos, em empresas "neuróticas" ou em "comportamento" organizacional. Na maioria das vezes, os autores usam essas metáforas para fazer descrições "técnicas" dos fenômenos empresariais.

DE DENTRO PARA FORA OU DE FORA PARA DENTRO

Para examinar essa questão, recorro ao antropólogo e psicanalista francês de ascendência húngara Georges Devereux (György Dobó) (1908–1985), que estabelece uma importante regra para se falar sobre conteúdos psicológicos e sociais presentes na mente humana: intitulando-se um "etno-psicanalista", Devereux entende que duas abordagens são possíveis ao se analisar o que se passa na mente das pessoas: a abordagem psicológica, em que o conteúdo da mente é tomado como algo subjetivo e próprio daquele indivíduo; e a abordagem cultural, em que esse conteúdo é tomado como um exemplo do que vai no imaginário coletivo.

Há, assim, dois diferentes ângulos de observação aplicáveis ao conteúdo do psiquismo. Se o encararmos pela via da psicologia, o contexto social em que o indivíduo se encontra servirá de pano de fundo para esse conteúdo subjetivo; se o entendermos como manifestação cultural, o conteúdo psíquico do indivíduo é apenas uma expressão de um fenômeno cultural. Nas empresas, quase sempre a primeira abordagem é aceita e a segunda, simplesmente ignorada.[24]

CULTURA E CLIMA INTERNO

O conceito de clima interno (ou clima organizacional) tem sido comumente associado ao de cultura corporativa. Num livro sobre o tema, que escrevi em 1995, discuto que o clima interno é um conceito complexo, freqüentemente mal compreendido, e pesquisado de formas por vezes bastante primárias.

Clima interno é o estado em que se encontra a empresa ou parte dela em dado momento, estado momentâneo e passível de alteração mesmo em curto espaço de tempo em razão de novas influências surgidas, e que decorre das decisões e ações pretendidas pela empresa, postas em prática ou não, e/ou das reações dos empregados a essas ações ou à perspectiva delas. Esse estado interno pode ter sido influenciado por acontecimentos externos e/ou internos à empresa, e pode ser origem de desdobramentos em novos acontecimentos, decisões e ações internas.

Esse estado pode ser levantado e compreendido em suas causas, manifestações e efeitos, por meio de técnicas apropriadas de pesquisa. Sua descrição inclui a menção a decisões e medidas da empresa e a percepções, sentimentos, decisões, opiniões, atitudes e/ou comportamentos dos empregados. Estes podem ser vistos quer como um agregado de indivíduos que se comportam sem unidade entre si, quer como uma coletividade dotada de padrões culturais e/ou defendendo interesses próprios.[25]

Neste livro, ao analisar diversas definições de cultura, de autores brasileiros e estrangeiros, avaliei também que se faz com freqüência uma grande confusão entre clima e cultura. "Quem fala em clima parece sentir-se quase obrigado a também falar de cultura, como se os dois conceitos fossem 'irmãos siameses'."[26]

Com base no modelo da Estrela de Seis Pontas, não me parece, agora, que seja tão complicado entender o clima em relação à cultura corporativa. O clima é um estado momentâneo, suscetível de mudar a qualquer momento, apresentado pelo ente produtor ou por uma parte deste. O clima é produto tanto de ações quanto de expectativas e é, portanto, facilmente afetado por decisões e ações do ente hegemônico, por mudanças no contexto e por ações internas dos próprios gestores das várias áreas de que se compõe a empresa. Submetidos a tantas variáveis, os membros dessa coletividade sentirão maior ou menor tensão, ansiedade ou estresse. O clima é, portanto, um estado emocional coletivo e muito instável que o ente produtor apresenta momento a momento. A cultura tem a ver com esse estado, na medida em que pode predispor esses trabalhadores, em maior ou menor grau, para um determinado estado emocional. Nesse caso, o clima talvez possa ser descrito como uma espécie de "espasmo emocional da cultura", que sofre oscilações constantes, por influências vindas de dentro e de fora desta.

Quando descrevemos uma cultura como um composto formado por um universo simbólico e uma coleção de práticas sociais, não fazemos referência específica ao fato de (mas não podemos esquecer, tampouco) que essas práticas sociais são também sentimentos e emoções. O simbólico igualmente remete a emoções preferenciais da cultura. Margaret Mead (1901–1978), a antropóloga americana que estudou os nativos de Samoa, relatou maravilhas sobre o despojamento, a alegria espontânea e a liberdade sexual desse povo. O período da adolescência entre os samoanos, segundo concluiu, significa uma transição harmoniosa e nem um pouco marcada por tensões emocionais, ansiedade ou confusão, como se vê nos adolescentes em geral.[27]

O antropólogo americano Napoleon Chagnon também se refere aos ianomâmi, etnia que habita a fronteira entre Brasil e Venezuela como *the fierce people* (o povo feroz), num livro que vendeu, desde seu lançamento, em 1970, mais de um milhão de cópias. Chagnon afirma que a cultura ianomâmi foi construída em torno da violência; e, em artigo publicado pela revista *Science* em 1988, o antropólogo afirma que, dentro da sociedade ianomâmi, aqueles integrantes que praticaram algum tipo de assassinato têm maior facilidade para conseguir parceiras sexuais.[28]

Ao identificarmos a existência desses aspectos emocionais preferenciais numa cultura, não fica difícil perceber que em algumas empresas as pessoas são mais dóceis e amistosas, em outras são mais belicosas e competitivas, ou ainda podem mostrar-se freqüentemente ansiosas e agitadas. Esses traços coletivos não são apenas uma expressão do clima interno, mas uma predisposição cultural – que será exacerbada ou não por fatos e/ou expectativas relevantes para essa comunidade.

CULTURA EMPRESARIAL: OUTRAS PROPOSTAS

O CONCEITO DE CULTURA CORPORATIVA DE SCHEIN

Tomado de empréstimo da antropologia, o termo cultura, aplicado às empresas, foi de fato transformado, pelos praticantes da administração, em algo diferente da concepção dos antropólogos. Em linhas gerais, nas empresas a cultura passou a significar basicamente duas coisas: o conjunto de comportamentos que não contribuem para os resultados desejados e devem ser, portanto, eliminados; e o conjunto de idéias e propostas sobre como alavancar os resultados da empresa que os gestores estratégicos desejam ver instauradas na rotina de seus gestores e colaboradores.

É importante examinar algumas definições de cultura empresarial comumente aceitas pelos praticantes da administração, sendo a mais importante delas, sem dúvida, a proposta por Edgar H. Schein, professor do Massachusetts Institute of Technology (MIT):

> Cultura corporativa é um padrão de pressupostos básicos – inventados, descobertos ou desenvolvidos por um dado grupo à medida que aprende a conviver com seus problemas

de adaptação externa e integração interna – que tenha funcionado suficientemente bem para ser considerado válido e, portanto, para ser ensinado a novos membros, como a maneira correta de perceber, pensar e sentir em relação a esses problemas.[29]

Schein propõe ainda que a cultura empresarial se organiza em três níveis: o mais visível deles é formado pelos *artefatos*, a tecnologia empregada e os padrões observáveis de comportamento; o segundo é o nível dos *valores*; e, finalmente, o terceiro, o mais profundo e freqüentemente mantido pré-consciente na conduta dos indivíduos, é o nível em que se encontram os *pressupostos básicos* da cultura: certas noções que são subjacentes aos valores que se têm – sobre a natureza humana, as atividades do homem, o tempo e o espaço, as relações entre os indivíduos.

A definição de cultura empresarial de Schein apresenta alguns pontos passíveis de discussão. Um deles é a sugestão de que a cultura pode ser "inventada" (portanto, criada por ato voluntário de alguém). Schein reivindica, assim, para os dirigentes, o poder de promover o rearranjo ou a substituição – a manipulação, enfim – da cultura empresarial. Essa manipulação pode de fato acontecer e irei apresentar mais adiante alguns exemplos. No entanto, creio tratar-se de uma situação excepcional, não corriqueira. Corriqueiro é o desejo de os executivos influenciarem a cultura de sua empresa; raro é terem êxito nisso.

Outra maneira de colocar essa questão refere-se à idéia de que uma visão particular sobre o mundo (da qual um dirigente seja o detentor) poderia vir a dirigir a cultura de uma empresa ou corporação. Schein, como outros autores que abordam o tema, aceita para as empresas uma "cultura" confeccionada de acordo com uma ética pessoal, que seria, portanto, supracultural e não sujeita à contestação.

Também outra situação pode ocorrer, embora não seja muito freqüente: há empresas nas quais a figura do líder maior (o presidente, o dono, o fundador) é tão marcante que tudo de importante que se passa ali tem sua marca. Nesses casos, pode ser difícil dizer em que ponto os comportamentos dos funcionários deixam de ser respostas pessoais às atitudes desse dirigente e se transformam em comportamentos habituais coletivos. A tendência, porém, é que isso aconteça, o que também veremos mais adiante.

Um terceiro ponto, na mesma linha de raciocínio, é que a definição de Schein subordina a manutenção da cultura à condição de que tenha se provado uma "boa" cultura (uma cultura "que tenha funcionado suficientemente bem para ser considerada válida"). Coloca-se, desde logo, a questão do que seria uma "boa" cultura, e novamente somos levados a interpretar que se está falando daquela cultura instrumental que possa produzir mais lucro pelo capital investido.

Finalmente, a definição de Schein propõe ser possível ensinar a cultura aos novos membros da organização. É claro que os valores vigentes numa sociedade podem ser transmitidos a seus novos membros, mas grande parte desse processo de socialização é cumprido informalmente e, via de regra, de forma não-consciente. A definição de Schein, no entanto, pode levar à crença de que é possível planejar esse ensino, promovendo uma modelagem dos traços culturais desejados nos indivíduos. Embute-se na definição, portanto, uma visão da cultura segundo a qual é possível – de fato, um imperativo – sistematizar os pensamentos e as ações que devem apresentar os indivíduos que fazem parte desse grupo social. Tal visão da cultura seria considerada, em última análise, uma espécie de doutrina, gerada e transmitida manipuladoramente. Daí à aprovação da idéia de uma "lavagem cerebral" é apenas um passo.

OUTRAS DEFINIÇÕES DE CULTURA EMPRESARIAL

Seriam as definições de cultura empresarial de outros autores mais próximas daquela que um antropólogo poderia aceitar? Maurice Thévenet, professor da ESSEC de Paris e estudioso da cultura na administração, afirma:

> A cultura (de empresa) seria esse conjunto de valores, signos e símbolos partilhados na organização. (...) Na maioria dos casos, a cultura é percebida como o conjunto dos valores que os membros da organização partilham; a cultura reduzir-se-ia a um conhecimento comum aos participantes da organização.[30]

Nessa definição, parece importante a ênfase que o autor coloca nos aspectos simbólicos da cultura (um "conjunto de valores, signos e símbolos"), deixando de lado os aspectos materiais e comportamentais da cultura.

Outros dois autores, Kotter e Heskett, não definem propriamente, mas fazem comentários sobre a cultura empresarial:

> Achamos proveitoso pensar em cultura organizacional como tendo dois níveis, que diferem em termos de sua visibilidade e resistência a mudanças. No nível mais profundo e menos visível, a cultura refere-se a valores que são compartilhados pelas pessoas em um grupo e que tendem a persistir com o tempo, mesmo quando mudam os membros do grupo. (...) No nível mais visível, a cultura reapresenta os padrões de comportamento ou o estilo de uma organização que os empregados, de forma automática, incentivam os novos colegas a seguir.[31]

Essa visão de cultura tem certa proximidade com a de Schein.

Kotter e Heskett são essencialmente pragmáticos e parecem nem mesmo interessar-se muito em saber o que, de fato, constitui a cultura: parecem se apoiar em Schein, quando afirmam que existem uma cultura "visível" e outra "invisível". Todavia, dão muito mais atenção aos resultados que devem ser obtidos pela empresa *por meio de sua cultura*, do que a outro aspecto. Trata-se, assim, mais uma vez, de uma visão que propõe a cultura como um instrumento a serviço da empresa.

A linha de raciocínio de Kotter e Heskett, aliás, é bastante simples de entender: as culturas das empresas dependeriam, em última análise, do que pensam seus dirigentes, podendo ser classificadas em duas categorias: as culturas "fortes" e as culturas de "baixo desempenho". As primeiras são almejadas por todos; as últimas são indesejáveis. Os autores defendem que uma "cultura forte" é aquela capaz de conduzir a empresa a um alto desempenho econômico, avaliado principalmente por três indicadores: o crescimento da receita líquida, o retorno sobre o capital investido e o valor das ações da empresa no mercado de capitais.

Para os autores, tudo remete aos líderes das empresas, que são aqueles capazes de impregná-las com uma cultura "forte". Kotter e Heskett fazem, portanto, uma apologia do herói corporativo. Além disso, defendem que algumas culturas empresariais estão devidamente adaptadas à estratégia da respectiva empresa, ao passo que outras não; e que culturas empresariais podem ser mais ou menos adaptáveis.[32] Sugerem, desse modo, uma inversão que, nessa altura, não deve ser considerada surpreendente: a de que a cultura subordina-se à estratégia do dirigente.

As definições da cultura empresarial, como vemos, em certa medida se repetem; outros autores ainda têm formas não muito distintas dessas de abordá-las. Para Deal e Kennedy, a cultura empresarial é constituída essencialmente por elementos simbólicos, aos quais chamam de ritos e valores. Para esses autores, a cultura consiste justamente no fato de que esses elementos simbólicos se organizam numa grande rede (*cultural network*), cujos pontos de intersecção são representados por personagens que eles designam por termos bastante comuns e nada técnicos: contadores de histórias, sacerdotes, espiões, cabalas.[33]

Ainda para Deal e Kennedy, a cultura parece ser um sistema de conteúdos que se encontram fora da visão dos indivíduos, algo cuja existência muitas vezes nem mesmo é percebida, como se se precisasse, para desvendá-la (oculta que está das obviedades do dia-a-dia), de um nível extra de apreensão da realidade: a cultura estaria alojada numa espécie de "inconsciente" da empresa e constituiria um subtexto do comportamento do grupo, o qual os executivos da empresa, ocupados com seus afazeres diários, comumente não enxergariam.

A visão de outro consultor bastante conhecido, Stanley M. Davis, sobre a cultura das empresas, é ainda mais simples, prática e direta. Davis vê a cultura como um sistema de crenças que se desenvolve ao longo do tempo numa empresa e que, em última análise, pode impulsionar ou comprometer o seu desempenho. Caso impulsionem o desempenho, essas crenças devem ser cultivadas e reforçadas; caso comprometam, devem ser abandonadas, sufocadas ou substituídas por outras crenças melhores.[34]

Como Kotter e Heskett, portanto, também Davis é um pragmático: tenta identificar e agir sobre as crenças das pessoas no trabalho, em prol da empresa, na luta com a concorrência. Em seu papel de consultor, trata de conhecer essas crenças e avaliar seu potencial como instrumento de aumento da produtividade e da competitividade; e então fazer uso da publicidade interna, para reforçar ou mudar tais crenças. O marketing (o endomarketing, na realidade) é, então, sua principal ferramenta para a mudança cultural: o papel do alto executivo é estudar aquilo em que as pessoas na empresa como um todo acreditam e se perguntar se essas crenças estão ou não em consonância com as estratégias que a empresa deve empreender, visando administrá-las de acordo com estas.

Todas essas análises deixam claro que a cultura empresarial deve ser estudada, para que possa ser *controlada* ou *gerida*. Isso, por si só, já revela que o projeto antropológico e o projeto administrativo não se comunicam facilmente. Todavia, não quer dizer, é claro, que as empresas não tenham sua cultura! Têm-na, como qualquer outro grupo social, e por isso mesmo poderiam ser perfeitamente tratadas pelos referenciais da antropologia.

Onde estará, então, o ponto de apoio para que se encontre essa síntese entre cultura e gerência? Em que ou de que modo poderíamos fazer deste um texto de antropologia, sem que ele deixasse de ser também um texto sobre administração? Terei essas questões sempre presentes na tentativa de resolver a equação, mediante o uso deste modelo: a "Estrela de Seis Pontas".

CAPÍTULO 3

A ESTRELA DE SEIS PONTAS: VISÃO GERAL DO MODELO

Um modelo não é o mesmo que a realidade. (...) O modelo é um instrumento que o força a estruturar o pensamento e o convida a desenvolver sua criatividade dentro dessa estrutura. O modelo desafia-o também a investigar as debilidades que ele possa ter, bem como a competência dele em dar suporte às reflexões que você faz.

Jos Letschert, de Enschede (Holanda), in "Honnecourt Sketchbook" on Story. The European Association for Educational Design (E.E.D.), de Glasgow, Escócia.

Creio que o teste de um modelo está em quão bem do seu autor é capaz de responder a estas duas perguntas: "O que você fica sabendo, que não sabia antes?" e "Como você pode descobrir se isso é verdade?"

Jim Bower, neurocientista americano.

Para explicar como a noção de cultura se relaciona com outros aspectos essenciais da gestão estratégica de uma empresa, apresentarei um modelo que considero bastante simples. Inicialmente, farei uma apresentação que ocupará todo este capítulo. Nos capítulos seguintes, partiremos para uma abordagem mais aprofundada.

Minha expectativa é que o leitor termine este livro suficientemente orientado a respeito das múltiplas nuances do modelo apresentado e da sua aplicação na própria empresa.

A ESTRELA DE SEIS PONTAS

Esse modelo é visualmente representado por um hexagrama formado por dois triângulos superpostos. Cada uma de suas pontas representa um dos seis aspectos essenciais da gestão estratégica de uma empresa, como veremos a seguir.

Embora se trate de um hexagrama, proponho pensar o modelo como dois triângulos que se superpõem e que são complementares. O primeiro triângulo é

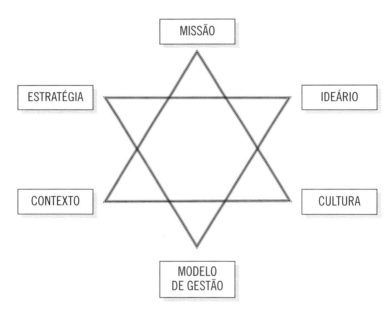

Figura 3.1 – A Estrela de Seis Pontas

formado pelos itens: *contexto*, *missão* e *cultura*, que devem ser vistos nessa ordem, como um processo que se orienta no sentido horário. Os três componentes do primeiro triângulo são obrigatórios na existência de qualquer empresa, independentemente de seu tamanho, ramo de negócio, localização etc. Esses três itens igualmente independem de quaisquer esforços de gestão que os dirigentes possam realizar, bem ou malsucedidos. Aquilo que geralmente chamamos de *gestão estratégica* da empresa somente passará a acontecer de fato nos movimentos feitos em torno dos componentes do segundo triângulo, superposto ao primeiro. Esse segundo triângulo é formado pelos itens restantes: *ideário*, *estratégia* e *modelo de gestão*, nessa ordem.

O PRIMEIRO TRIÂNGULO

CONTEXTO, MISSÃO E CULTURA

Antes de um "vôo rasante" por sobre o modelo, descrevendo-o como um conjunto de processos, convém definir cada "ponta" desse hexagrama.

Contexto

É basicamente tudo o que envolve a empresa, interage com ela, serve-lhe de apoio ou a influencia de alguma forma. O termo contexto é definido pelo lingüista Charles Kay Ogden (1889–1957) e pelo crítico literário Ivor Armstrong Richards (1893–1979) como um conjunto de entidades (coisas ou eventos) correlacionadas de algum modo e no qual o caráter de cada entidade, bem como as relações que se estabelecem entre elas, podem também ser observadas em outros conjuntos análogos.[1]

O contexto da empresa inclui variadas instituições sociais, tais como: governo, mercado, leis, sistema financeiro, tecnologia, cultura local e muitas outras. Entidades análogas a essas, com propriedades similares e se interrelacionando de forma similar, formam outros contextos, nos quais diferentes empresas operam.

Outros termos têm sido usados com o mesmo significado, por exemplo, ambiente. *Ambiente*, termo criado pelo zoólogo francês Etienne Geoffroy Saint-Hilaire (1772–1844), é o nome que se dá a um complexo de relações entre o *mundo natural* e os seres vivos.[2]

Embora o termo *ambiente* também fale de um complexo sistema de relações entre entidades que dele participam, seu grande inconveniente está em nos obrigar a olhar a empresa por meio de uma metáfora, como se ela fosse um organismo vivo. Essa conotação é inconveniente, pois acaba nos forçando a empregar também outros termos da biologia para descrever processos e fenômenos que de fato não são biológicos, mas econômicos, políticos, tecnológicos, sociais e culturais. Mencionei isso anteriormente, no primeiro capítulo.

Optei pelo uso do termo *contexto*, que nos remete a uma visão semiótica das ações de uma empresa ou daquelas exercidas sobre a empresa (o que me parece mais válido, considerando que tudo o que acontece com uma empresa é, em última análise, signo, com valor semântico). Ademais, o termo *contexto* está logicamente associado à corrente filosófica do contextualismo, ramo do pragmatismo americano que exerceu forte influência sobre as idéias dos pioneiros da administração, que fundaram as noções de "empresa" e de "capitalismo de mercado".

MISSÃO

Trata-se de uma forma genérica de se designar o propósito ou a razão pela qual uma empresa é criada. A *missão* de uma empresa deve responder basicamente à pergunta: *Com qual finalidade essa empresa foi criada?*, ou *Qual é o sentido de sua presença nesse contexto?*, ou ainda (caso se queira tomar a questão pelo seu reverso): *Que benefícios a sociedade perderia, se essa empresa não existisse?* Depreende-se daí que toda empresa deve obrigatoriamente ter um propósito, um *leitmotiv*.

Esse motivo condutor da empresa certamente não é *fazer lucro*. O lucro é, todavia, a razão que move seus acionistas; porém como a única finalidade para a existência de uma empresa tornaria a sociedade rebaixada à categoria de um objeto manipulável pelos investidores. Embora a empresa seja uma das principais instituições presentes numa sociedade moderna nos dias de hoje, ainda assim ela está ali com a finalidade de servir a essa sociedade, não o contrário.

Como comentou o economista americano Robert Heilbroner (1920–2005): "Os críticos do mercado há muito mostraram que uma sociedade que tem suas atividades econômicas reguladas pelo mercado será uma serva atenta dos ricos, mas, para os pobres, será uma espectadora surda."[3]

A empresa deve ter como missão uma proposta clara a respeito dos benefícios que trará para a sociedade. Se essa proposta de benefício social for levada a sério e estiver suficientemente clara para seus dirigentes, a empresa terá condições de focar na realização desse benefício, produzindo os resultados de que precisa para continuar competindo. Colin Marshall, principal executivo da British Airways, diz isso em outras palavras, ao afirmar que: "A missão corporativa é muito mais que boas intenções e lindas idéias. Ela representa uma estrutura de sustentação do negócio como um todo."[4]

Quanto mais transparente estiver, portanto, a missão da empresa na mente de todos os seus colaboradores, em especial de seus dirigentes, melhor será: maiores deverão ser as chances de que essa missão venha a servir de guia para as ações estratégicas dessa empresa.

Ainda assim, Campbell et al. revelam que existem pelo menos duas correntes de opinião sobre *o que* a missão da empresa deveria focalizar: para uns, ela deveria ser uma forma de delimitar racionalmente as *áreas de competência estratégica* às quais a empresa estará se dedicando; para outros, a missão deveria concentrar-se mais nos *valores* que permeiam a organização e que podem funcionar como elementos aglutinadores das pessoas que nela trabalham e, assim, dar um sentido específico e único aos seus esforços.[5]

CULTURA

Diversos aspectos da cultura empresarial foram abordados nos capítulos anteriores. Entretanto, vale a pena dizer que, descrita de maneira sucinta, uma *cultura é um conjunto de hábitos que são partilhados por uma coletividade*. Esses hábitos desenvolvem-se com base em soluções bem-sucedidas que essa coletividade veio a adotar para situações que lhe são ou foram importantes, e que ela passa a vivenciar de maneira recorrente. A repetição dessas condutas significa uma rotinização ou fixação dessas soluções, como práticas comuns da coletividade.

Sobre a cultura de uma empresa, já foi dito que se trata de fato de uma *subcultura capitalística*, uma variante de uma cultura comum às empresas ou às corporações em geral, acrescida de alguns traços específicos (*a cultura idiossincrática*). Pode-se dizer, portanto, que a cultura de uma empresa inclui um núcleo comum, que lhe é dado pela natureza do próprio sistema capitalista de mercado, e que as empresas compartilham, uma vez que todas elas competem em mercados, oferecendo produtos e serviços a seus clientes; todas racionalizam suas operações, todas procuram reduzir seus custos e aumentar seus lucros; todas querem conservar seus clientes e conquistar outros.

De país para país, essas influências se alteram em muitos aspectos. Por exemplo, no cenário econômico americano, dadas as peculiares condições locais, as empresas podem estimular em seus dirigentes e mesmo em seus colaboradores comportamentos distintos daqueles das empresas brasileiras. As empresas americanas, por serem estimuladas a manter aberto o capital e a buscar dinheiro no mercado de capitais, desenvolvem procedimentos bastante distintos daqueles das empresas sediadas no Brasil, onde fazer isso é simplesmente proibitivo dada a alta taxa de juros.

Como um desses procedimentos decorrentes das condições locais, os empresários e altos executivos americanos estão constantemente preocupados com a possibilidade de um *takeover* hostil, que é bem mais difícil de acontecer no Brasil. Mas esse é apenas um dos muitos exemplos que servem para mostrar que, além dos aspectos culturais que são comuns a todas as empresas, existem outros que não o são, e que ocorrem em virtude, entre outras razões, das peculiaridades da cultura local.

O SEGUNDO TRIÂNGULO

IDEÁRIO, ESTRATÉGIA E MODELO DE GESTÃO

Os componentes do primeiro triângulo do hexagrama identificam os processos presentes na vida da empresa independentemente de as ações de seus gestores serem ou não eficazes.

O segundo triângulo "gira" no sentido anti-horário, em movimento oposto ao do triângulo anterior. Seus três componentes são:

IDEÁRIO

O termo *ideário* refere-se ao conjunto de crenças e valores partilhados pelos indivíduos que dirigem a empresa. Dou o nome de ente *hegemônico* a esse dirigente ou grupo de dirigentes, por ser constituído de pessoas que detêm a hegemonia na empresa, ou o poder de tomar as decisões que governam os destinos desta, sem que precisem pedir autorização ou dar satisfações a ninguém.

A coletividade de uma empresa é formada por vários grupos internos, alguns dos quais claramente identificáveis e cada um com seu modo particular de pensar sobre a organização de que fazem parte. As concepções que tais grupos têm sobre a empresa e sobre como levá-la ao sucesso podem diferir totalmente daquelas do grupo hegemônico. Ou seja, verifica-se que uma empresa raramente tem um único ideário – em geral eles são vários, de acordo com os diferentes grupos existentes internamente. O que leva o ideário do ente hegemônico a se tornar o ideário "oficial" – ou o ideário que realmente "vale" em comparação com os demais – é o fato de estar ele respaldado pelo *poder* dos componentes desse ente hegemônico.

Há também casos em que o ideário é formado praticamente pelas crenças e os valores de *uma só pessoa* – o dono da empresa, o presidente, o fundador – e não de um grupo. Nesses casos, estou pensando nas empresas que são dirigidas de forma centralizada, por um executivo forte e autoritário, que deixa pouco espaço às manifestações dos que respondem a ele. Nesses casos, embora o conceito de ideário continue válido, provavelmente já não seria adequado falarmos de um "grupo" hegemônico.

O termo *ideário*, adotado por mim para designar o conjunto de crenças e valores daqueles que decidem, não faz parte do vocabulário usual dos estudiosos de administração. O termo é originalmente utilizado em ciência política, para se referir ao conjunto das idéias que perfazem uma ideologia – que é, como falado anteriormente, ou o modo de pensar de um dado grupo político ou as justificativas utilizadas para alguma ação política específica (por exemplo, o ideário da Revolução Russa).

Alguns estudiosos da gestão têm feito uso de outros termos para designar aquilo que aqui se chama *ideário*. Alguns deles são: *princípios*, *valores da empresa* ou mesmo *competências-chave* ou *competências essenciais* (*core competences*).*

ESTRATÉGIA

Genericamente, uma *estratégia* é um conjunto de ações concatenadas entre si visando a um dado fim. A estratégia da empresa é, basicamente, o modo pelo qual esta se move e age em seu contexto, particularmente em seus mercados e na relação com seus concorrentes, para tentar perpetuar-se e crescer. O tema da estratégia é objeto de abundante literatura, havendo boa quantidade de livros que apresentam diversos modelos para colocar em prática.

É possível detectar algumas constantes nesses vários modelos de estratégia. Por exemplo, todos eles recomendam que se formule um conjunto de alvos a atingir (objetivos e metas), os quais geralmente são hierarquizados, "descendo em cascata" pelos escalões da organização. Todos preconizam também uma análise dos pontos fortes e fracos da empresa em relação ao contexto em que opera e, em particular, em relação aos seus concorrentes. Além disso, sempre há nesses vários modelos de estratégia a indicação de alguma forma de prospecção de tendências futuras. Ainda outros conteúdos são comuns a vários modelos.

Ademais, tenho constatado que, amiúde, os modelos de estratégia empresarial que se sugerem incorporam, além da estratégia propriamente dita, também a *missão* e (com outros nomes) o *ideário* da empresa. Não tenho restrições a que o nome *estratégia* seja dado a esse conjunto de itens componentes da parte superior do hexagrama, desde que aquilo que, nesse modelo, é chamado especificamente de *estratégia* seja devidamente destacado dos demais itens.

Como o contexto em que opera uma empresa se altera com notável rapidez e é literalmente impossível prever qual será o próximo movimento nessa dinâmica, as empresas com freqüência se encontram numa situação bastante paradoxal: por um lado, precisam formular alguma estratégia, caso contrário não conseguirão dar uma uniformidade, por mínima que seja, às suas ações no mercado e no contexto em geral. Por outro lado, seus dirigentes sabem que, qualquer que seja a estratégia que venham a formular, não conseguirão por meio dela prever as mudanças que de fato ocorrerão no contexto e muito menos antecipar-se a essas mudanças.

---

* Nesse último caso, principalmente após a publicação em 1994 do livro de Gary Hammel e C. K. Prahalad, *Competindo pelo futuro*, que popularizou a expressão. Todavia, essas não são expressões de fato equivalentes a *ideário*, servindo mais apropriadamente para designar certas diretrizes gerais da empresa que são *produto* do ideário e *precedem* a formulação da estratégia. Voltarei a esse assunto mais adiante.

Dada essa situação contraditória, estudiosos do tema têm sugerido que as empresas formulem não uma, mas várias linhas estratégicas alternativas. Outros autores recomendam que a estratégia seja sempre formulada com três enfoques possíveis quanto às variáveis mais cruciais envolvidas: um enfoque otimista, outro pessimista e outro realista. Finalmente, há também autores que advogam que – não se podendo saber quais mudanças virão, mas sabendo-se que elas *virão* – os dirigentes mantenham-se numa espécie de estado de permanente prontidão, que lhes permita reexaminarem suas opções estratégicas a cada sinal de alteração no contexto.

Na prática, nenhuma dessas várias formas de lidar com a questão tem oferecido às empresas resultados plenamente satisfatórios. Mesmo Prahalad e Hamel, que propõem seu prestigiado livro *Competindo pelo futuro* como uma referência para a criação de estratégias empresariais voltadas para o futuro, confessam: "Reconhecemos, entretanto, que a 'estratégia' está passando por uma crise de credibilidade. Em muitas empresas, a própria noção de Estratégia – com E maiúsculo – ficou desacreditada."[6]

MODELO DE GESTÃO

Confesso que relutei muito quanto à denominação que daria a esse último item do segundo triângulo. Nesse caso, estou me referindo a um conjunto de ações concretas que são decididas pelos dirigentes da empresa, concatenadas entre si e geralmente distribuídas entre vários órgãos ou departamentos internos, cuja finalidade é monitorar tudo o que for importante na trajetória estratégica da organização e corrigir com a máxima rapidez possível os desvios constatados.

Ao indicar que a escolha de um *modelo de gestão* vem em seguida à aplicação da *estratégia* (o segundo triângulo "gira" no sentido anti-horário, lembra-se?), estou querendo dizer que pôr em prática sua estratégia leva a empresa a um inevitável questionamento de sua própria estrutura de organização e das práticas de gestão então adotadas para viabilizar essa estratégia: logo no início já se percebe que poderia ser mais efetiva, se a "arquitetura" organizacional contivesse certos departamentos que não estão ali; ou que uma divisão diferente das funções ou atribuições dos vários cargos é necessária; ou ainda que certas funções que até então não tinham sido pensadas estão faltando para dar o devido apoio à estratégia. A cada vez que uma estratégia é posta em marcha, fica evidente a necessidade de reorganização da empresa, que contribuirá para fazer a estratégia mais eficiente e mais eficaz.

Por outro lado, ao indicar que esse *modelo de gestão* aponta na direção do *ideário* (um dos lados do segundo triângulo une esses dois componentes, não é?), pretendo afirmar que essa nova estrutura desenhada e esses novos procedimentos adotados com base na estratégia irão servir de referência também para os dirigentes questionarem aquilo que pensam sobre como a empresa deve ser gerida (isto é, seu próprio ideário).

O novo modelo de gestão, mais completo e mais complexo que o anterior, deverá permitir que a empresa realize um melhor controle de seus processos, além de garantir a integridade, a inter-relação harmônica e o pleno funcionamento desses mesmos processos que perfazem sua dinâmica em nível estratégico.

GOVERNANÇA E GOVERNABILIDADE

Voltarei a esse ponto em outro capítulo. No entanto, convém comentar desde logo duas expressões que já me foram sugeridas para figurarem no lugar de *modelo de gestão*, nessa ponta do hexagrama: *governança corporativa* e *governabilidade*.

A expressão *governança corporativa*, que recentemente entrou no vocabulário dos dirigentes empresariais, tem de fato alguns pontos de contato com essa última ponta do segundo triângulo: é o nome que se dá a um conjunto de práticas e de relacionamentos entre as entidades máximas de uma empresa: seus acionistas, o conselho de direção, a diretoria, a empresa de auditoria independente e o conselho fiscal.

As ações que recaem no âmbito da governança corporativa têm o propósito de otimizar o desempenho e facilitar a administração da empresa, nos seus aspectos legais e econômico-financeiros, mediante a concatenação das ações dessas várias entidades. Assim, a governança corporativa engloba todas as iniciativas que dizem respeito ao poder de controlar e dirigir a empresa e de proteger os interesses econômicos e legais dos diferentes *stakeholders*.[7]

É certo que esta é também, em boa parte, a função do modelo de gestão: reestruturar ou redesenhar a organização para que seja mais eficaz. No entanto, a governança corporativa serve a essa finalidade no plano das questões legais e econômicas, e não no que se refere à vida simbólica e cultural da empresa. Por esse motivo, essa expressão é insuficiente para nossas finalidades aqui.

Outra expressão que também mantém certa proximidade com o modelo de gestão é a *governabilidade*, que pode ser definida como a capacidade que um sistema de governo tem de realizar tudo aquilo que é necessário para administrar a nação, o estado ou a cidade com competência. Falta de governabilidade da máquina pública é, em última análise, sinônimo de desgoverno.

Sem dúvida, é também isso que se pretende conseguir por meio de um bom modelo de gestão – pode-se dizer que sua finalidade é conferir "governabilidade" à empresa, dando-lhe a capacidade de gerir seus próprios processos e se encaminhar na direção dos objetivos propostos. Apesar disso, evito o termo governabilidade nesse ponto do hexagrama porque é um termo geralmente empregado apenas no campo da gestão pública; descreve melhor o resultado ou a conseqüência das decisões e ações de gestão, enquanto o foco no modelo proposto aqui é encontrar um termo que fale da garantia da qualidade dessas decisões e ações.

Entretanto, aproveitando ambos os conceitos – governança corporativa e governabilidade – e tentando uma fusão dos dois, pode-se dizer que o modelo de gestão escolhido para a organização de uma empresa é a maneira pela qual ela é capaz de harmonizar todos os itens presentes nesse modelo, utilizando o que cada um deles pode oferecer para a dinâmica organizacional e para a melhor gestão estratégica da empresa. Um modelo de gestão é necessário, enfim, para o aperfeiçoamento de todas as partes integrantes do hexagrama, conferindo a cada uma qualidade e eficiência e buscando a integração harmônica entre elas.

Numa empresa, a *missão* é uma regra máxima que a orienta em tudo o que faz; a *cultura* é a tessitura que dá coesão ao grupo, permitindo que seus integrantes se reconheçam como participantes desse sistema social; o *contexto* é a fonte externa da qual a organização continuamente se alimenta, assim como o lugar em que ela se realiza. Esses três itens precisam ser constantemente monitorados e isso exige um bom modelo de gestão.

Por outro lado, o *ideário* é o conjunto de crenças e valores daqueles que decidem, que devem ser constantemente debatidos e conhecidos por todos, para que se mesclem à cultura atual, aproximando-se do pensamento dos gestores; a *estratégia* é a fórmula prática e operativa em que o ideário terá resultado e deve ser, portanto, a forma mais eficaz de a empresa cumprir sua missão no contexto em que atua. Também sobre essa estratégia cabe a empresa fazer constantes questionamentos, perguntando se a proposta está sendo de fato cumprida e até mesmo se está sendo válida para a empresa. Fazer com que tudo isso aconteça de forma articulada e eficaz é a finalidade do modelo de gestão.

DINÂMICA DO MODELO

O HEXAGRAMA: A SUPERPOSIÇÃO DOS TRIÂNGULOS

Observamos na Figura 3.1 (p. 82) que os dois triângulos se apresentam superpostos, de modo que seus lados se cruzem sem coincidir. Esse posicionamento dos componentes do modelo não é mera coincidência, pois obedece a um propósito: quanto ao ideário, precisamos pensar nele como uma espécie de encontro entre missão e cultura; quanto à estratégia, esta deve ser vista como uma forma de realizar a missão no contexto; e quanto ao modelo de gestão, é o modo de a empresa harmonizar sua dinâmica interna (sua cultura) e a externa (no contexto). Em termos bastante simples, podemos dizer que:

❖ O *ideário* (Como queremos que determinada empresa funcione?) somente pode cumprir sua finalidade se levar em conta tanto a *missão* (Para que essa empresa existe?) quanto a *cultura* (Como essa empresa tem atuado?).
❖ Por sua vez, a *estratégia* (Como essa empresa deve atuar?) tem a finalidade de manter a aplicabilidade da missão (Para que essa empresa existe?) no *contexto* da empresa (Onde essa empresa opera?).
❖ E, finalmente, o *modelo de gestão* (Como garantir qualidade, eficiência e eficácia?) é a maneira de continuamente compatibilizar a *cultura* (Como essa empresa tem atuado?) e o *contexto* (Onde essa empresa opera?).

Voltemos agora ao desenho do hexagrama, tendo em mente essas definições, para melhor entender a sua dinâmica.

O HEXAGRAMA COMO MACROPROCESSO ESTRATÉGICO

Para entender melhor como funciona o modelo da Estrela de Seis Pontas, o leitor deve considerar a seguinte ordem dos componentes do hexagrama: (1) contexto; (2) missão; (3) cultura (perfazendo o primeiro triângulo); e então: (4) ideário; (5) estratégia; e (6) modelo de gestão (tornando completo o segundo triângulo).

No início existe um *contexto*, um espaço multifacetado e em constante mudança, no qual muitas necessidades que surgem na sociedade não estão ainda satisfeitas. É em virtude da própria dinâmica dessa sociedade que essas necessidades aparecem, vêm a ser satisfeitas e deixam de existir. Cada necessidade – qualquer necessidade, em princípio – é passível de se transformar numa boa oportunidade de negócio, caso seja percebida e tratada a tempo e com eficiência.

Quando uma necessidade é percebida por um indivíduo com visão empreendedora, esse indivíduo passa a imaginar um novo empreendimento capaz de supri-la. Esse empreendimento, num primeiro momento, não passa de um sonho. No entanto, à medida que vai sendo elaborado pela mente do empreendedor, vai se delineando, até se tornar uma *missão* efetiva, real, que esse indivíduo chega, muitas vezes, a realizar.

Terá surgido, nesse ponto, um projeto de empresa. Se o empreendedor decidir concretizá-lo, dedicando-se a um novo empreendimento que realize essa *missão*, terá tido início, finalmente, uma empresa – uma organização formada por esse indivíduo e seus companheiros, arrebanhados por ele para a nova aventura.

Uma vez iniciada, essa operação da nova empresa poderá ser bem ou malsucedida. Muitas iniciativas desse tipo infelizmente não vingam, falindo logo nos primeiros meses ou em poucos anos. Nesses casos, a empresa desaparece e o processo que se iniciava, em torno do modelo do hexagrama, também termina. O empreendedor malsucedido, então, busca justificativas para seu fracasso, podendo alegar que a *missão* não era realizável, que ele próprio não estava preparado para ela, ou que não dispunha de recursos suficientes para fazê-la prosperar.

Se, entretanto, o empreendimento dá certo e floresce, ocorrem os primeiros êxitos, e a organização formada para dar conta da *missão* ganha força, impelida pelo crescente entusiasmo de seus fundadores.

O progresso dessa nova empresa poderá ser mais rápido ou mais lento. O que importa, entretanto, é que, desde o início, o grupo de pioneiros aprende a experimentar soluções para os problemas que vão se apresentando à sua frente e a tratar seletivamente essas soluções: logo se dão conta de que algumas soluções são melhores e devem ser conservadas e repetidas, enquanto outras não são boas e devem ser descartadas.

Em conseqüência, o dia-a-dia da empresa vai levando à contínua manutenção e rotinização daquelas formas de pensar e de agir que funcionaram para as questões que a empresa tinha de resolver, o que leva o grupo a repeti-las mais vezes, e a empresa, sem que se dê conta disso, a adotá-las como padrões de conduta. Nesse ponto está em processo de formação, portanto, um conjunto de hábitos coletivos, ou uma *cultura*.

Sendo esses padrões de conduta apoiados pelos bons resultados que vêm trazendo e pelo entusiasmo e a motivação dos que os cumprem, não surpreende que um período de tempo relativamente curto (até mesmo dois ou três anos apenas) seja suficiente para que haja uma forte fixação deles na mente das pessoas que ali estão: a *cultura* da empresa vai-se solidificando e tomando forma definida no dia-a-dia de trabalho das pessoas.

Com o passar do tempo e a recorrência dessas operações, nada havendo de importante que justifique modificá-las substancialmente, a *cultura* vai, cada vez mais nitidamente, desenvolvendo três propriedades em relação ao grupo social que a pratica. Ela:

1. transforma-se num código particular de comunicação para esse grupo, com o qual e pelo qual seus integrantes se identificam;

2. passa a ser um esquema referencial com que o próprio grupo (em geral de forma subconsciente) legitima a existência, no passado, das operações que lhe deram origem (sem necessariamente legitimar, entretanto, suas verdadeiras causas ou os fatos que as antecederam), como também avalia novas condutas que venham a ser propostas e/ou experimentadas pelo grupo, e que serão aceitas ou rejeitadas conforme se afinem ou não com esse esquema referencial;
3. passa a servir também como um esquema identitário, uma espécie de "fotografia" simbólica que o grupo projeta no *contexto*, mostrando "a todos lá fora" como "somos" ou "que cara temos".

Na medida em que a empresa avança em sua trajetória na busca de resultados, seus gestores gradativamente modificam seus conceitos acerca de como ela deve ser gerida. Isso decorre do fato de que os próprios gestores pessoalmente mudam, mas também em razão de novas condições vigentes no *contexto* que os cerca. Além disso, a substituição dos gestores é um processo comum; os novos gestores ou novos associados em geral pretendem administrar de outra maneira. A empresa é sempre dirigida por gestores (por vezes uns poucos e, não raramente, por um só deles) que trazem seu próprio sortimento de crenças e valores sobre como administrá-la. Os gestores da empresa têm seu *ideário*, que expressa esse conjunto de crenças e valores.

O *ideário* certamente colidirá com a *cultura* estabelecida, que não corresponde à visão que os atuais gestores têm do que seria o comportamento ideal da empresa. Por causa disso, os gestores tratarão, quase invariavelmente, de substituir de alguma forma a *cultura* vigente pelo *ideário* deles.

Os gestores partem das crenças e dos valores de seu *ideário* para elaborar uma *estratégia*, ou seja, uma maneira de dar corpo à *missão* da empresa no *contexto* em que esta atua.

Os resultados dessa *estratégia*, positivos ou negativos, vão mostrar o que a empresa precisa aperfeiçoar, pois não há como antecipar todos os problemas que surgirão, ao se planejar uma ação, seja ela qual for. É essa percepção da necessidade de ajustes no modelo de gestão até então utilizado que os leva a propor, analisar, aprovar e pôr em prática uma série de correções na forma de atuar da organização.

Esse redesenho das formas de se organizar e de operar no dia-a-dia, aqui chamado de modelo de gestão, continua sendo feito, com mudanças mais ou menos drásticas, ao longo de toda a existência de uma empresa. A necessidade dessa contínua revisão de estruturas e processos é o que leva à produção de teorias de organização e de administração que, ao longo do tempo, tornam-se clássicas, como a velha

A FACE OCULTA DA EMPRESA

divisão dos departamentos em órgãos de linha e de *staff*, por exemplo. A renovação contínua do modelo de gestão leva à criação de novos departamentos e à reformulação de outros tantos que já existem internamente, produzindo-se uma nova organização e uma nova forma de atuar que, segundo se espera, facilitarão e elevarão a qualidade da *estratégia* empregada.

A reorganização oriunda da implementação da estratégia irá então colocar novas questões que precisam ser respondidas pelo ideário dos gestores: com base nessas "provocações" vindas da operação das novas estruturas e novos processos estabelecidos, os gestores da organização serão instados a se perguntar se suas crenças e seus valores anteriores continuam em vigor, frente as novas disposições organizacionais e processuais.

Essas reflexões completam a descrição do segundo triângulo do hexagrama. Direta ou indiretamente, a revisão do modelo de gestão intervém de várias formas na organização – monitorando as mudanças de contexto, protegendo a cultura, questionando a atualidade da missão e a eficiência da estratégia, bem como a qualidade do ideário dos gestores. O que sempre se espera com tal revisão, é que ele passe a fazer isso melhor do que o modelo de gestão anterior o fazia.

A ATUAÇÃO SUBJETIVA DOS GESTORES ESTRATÉGICOS

A Estrela de Seis Pontas serve ainda a dois propósitos – secundários, mas úteis – no estudo da gestão estratégica da empresa. O primeiro deles é que permite uma reflexão sobre o que se espera de um dirigente de empresa, em termos de atitudes e comportamentos à frente de sua organização. O segundo é que possibilita uma visão evolutiva da empresa, no sentido de se tornar uma empresa mais sólida, mas competitiva, mais bem administrada e mais apta a perdurar.

O gestor, como qualquer ser humano, é dotado da capacidade de expressar *sentimentos*, *pensamentos* e *ações*. Não é preciso ser um psicólogo experiente para entender que esses três estados descrevem, minimamente, a forma de agir de alguém: as pessoas *sentem* (isto é, com base em estímulos que recebem de seu entorno, mobilizam cargas emocionais pessoais que irão depositar sobre os objetos presentes nesse mesmo entorno), *pensam* (isto é, também com base em estímulos recebidos de fora, processam informações e conhecimentos armazenados na própria mente, atribuindo significado e valor aos objetos externos que eliciaram esse processo mental) e *agem* (isto é, perante situações que as sensibilizam de alguma forma, mobilizam sua energia para atuar nessas situações, alterando-as de algum modo). Usar bem essas três capacidades naturais é essencial para a qualidade da vida humana, não se trata apenas de sentir, pensar e agir simplesmente, mas de sentir bem, pensar bem e agir bem.

Não é fácil reconhecer seus sentimentos e os dos outros, ter consciência do melhor momento de expressá-los e uma razoável capacidade de administrar essa carga emocional pessoal. *Sentir bem* tem a ver com a capacidade de mobilizar sua energia pessoal, que gosto de chamar de *vontade*. É fundamental para todos nós sermos pessoas que *têm vontade*, que *agem com vontade*. Quando perdemos nossa vontade, perdemos uma parte essencial de nosso encanto pela vida e de nossa capacidade de atuar no mundo.

Por outro lado, *pensar bem* significa ser capaz de estabelecer constantemente para a vida relações úteis (sua e dos outros) e, tanto quanto possível, originais.

Por fim, *agir bem* quer dizer simplesmente realizar as coisas que pensou e decidiu fazer, em vez de apenas acalentá-las mentalmente, como fantasias inalcançáveis. Mas, sobretudo, *agir bem* significa operar sobre o mundo de modo a torná-lo um pouquinho melhor do que antes (ou, se isso não for possível, ao menos de modo a não deixá-lo um pouquinho pior).

Não pretendo, porém, transformar este livro num compêndio de psicologia prática, nem creio que tenha condições de fazê-lo. Além disso, tenho horror à possibilidade de vir a produzir uma peça que trate com displicência de um assunto tão complexo ou que apresente idéias que não passem de psicologia barata. A única intenção com que escrevi os parágrafos anteriores foi mostrar que a Estrela de Seis Pontas exige do gestor a mobilização adequada dos atos de sentir, pensar e agir. A Figura 3.2, na página a seguir, mostra em que partes do hexagrama cada um deles é mais solicitado.

O que se nota nesse desenho é que enquanto a missão e o ideário dos gestores pedem um uso intensivo da vontade destes, e o modelo de gestão e a estratégia no contexto da empresa pedem ação intensiva, o gestor é sobretudo um pensador: sua capacidade intelectual é intensamente solicitada em praticamente todas as instâncias do modelo.

PROPOSTAS EVOLUCIONISTAS SOBRE AS EMPRESAS

Como na antropologia, mas também na sociologia, na economia, na história e em outras ciências sociais, encontram-se autores que preferem adotar a sempre polêmica abordagem evolucionista, segundo a qual os sistemas estudados tendem a seguir um caminho evolutivo ascensional, que pode ser mapeado, previsto e até mesmo induzido. Em todas essas disciplinas, a abordagem evolutiva acaba nos remetendo, mais atrás no

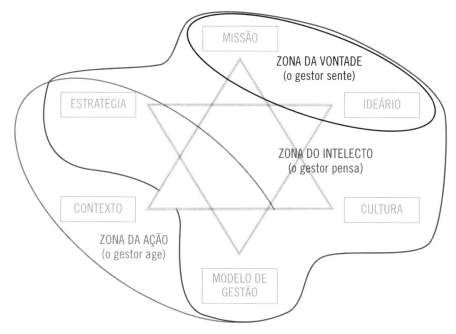

Figura 3.2 – Os três estados na Estrela de Seis Pontas

tempo, por vezes a *sir* Charles Darwin (1809–1882) (erroneamente, uma vez que suas teses evolucionistas se aplicam essencialmente ao campo da biologia), quando deveriam nos remeter a outro acadêmico inglês, o filósofo social Herbert Spencer (1820–1903), cuja corrente ficou conhecida por "darwinismo social".

Também na administração nos deparamos com teses evolucionistas, defendidas às vezes com maior ou menor sucesso. Dois autores que adotam essas teses são Larry E. Greiner e Ichak Adizes.

O professor americano Larry Greiner, da Marshall School of Business (University of Southern California), foi também professor em Harvard, Oxford e Kansas, além do Insead, na França.[8] Entre seus trabalhos, destaca-se o já clássico artigo publicado na *Harvard Business Review*, "Evolution and Revolution as Organizations Grow".[9] Nele, o autor apresenta uma teoria na qual propõe que o crescimento das organizações ocorre em ciclos consecutivos: a empresa passaria por sucessivos períodos de crescimento, cada qual apoiado num estilo de gestão dominante, que culminaria inevitavelmente numa crise de natureza específica, decorrente do próprio estilo de gestão adotado. Essa crise obrigaria a organização a uma mudança de estilo, dando origem a novo período de crescimento, que novamente acabaria em outro tipo específico de crise – e assim por diante.

Os períodos de crescimento e suas respectivas crises sugeridos por Greiner são:

* crescimento pela *criatividade* → crise de *liderança*;
* crescimento pela *direção* → crise de *autonomia*;
* crescimento por *delegação* → crise de *controle*;
* crescimento por *coordenação* → crise de *burocracia*; e
* crescimento por *colaboração* → crise de ...

Greiner afirma não ter muita certeza sobre qual crise ocorreria após essa última fase de crescimento, mas antecipa que ela provavelmente se concentraria em algo relacionado à "saturação psicológica" dos empregados, que estariam emocionalmente exauridos pela pressão vinda do trabalho e pela incessante busca de novas soluções.[10]

Quanto a Ichak Adizes, consultor que tem vindo freqüentemente ao Brasil e tem quatro de seus livros traduzidos para o português, é um autor nascido na antiga Iugoslávia e foi um destacado estudioso do sistema de participação política implantado naquele país pelo marechal Josip Broz Tito (1892–1980). Adizes hoje dirige sua própria consultoria, com a qual opera em diversas frentes, nos principais centros de administração do mundo.

Sua proposta é a de que as organizações evoluem numa seqüência de dez estágios, os quais, embora não se apliquem todos a todas as empresas, oferecem, como diz o autor, "uma base útil para se compreender mais acerca da mudança organizacional". Esses dez estágios são denominados:

* namoro;
* infância;
* decolagem;
* adolescência;
* primeiro nível;
* estabilidade;
* aristocracia;
* recriminação;
* burocracia; e
* morte.[11]

Diferentemente de Greiner, Adizes não se limita a descrever as etapas evolutivas de uma empresa, mas sugere um método para lidar com cada uma dessas etapas, facilitando o crescimento saudável das organizações. Grande parte de seu trabalho

A FACE OCULTA DA EMPRESA

como consultor e como conferencista tem sido direcionado para a divulgação e a aplicação de seu método.

O HEXAGRAMA COMO MODELO EVOLUCIONISTA

Esses dois sistemas de análise evolutiva foram apresentados para servirem de referência ao leitor, a fim de facilitar a compreensão do que seria uma "abordagem evolutiva" no estudo da dinâmica das empresas. Também o modelo da Estrela de Seis Pontas pode ser utilizado visando ao aperfeiçoamento da gestão das organizações (não necessariamente ao seu crescimento econômico, que depende também de outros fatores), embora não seja essa a sua principal finalidade. As seis "pontas" do hexagrama podem ser vistas como um processo que se desenrola em 12 passos, relacionados a seguir:

1. Uma oportunidade no contexto é detectada por alguém, que formula uma missão com base nessa necessidade.
2. Essa missão se concretiza por ação do(s) empreendedor(es).
3. Da prática repetida dessas ações resulta uma cultura.
4. Se a cultura é vista como insatisfatória, estabelece-se um ideário para substituí-la.
5. Os gestores interferem na cultura, pretendendo substituí-la pelo seu ideário.
6. Estabelece-se um conflito entre cultura e ideário.
7. Insistindo no ideário, os gestores concebem uma estratégia.
8. Essa estratégia é posta em ação.
9. A qualidade e os resultados da estratégia são avaliados.
10. Essa avaliação leva à percepção da necessidade de oferecer apoios melhores à estratégia.
11. Para dar-lhe esses apoios, aperfeiçoa-se um modelo de gestão que era antes apenas intuitivo e imperfeito.
12. Estratégia e ideário (além de, indiretamente, os demais itens) passam a ser mais bem geridos do que antes.

Ao chegar ao passo 12, retorna-se ao passo 1 e o processo se reinicia num patamar superior ao de antes, quanto à complexidade e à qualidade da gestão estratégica. Novas oportunidades são detectadas no *contexto*, agora provavelmente por pessoas mais habilitadas, mais competentes e mais bem equipadas (fruto da implantação de um novo modelo de gestão), que se mantêm atentas às mudanças externas. A missão da empresa é automaticamente posta em questão, gerando-se debates sobre ela que podem levar à sua reformulação, tornando a missão mais apropriada ao momento atual.

Examinando com atenção essa lista de 12 passos, o leitor verá que ela foi propositalmente dividida em quatro blocos de três passos; observando cada bloco, percebe-se que, em todos os casos, os três passos seguem uma ordem fixa, composta de: uma *reflexão*, à qual se segue uma *ação*, que resulta, finalmente, num *efeito*. Assim, nessa lista, os passos 1, 4, 7 e 10 são momentos de *reflexão*; os passos 2, 5, 8 e 11, momentos de *ação*; e os passos 3, 6, 9 e 12 são descrições de *efeitos* dessas ações.

Os quatro blocos podem ser vistos como as fases ou estágios que compõem um ciclo no desenvolvimento da organização. Cada passo é um momento dentro de uma fase; e as quatro fases podem ser assim resumidas:

FASE	MOMENTOS	ESTÁGIO DE DESENVOLVIMENTO DA ORGANIZAÇÃO
1	1, 2, 3	normalização
2	4, 5, 6	contestação
3	7, 8, 9	disseminação
4	10, 11, 12	sustentação

Os termos usados na coluna da direita sugerem que a empresa tende a seguir, de fato, uma trajetória evolutiva ao longo de sua existência, à qual seus dirigentes podem dar expressão concreta, reconhecendo-a e agindo de acordo. Essa trajetória é composta pelas seguintes fases:

1ª fase: As práticas da nova empresa tornam-se recorrentes e transformam-se em roti-nas, padrões ou normas de conduta tradicionais, que são amplamente aceitos.
2ª fase: Grupos não-conformistas reagem a essas práticas, contestando-as e rejeitando-as.
3ª fase: Novas práticas são instaladas e colocadas em ação.
4ª fase: As novas práticas são apoiadas e legalizadas.

Ao fim desse ciclo, volta-se à fase 1, na qual uma organização distinta da anterior terá surgido e reiniciará um novo ciclo. A Figura 3.3, a seguir, representa esse processo de progressivo aperfeiçoamento da gestão da empresa:

A FACE OCULTA DA EMPRESA

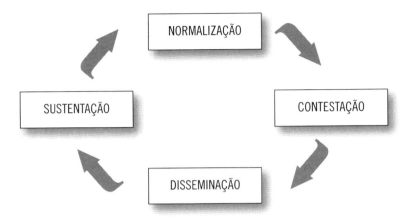

Figura 3.3 – A evolução cíclica da empresa, conforme o hexagrama

JUSTIFICANDO O HEXAGRAMA COMO MODELO EVOLUCIONISTA

O objetivo no uso da Estrela de Seis Pontas como modelo de um processo evolutivo para a gestão da empresa é formulado com base em propostas do sociólogo polonês Piotr Sztompka, que, por sua vez, inspirou-se em grande parte nos estudos do conhecido sociólogo americano Robert K. Merton (1910–2003), especialista em comportamentos sociais desviantes. Em linhas gerais, a proposta de Sztompka trata do seguinte:

A vida social é inteiramente regulada por normas ou regras (hábitos coletivos, padrões de conduta, tradições etc.) coletivamente reconhecidas, aceitas e praticadas, e que regulam as ações, as experiências pessoais e as representações mentais de seus membros. Por exemplo, também o fundador da sociologia científica, o sociólogo positivista francês Émile Durkheim (1858–1917), pondera que os modos de agir, pensar e sentir dos indivíduos têm existência *fora* da consciência individual, possuindo, além disso, "um poder imperativo e coercitivo".[12]

Nessas circunstâncias, há dois processos pelos quais, por meio de ações desviantes produzidas e disseminadas por agentes sociais interessados, pode sobrevir uma mudança social (significando a substituição dessas regras de conduta por outras). Sztompka os chama de *inovação normativa* e *transgressão institucionalizada*,[13] correspondendo às duas formas de comportamento desviante que Merton denomina, respectivamente: *comportamento não-conforme* e *comportamento aberrante*. O primeiro ocorre pela introdução de inovações nas normas então vigentes; o segundo, pela pura e simples transgressão dessas normas.

No caso da *inovação normativa* ou do *comportamento não-conforme*, os agentes sociais questionam a validade das normas atuais, cuja legitimidade eles negam. Esses agentes sociais passam, então, a apresentar publicamente comportamentos de rejeição a essas normas, e tentativas de aplicar formas substitutas de conduta. Sztompka dá vários exemplos disso: cientistas que desafiam os atuais paradigmas; profetas religiosos que lançam novas seitas; artistas ou escritores que inauguram novos estilos; empresários que reorganizam suas empresas; ou políticos e governantes que impõem novos procedimentos legais ou de governo à população.

Sztompka afirma:

> Aqui, a mudança inicial faz disparar uma cadeia de mudanças sucessivas nos demais componentes da estrutura, conduzindo à multiplicação das inovações normativas, ao reforço do significado da mudança original e da sua capacidade de gerar conseqüências e, em alguns casos, à transformação total da estrutura.[14]

Sobrevindo o reconhecimento, a aceitação ou mesmo a sustentação ativa e generalizada dos novos procedimentos pela sociedade, a mudança se firma e o novo comportamento passa a constituir o novo padrão de conduta.[15]

No caso da *transgressão institucionalizada* ou do *comportamento aberrante*, na medida em que a transgressão das normas torna-se pública, ela pode chegar a tornar-se amplamente reconhecida e aceita, disseminando-se pelo grupo social, que passa a praticá-la abertamente, mediante justificativas do tipo: "Todo mundo faz, por que não eu?" Em algum momento, essa disseminação do comportamento transgressor acaba por enfraquecer e finalmente eliminar a legitimidade das normas anteriores, que passam a ser vistas como defasadas e antiquadas. Ocorre, então, o que Merton chama de *transgressão institucionalizada*. Sztompka cita a sonegação de impostos, fraudes em inspeções, pequenos furtos em firmas e a burla de obrigações aduaneiras e de controle monetário, como exemplos comuns desse processo.[16]

Essa institucionalização da transgressão não significa a mera repetição, regularidade ou mesmo padronização do novo comportamento. Mais que isso, ela implica na sua admissão e aceitação generalizada, bem como em sua legitimação pela sociedade, havendo até uma "sanção positiva do comportamento transgressor".[17] Ao mesmo tempo, as normas anteriores vão passando por um processo de crescente deterioração, seja por *erosão* (elas passam a ser vistas como obsoletas), seja pela *resistência* dos atores sociais (elas passam a provocar comportamentos explícitos de rejeição e protesto), ou pela sua gradativa *substituição* (isto é, as normas transgressoras vão paulatinamente tomando o lugar das normas tradicionais anteriores).[18]

A TEORIA DA MUDANÇA DE SZTOMPKA APLICADA À EMPRESA

Essa proposta teórica inspira a sugestão feita aqui de que há um modelo evolutivo da empresa embutido no hexagrama. Também a vida na empresa é regulada por normas (culturais) que foram instituídas com base nas práticas bem-sucedidas dos pioneiros. Essa presença de normas reguladoras fica patente quando se observa que novos profissionais que entram na empresa logo aprendem "como são as coisas por aqui".

Os agentes sociais que buscam a mudança, ao contrário do estabelecido por essas normas, são quase exclusivamente os gestores que fazem parte do ente hegemônico da empresa. Esses agentes recorrem a ambos os processos citados, tanto o de *inovação normativa* ou *comportamento não-conforme*, quanto o de *transgressão institucionalizada* ou *comportamento aberrante*.

No primeiro caso o ente hegemônico nega a legitimidade da cultura e apresenta aos vários públicos-alvo internos, com base em seu ideário, os comportamentos que devem substituir a antiga cultura. A aplicação dessa nova conduta aparece na concepção e no desenvolvimento de uma estratégia, assim como nas sucessivas mudanças da estrutura organizacional e dos procedimentos de trabalho.

Removidos os defensores mais resistentes da cultura ou os opositores das novas idéias, depois de algum tempo presumivelmente sobrevirá a aceitação dos novos procedimentos, passando esses comportamentos a constituir o padrão esperado de conduta.

Em casos de *transgressão institucionalizada* ou *comportamento aberrante,* o processo não chega a ser substancialmente diferente do anterior, uma vez que os novos comportamentos, embora transgridam as normas culturais anteriores, normalmente não são comportamentos marginais e, além disso, sua proteção aberta pelo ente hegemônico tende a ajudar na sua disseminação por toda a organização. A conduta anteriormente vigente enfraquece-se, é claro, e, caso não seja erradicada, passa a existir apenas em fragmentos de comportamentos que sobrevivem em pequenos núcleos. Com relação ao processo de deterioração da norma cultural anterior, ela provavelmente se dá mais por "erosão" e "substituição" que por "resistência".

CAPÍTULO 4

DO CONTEXTO À MISSÃO: SONHOS E VISÕES DO EMPREENDEDOR

Uma história começa sempre através de uma fresta na construção da realidade, um vão pelo qual passam possíveis existências.

Clóvis Wey (Holanda), in "Honnecourt Sketchbook" on Story. The European Association for Educational Design (EED), de Glasgow, Escócia.

CONTEXTO: RECONHECENDO O TERRENO

A ATENÇÃO PERMANENTE AO CONTEXTO

Se há uma atividade à qual ao menos alguém na empresa deve dedicar-se *full time*, essa é, sem dúvida, a monitoração do contexto. No entanto, essa tarefa obrigatória para uma boa gestão estratégica com freqüência é negligenciada: na maioria dos casos os gestores da empresa não se dispõem a realizá-la e, quando o fazem, geralmente é de forma insatisfatória.

Muito dinâmico, o contexto no qual qualquer empresa opera vem se alterando continuamente e, em especial nas décadas mais recentes, a uma velocidade espantosa. Em 1971, quando escreveu o famoso livro que o tornou mundialmente conhecido, *O choque do futuro*, Alvin Toffler já se admirava com a notável rapidez com que as mudanças se sucediam, mesmo que naquela época ainda não existissem o computador pessoal, a internet, os poderosos chips de computador dos dias de hoje, o telefone celular ou as chamadas automáticas instantâneas para o exterior, para citar o mínimo!

O contexto é, assim, um espaço riquíssimo de situações que interessam à empresa. Algumas delas por se tratar de situações potencialmente perigosas, indesejáveis e ameaçadoras, que surgem apesar dos cuidados dos dirigentes – e que exigem providências sérias para que não haja danos; outras situações interessam por serem oportunidades auspiciosas, que pedem ações imediatas em benefício da empresa, "antes que outro aventureiro o faça".

A MUDANÇA PERMANENTE

Em permanente mudança, o contexto continuamente desafia a empresa com novos estímulos e solicitações, por vezes inesperadas e impossíveis de prever. Pense-se, por exemplo, em como as empresas de aviação comercial foram apanhadas desprevenidas pelo atentado terrorista às torres gêmeas do World Trade Center em Nova York, em setembro de 2001! Somente depois de muitos meses foi possível retomar suas operações normalmente.

Em alguns casos, as mudanças do contexto trazem sérias dificuldades às organizações que até então encontravam-se perfeitamente adaptadas e equilibradas. É como se uma ordem se impusesse repentinamente para essas empresas, ordenando-lhes: "Adapte-se ou morra!", mas oferecendo um tempo exíguo demais para essa adaptação.

Em outros casos, o contexto promove mudanças que caem como uma luva em determinadas organizações, que passam a dispor de uma invejável vantagem competitiva sobre os concorrentes. A mensagem, nesse caso, é algo como: "Aproveite!" (embora a empresa comumente disponha de um tempo exíguo demais para poder aproveitar a oportunidade). Por exemplo, as faculdades de administração no Brasil logo perceberam que o fenômeno do *downsizing* (redução de quadros) nas empresas e o conseqüente acirramento da competição no mercado de trabalho, mesmo para posições mais altas na hierarquia, levariam a um crescimento acentuado na procura de mais qualificação pelos candidatos, razão por que cresceu tanto, nos últimos anos, a oferta de cursos de pós-graduação e MBA para executivos.

A MUDANÇA NO COMPORTAMENTO DOS CLIENTES

Aqui está um exemplo simples de como mudanças sutis no contexto podem pôr uma empresa em dificuldades. O trecho a seguir é um relato condensado de um caso narrado por Gordon McBeath, em um de seus livros:

> Certa empresa adotou, como um dos principais itens de sua estratégia competitiva, manter padrões técnicos de alto nível. Ao enfatizar esse aspecto, entretanto, seus dirigentes

atribuíram pouca importância a manter preços competitivos e a cumprir rigorosamente os prazos de entrega, não enfrentando esses aspectos como fatores igualmente estratégicos. Não que isso tivesse sido uma opção consciente desses dirigentes – eles, na verdade, apenas não estavam habituados a dar ênfase a tais pontos.

Esse descuido tinha uma boa explicação: a abordagem adotada havia funcionado bem por um longo tempo. Nos anos anteriores, vários casos muito bem documentados mostravam que os clientes estavam tão interessados na qualidade dos produtos que a empresa era capaz de oferecer que toleravam seus preços mais elevados e suas deficiências em atendimento e prazos de entrega.

Desde então, contudo, o mundo havia mudado, sem que os dirigentes da empresa tivessem prestado atenção suficiente a isso; novos concorrentes haviam surgido e os clientes podiam agora comprar produtos de qualidade em outros fornecedores, com preços mais baixos e melhor atendimento. Como conseqüência, a empresa começou a enfrentar momentos cada vez mais difíceis, à medida que se aferrava aos padrões anteriores de conduta. Ainda que tivessem percebido que algo havia mudado no mercado, os dirigentes prosseguiram confiando, ingenuamente, na tradicional fidelidade dos clientes e achando que eles entenderiam e concordariam com essa ordem de prioridades, mantendo normalmente seus pedidos.

Isso, entretanto, não aconteceu e a empresa, depois de perder uma quantidade expressiva de clientes, foi finalmente obrigada a aceitar a evidência de que, agora, estes sabiam muito melhor o que queriam comprar, sabiam também quando queriam receber tais produtos e quais preços julgavam aceitáveis e, além de tudo, tinham opções de fornecimento.

A empresa finalmente acordou e decidiu mudar, o que não foi nada fácil de fazer em curto espaço de tempo. Ela teve sérias dificuldades para mostrar claramente aos clientes que melhorara seus padrões de serviço e seus preços, só logrando fazê-lo a partir do recrutamento externo de todo um grupo de novos profissionais de marketing e vendas.[1]

O contexto é, portanto, uma usina produtora tanto de necessidades quanto de oportunidades (que são, aliás, dois lados de uma mesma moeda): mudanças levam à formação de novas necessidades que antes não existiam, bem como à perda de importância de outras necessidades que anteriormente existiram. Indivíduos com visão conseguem transpor as dificuldades que vão surgindo, oportunidades de novos negócios; enquanto indivíduos com pouca visão ou desatentos nem chegam a perceber que as necessidades que um dia justificaram a existência de suas empresas estão deixando de existir, colocando-as em sério risco.

DUAS CATEGORIAS DE MUDANÇA

Alterações tão sutis (e ao mesmo tempo tão importantes) no contexto da empresa, com freqüência não são percebidas, ou o são quando já é tarde demais. Os gestores precisam, assim, entender um pouco melhor o que são as mudanças de contexto e como elas ocorrem. Para abordar o assunto, recorro aos conceitos que expus num livro que escrevi em 1995 e que julgo apropriado resumir aqui.[2]

Por incrível que pareça, o conceito de *mudança* não aparece claramente formalizado na literatura sobre gestão de empresas. Mesmo havendo muitos livros e artigos que tratam do tema, eles geralmente falam sobre as mudanças, mas imaginando que o leitor já saiba de antemão do que se trata.

Penso que há duas categorias de mudança, ambas igualmente importantes para as empresas: uma delas é a *mudança linear* ou *progressiva*, na qual algum aspecto relevante da empresa pouco a pouco se afasta de seu estado anterior para melhor ou para pior. Nesse tipo de mudança (que também pode ser chamada de *incremental* ou *cumulativa*), observam-se na empresa sinais indicativos de que algo mudou, embora muitos fatores tenham permanecido. (Mudança e permanência não são opostos; portanto, podem perfeitamente conviver lado a lado!) Nesse tipo de mudança não há alterações bruscas ou radicais.

No plano da psicologia individual, poderíamos, por exemplo, perceber que José vai ficando mais velho a cada ano que passa, ou que Maria, por estar cada vez mais apaixonada e ser correspondida, vai ganhando a cada vez que a vemos, mais vigor e alegria. No plano da gestão de pessoas nas organizações, podemos perceber que, à medida que o tempo passa, a empresa vai se tornando mais e mais capaz de resolver seus problemas de conflito no trabalho sem que alguém tenha de ser demitido.

A segunda categoria é a da *mudança caótica*, abrupta ou repentina, na qual não reconhecemos o padrão progressivo presente da categoria anterior. Algo era de um jeito e agora não é mais: acontecimentos novos sobrevêm e alteram radicalmente a situação até então vigente, sem que se consiga entender exatamente como ou por quê. Não sabendo aonde estamos indo ou onde iremos parar, ficamos sem meios de controlar o que está acontecendo.

Esse tipo de mudança acontece com freqüência, por exemplo, nos mercados financeiros. No início de 1995 a vida econômica e política do México (um país que havia sido considerado, nos anos anteriores, um exemplo de recuperação para o mundo), entrou em colapso sem aviso prévio. Alguns dias antes o tradicional Banco Barings, da Inglaterra, tornara-se insolvente, por causa das operações financeiras malconduzidas por um único de seus especialistas em investimentos derivativos. No mesmo período, o Brasil desembolsara US$ 7 bilhões para manter o câmbio, depois que um inocente comunicado sobre as bandas de variação do dólar foi mal interpretado pelos investidores locais.

Nesse caso, há muitas vezes uma mudança de paradigma: não se trata da simples troca de um padrão por outro, mas a ocorrência de uma "revolução", que altera completamente os princípios sob os quais a realidade era até então interpretada.

"Consideramos as revoluções científicas episódios evolutivos de *caráter não-cumulativo*, nos quais um novo paradigma, incompatível com o anterior, vem substituir o antigo, total ou parcialmente" (grifo meu), reflete Thomas Kuhn (1922–1996), o físico, filósofo e historiador da ciência americano que popularizou essa expressão.[3] É só lembrar o que ocorreu na medicina, nos costumes, na vida sexual das pessoas e em outros aspectos da vida social, política, tecnológica, por exemplo, com a identificação do vírus da Aids em meados dos anos 1980. Certamente aquilo representou para muitos uma mudança de paradigma.

A EMPRESA COMO UM SISTEMA ABERTO

As empresas são sistemas abertos que funcionam num sistema contínuo de troca com o exterior, na forma de recursos, produtos, processos, idéias etc. Qualquer empresa (qualquer instituição social, na verdade) interage intensamente com seu contexto, influenciando-o e, talvez mais importante ainda, sendo fortemente influenciada por ele e tendo de responder às mudanças que nele ocorrem. Essa interação contínua vai, necessariamente, provocando alterações no modo de ser da própria instituição.

Em razão dessas influências no contexto, influências intensas, contínuas e importantes, as empresas seguem permanentemente ameaçadas de alguma forma de desequilíbrio ou instabilidade. "As sociedades humanas, em todos os níveis de sua complexidade interna, mudam sem cessar", lembra Sztompka.

> Mudam no nível macro da economia, da política e da cultura; no nível meso das comunidades, dos grupos e organizações; e no nível micro das ações e interações individuais. A sociedade não é uma entidade, mas um conjunto de processos interconectados de múltiplos níveis.[4]

Assim, como bem afirma a maioria dos estudiosos da gestão, um requisito essencial para a sobrevivência de uma empresa é que ela seja capaz de reagir com flexibilidade e rapidez às exigências que o contexto lhe faz – o que em absoluto quer dizer que flexibilidade ou rapidez sejam propriedades fáceis de definir, manter e aplicar.

As fronteiras que delimitam o contexto de uma empresa tornaram-se, nos últimos anos, especialmente elásticas. Até poucas décadas atrás, seus dirigentes podiam pensar em atuar num ambiente apenas local (limitado à localidade em que está sediada a empresa) ou mesmo nacional. Hoje, os dirigentes de praticamente todas as empresas devem pensar em termos locais, nacionais e até mundiais! Enquanto algumas ocorrências (sociais, políticas, econômicas etc.) têm repercussão geograficamente limitada, há ocorrências que repercutem em todo o planeta.

OS CINCO SUBSISTEMAS

Podemos pensar no ambiente da empresa como um grande complexo formado por cinco espaços em constante interação entre si e com a própria empresa. São eles (ver Figura 4.1):

* *s*ocial;
* *t*ecnológico;
* *e*conômico;
* *e*cológico; e
* *p*olítico.[5]

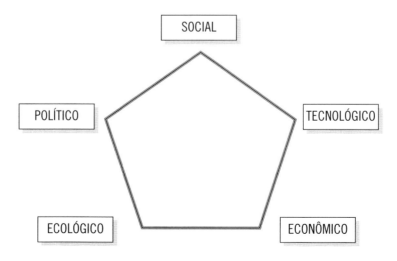

Figura 4.1 – Interrelação dos cinco subsistemas do contexto

DO CONTEXTO À MISSÃO: SONHOS E VISÕES DO EMPREENDEDOR

Para facilitar a memorização dessa lista, sugiro que o leitor preste atenção no acrônimo formado pelas iniciais dos cinco termos: *steep* (que em português significa: *imergir, encharcar, embeber*). Como recurso mnemônico, pode-se imaginar, por exemplo, que hoje todas as empresas estão "imersas" em, ou "encharcadas" desse contexto.

James Bright, especialista americano em technology forecasting (previsão tecnológica), nos ajuda a definir esses subsistemas e a identificar partes específicas que os compõem:

- O contexto *social* inclui todos os aspectos da sociedade que digam respeito à conduta das pessoas, em especial à coletiva (por exemplo, o comportamento dos consumidores de um dado segmento ou sua atitude em relação a um acontecimento de interesse da empresa. O subsistema social inclui também tudo o que se refere à cultura vigente na sociedade, bem como às condições em que nela se vive, em particular questões relativas a: educação, saúde, transporte, segurança, alimentação, nível socioeconômico, infra-estrutura etc. da população.
- No contexto *tecnológico* inclui-se tudo o que diz respeito ao conhecimento científico disponível e à tecnologia aplicada aos processos, não só das empresas, mas da própria sociedade. Questões que sempre estão presentes quando se discute esse subsistema são: pesquisa e desenvolvimento, produção científica nas universidades, empresas e outras instituições, aperfeiçoamentos técnicos colocados no mercado, patentes e registros de direitos e novas tecnologias.
- O contexto *econômico*, por sua vez, abarca questões como: PIB e crescimento econômico, inflação, meios de pagamento, dívidas interna e externa, moeda e câmbio, níveis de renda da população, mudanças nas características das profissões, crescimento da população economicamente ativa e oportunidades de ingresso no mercado de trabalho, desenvolvimento de segmentos da economia (agrobusiness, indústria, comércio, serviços), ampliação ou encolhimento de mercados, reflexos da economia sobre a vida dos cidadãos, entre outros aspectos.
- O contexto *ecológico* é o que trata de questões relativas ao meio ambiente: poluição, consumo de matérias-primas não-renováveis, desmatamento, acúmulo de lixo, contaminação da água e do ar etc.
- O contexto *político* refere-se não apenas à estrutura dos poderes constituídos, à sua forma de atuação e aos serviços que prestam à sociedade, mas inclui também questões relacionadas com a atividade política partidária e não-partidária, a imagem do serviço público, as ONGs e, o que é muito importante, as leis vigentes, que impõem obrigações aos cidadãos e às empresas ou limitam suas intenções ou ações.[6]

| 109

A FACE OCULTA DA EMPRESA

Essa divisão do contexto em vários subsistemas ou contextos específicos é, no entanto, meramente didática, não sendo possível estabelecer com precisão onde termina um e se inicia outro: muitos aspectos ou fenômenos que a princípio poderiam ser vistos como sociais podem ser também políticos ou econômicos, assim como muitos aspectos descritos como econômicos podem se tratar de desdobramentos dos subsistemas tecnológico ou político.

INTER-RELAÇÕES DOS SUBSISTEMAS

Os cinco subsistemas apresentados na Figura 4.1 (p. 108) não são estanques ou isolados uns dos outros. Ao contrário, na medida em que um deles é afetado, alteram-se em algum grau os demais, dadas as inter-relações dos vários subsistemas. Cada evento ou fenômeno que interfira em algum dos cinco subsistemas irá necessariamente produzir algum efeito, de maior ou menor magnitude, sobre os demais.

Exemplos recentes disso, e de relevância para grande parte das empresas no mundo todo, foram o já citado atentado às torres gêmeas; e o *tsunami* que atingiu vários países asiáticos em dezembro de 2004. Uma classe inteiramente diferente de fenômeno – o *boom* dos telefones celulares no mundo – também pode ser usada como exemplo.

No primeiro caso, uma ocorrência de natureza essencialmente política (um atentado terrorista) teve profundas repercussões políticas, econômicas e sociais no mundo todo.

Como conseqüência direta, a indústria da aviação comercial sofreu violenta queda de demanda, passando a enfrentar sérias dificuldades; os EUA, ademais, fecharam suas fronteiras e tornaram muito mais difícil o ingresso de cidadãos estrangeiros, afetando seriamente a indústria do turismo, entre outras. Em decorrência, houve um aumento considerável de casos relacionados à intolerância aos estrangeiros, que até então estavam latentes ou adormecidos.

Outros desdobramentos políticos do episódio levaram os EUA a incursões bélicas em outros países (primeiro no Afeganistão e depois no Iraque), o que alavancou consideravelmente a produção da indústria de armamentos, reforçando esse setor da economia. Além disso, a guerra no Iraque produziu em todo o mundo especulações importantes sobre o futuro do petróleo iraquiano e mesmo do petróleo em geral.

Na área social, praticamente no mundo todo, ocorreu um processo de politização das populações, uma vez que a decisão dos EUA de declarar guerra, e os desdobramentos dessa decisão, obrigou os governos de cada país e os próprios cidadãos a se posicionarem a respeito.

DO CONTEXTO À MISSÃO: SONHOS E VISÕES DO EMPREENDEDOR

Quanto ao *tsunami* asiático, foi uma ocorrência de ordem ecológica com grande repercussão em todos os subsistemas. Em decorrência da catástrofe, uma onda de solidariedade manifestou-se nos países mais distantes, como jamais, anteriormente, se havia presenciado.

O turismo na região foi seriamente afetado. Os estudos e as pesquisas sobre fenômenos climáticos em geral ganharam um excepcional vigor, além de ter levado muitos profissionais da medicina e de outras áreas a um forçado treinamento em situações de calamidade pública, que jamais haviam sido experimentadas antes. Conseqüentemente, foi possível verificar como a maioria dos países está despreparada para administrar de maneira competente os esforços de recomposição de uma vasta região atingida por uma catástrofe.

Quanto ao terceiro exemplo dado, o dos telefones celulares, em pouquíssimo tempo eles passaram a ser o grande "objeto de desejo" das populações em geral, desencadeando uma verdadeira guerra entre as empresas operadoras, bem como entre os fabricantes desses aparelhos. A pesquisa aplicada para a rápida produção de novos equipamentos que significassem vantagens competitivas em relação aos concorrentes tornou-se febril, por parte dos fabricantes.

Esse acentuado esforço tecnológico obviamente foi ampliado, alcançando a indústria da computação e a internet, acelerando a convergência entre as tecnologias da informação e das telecomunicações. O comportamento dos indivíduos em público, quando munidos de um telefone celular, adquiriu um colorido totalmente diferente em poucos anos, principalmente se considerarmos as novas tecnologias incorporadas aos aparelhos, que já permitem a transmissão de programas de televisão, o envio e o recebimento de mensagens eletrônicas, a fotografia e mesmo a "paquera" entre indivíduos detentores de aparelhos com a mesma tecnologia etc.

Esses exemplos mostram que as empresas, como atores econômicos presentes num contexto cujos limites não são claros e cujas transformações são intensas, precisam estar permanentemente atentas a cada mudança que possa vir a afetá-las, embora se reconheça que nossa capacidade de fazer exercícios de futurologia minimamente úteis pareça ser por demais limitada, raramente produzindo resultados de fato compensadores. Mesmo assim, tais tipos de previsão sobre o futuro de determinados segmentos no contexto das empresas seguem sendo avidamente consumidos, o que é perceptível quando se reflete sobre o êxito de autores especializados nessa área, como Alvin Toffler, John Naisbitt e Faith Popcorn.

DUAS RAZÕES PARA SE MONITORAR O CONTEXTO

Há duas razões pelas quais as empresas devem monitorar constantemente seu contexto:

1. antecipar-se aos problemas que possam surgir, ou ao menos preparar-se para contorná-los; e
2. detectar necessidades não satisfeitas na sociedade, que possam ser traduzidas em oportunidades de novos negócios.

O primeiro propósito para se monitorar o contexto, conforme mencionado, é auto-evidente: uma empresa que não procura se antecipar aos problemas que podem afetá-la (problemas de mercado, de tecnologia, de concorrência, econômico-financeiros etc.) torna-se perigosamente vulnerável. Na maioria das vezes essa vulnerabilidade não significa um problema imediato: poucas vezes uma empresa perde sua competitividade de forma repentina. Em geral, o que ocorre é um processo de desajuste gradativo em relação ao que o contexto espera da empresa, que pode estender-se até mesmo por vários anos. Infelizmente, em boa parte dos casos, esse fenômeno vai fermentando de maneira insidiosa, até os dirigentes da empresa finalmente se aperceberem de que estão prestes a ter de enfrentar dificuldades sérias. Se esses sinais de prováveis problemas forem detectados a tempo por uma cuidadosa monitoração no dia-a-dia da empresa, poderão ser sanados por meio de medidas corretivas apropriadas.

Os consultores e palestrantes costumam exemplificar esse despreparo das empresas e dos dirigentes para a mudança, relatando uma historinha contada pelo consultor americano Robert Waterman Jr. (co-autor, com Tom Peters, do famoso livro *Vencendo a crise*), historinha essa que é tão engraçada quanto inverossímil: a metáfora do "sapo cozido".

Essa anedota diz que, segundo pesquisadores, ao se colocar um sapo dentro de uma vasilha com água em estado de fervura, verifica-se que o sapo, percebendo a temperatura muito mais alta que a do ambiente, reage imediatamente, saltando para fora. Todavia, se o sapo for colocado numa vasilha com água à temperatura ambiente e esta for gradativamente aquecida em fogo brando, o sapo morre cozido. A explicação para o fenômeno seria que a superfície da pele do animal é dotada de sensores que vão se adaptando à temperatura ambiente e, assim, o sapo morre por não perceber a gradativa mudança, com a qual vai se adaptando.

A metáfora alerta para o fato de que as pessoas vão se acostumando com mudanças que se processem paulatinamente (isto é, que não são bruscas e inesperadas), acabando por tornarem-se vítimas de sua própria adaptabilidade às mudanças. Embora não pareça haver qualquer veracidade nesse relato, ele é útil como um sinalizador da necessidade de estarmos permanentemente alerta para o que muda ao nosso redor.

Tomemos alguns exemplos mais concretos e verídicos. Um deles atinge a Eastman Kodak, empresa líder em fotografia no âmbito mundial. Fundada ainda no século XIX, a empresa sempre foi líder inconteste no mercado fotográfico. Mesmo assim, enfrenta hoje um desafio monumental, dado o aparecimento da fotografia digital: a venda de câmeras digitais rapidamente ultrapassou a de câmeras tradicionais que usam filmes; além disso, explodiu no mundo, com grande rapidez, o uso de telefones celulares também dotados de câmera fotográfica digital, cujas imagens podem ser instantaneamente remetidas a arquivos de computador ou impressas com alta qualidade. Diante dessa revolução tecnológica, a Kodak não teve alternativa senão reverter inteiramente seu *core business*, em tempo recorde.

Assim, em setembro de 2003, o grupo anunciou o abandono de todo o investimento que fizera em filmes fotográficos, bem como a eliminação de 15 mil postos de trabalho em todo o mundo (quase 25% de sua força de trabalho mundial de 64 mil funcionários), além de fazer novos e maciços investimentos em tecnologias de última geração.[7]

Outro exemplo que gostaria de apresentar não se refere a empresas, embora seja suficientemente claro e elucidativo, até para os dirigentes. Trata-se do que pode ocorrer, em curto prazo, com um importante serviço voluntário de atendimento a pessoas que se sentem sós, desesperançadas ou mesmo a ponto de atentar contra a própria vida: o Centro de Valorização da Vida (CVV):

Fundado na Inglaterra em 1953 pelo pastor anglicano Chad Varah como uma tentativa original e inteligente de prevenção do suicídio, o CVV (conhecido como The Samaritans, em seu país de origem) tem hoje cerca de 29 mil voluntários em todo o mundo (cerca de 2 mil no Brasil, onde começou a operar no início da década de 1960). O serviço atende a chamados telefônicos anônimos, a qualquer hora do dia ou da noite. Os voluntários atendentes ficam de plantão em postos de serviço fixos, tendo cada atendente seu horário semanal de comparecimento, sempre no mesmo posto. A relevância do serviço para a população é inegável.[8]

O que pode acontecer nos próximos anos com o CVV e seu sistema de atendimento telefônico a partir de postos de serviço fixos, se seus dirigentes não atentarem para as mudanças que estão se processando no contexto da organização? Provavelmente, mais um caso clássico da "síndrome do sapo cozido", considerando-se os desafios claramente perceptíveis que se descortinam, e que o CVV precisa encarar de frente.

Um desses desafios é representado pelo *boom* do telefone móvel, que vem rapidamente tornando obsoleto o velho aparelho telefônico preso à tomada por um fio. Em tese, em bem pouco tempo, os voluntários já não precisariam se deslocar para os respectivos postos de atendimento a fim de cumprir seu trabalho semanal – poderiam fazê-lo em casa, sem sequer tirar o pijama! Se deveriam fazê-lo é outra questão, é claro.

Outro ponto se refere à "concorrência": várias igrejas e seitas (para citar apenas o mais óbvio desses concorrentes), em especial no Brasil, estão conquistando novos adeptos a uma velocidade invejável. Por quê? Por oferecerem atendimento prático e imediato às pessoas que enfrentam problemas, além de um ambiente de convivência agradável, sem discriminações e questionamentos. As pessoas precisam muito de amigos, ainda que temporários, querem muito ser aceitas pelos outros e, por algumas décadas, o atendente do CVV foi para uma grande parte de seus clientes exatamente isto: uma espécie de amigo incondicional, invariavelmente apoiador, que mesmo no caso de relatos mais escabrosos não faz perguntas inconvenientes e se mostra disponível a qualquer hora do dia ou da noite.

Há outros concorrentes sérios para esse tipo de serviço, entretanto. Mais um deles, digno de nota, são os medicamentos, em especial os antidepressivos. Recente reportagem da revista *Veja* mostrou que as chamadas "pílulas da felicidade", entre as quais o Prozac® foi até bem pouco tempo atrás a mais popular, são mais consumidas no mundo do que nunca. Provavelmente, quem toma drogas que lhe proporcionam a sensação de bem-estar, ainda que temporária, não crê precisar (ainda que temporariamente) de atendimento.

Outros ingredientes importantes, nessa equação da estratégia do CVV para os próximos anos, são a crescente facilidade de comunicação via internet, o trânsito caótico das grandes cidades (que torna difícil o deslocamento para os postos de atendimento) e a deterioração e a violência crescente nos centros urbanos (que tornam o voluntário mais vulnerável, principalmente nesse deslocamento, podendo desestimulá-lo quanto a sair de casa, em particular nos horários noturnos, quando o serviço do CVV é mais necessário). O exemplo é elucidativo – e, com base nele, convido o leitor a fazer um exercício de prospecção sobre quais poderão ser as soluções escolhidas pelo CVV.

Quanto ao segundo propósito mencionado – observar o contexto em que a empresa se movimenta em busca de necessidades ainda não satisfeitas –, ele é importante sobretudo porque, como bem sabem os empreendedores, o contexto da empresa é uma fonte permanente de oportunidades de novos negócios e de desdobramentos dos negócios atuais, que alguém dotado de uma visão bem treinada na busca de necessidades não-satisfeitas poderá identificar. Em suma: pode-se dizer que a gestão estratégica da organização começa, em última análise, pela observação atenta do contexto em que a empresa se move – não apenas em busca de sinais de possíveis desdobramentos que são potencialmente capazes de desestabilizá-la, mas também visando detectar novas necessidades que a sociedade demanda, e que podem significar para a empresa novas e excelentes oportunidades de negócio.

NECESSIDADES E OPORTUNIDADES: COMO SURGE A IDÉIA DE UMA NOVA EMPRESA?

UM LUGAR PÚBLICO, UM OLHAR PRIVADO

> Quem viaja sem saber o que esperar da cidade que encontrará ao final do caminho, pergunta-se como será o palácio real, a caserna, o moinho, o teatro, o bazar. Em cada cidade do império, os edifícios são diferentes e dispostos de maneiras diversas: mas, assim que o estrangeiro chega à cidade desconhecida e lança o olhar em meio às cúpulas de pagodes e clarabóias e celeiros, seguindo o traçado de canais, hortos, depósitos de lixo, logo distingue quais são os palácios dos príncipes, quais são os templos dos grandes sacerdotes, a taberna, a prisão, a zona. Assim – dizem alguns – confirma-se a hipótese de que cada pessoa tem em mente uma cidade feita exclusivamente de diferenças, uma cidade sem figuras e sem forma, preenchida pelas cidades particulares.[9]

O trecho anterior, em que Calvino imagina a fictícia cidade de Zoé, "o lugar da existência indivisível", sugere bem aquilo que faz o empreendedor em potencial, ao olhar para o contexto. Ali ele encontrará, em algum momento, uma oportunidade para um novo negócio. O empreendedor tem seu próprio ideário: ele tem a "sua" cidade em mente, aquela que imaginariamente construiu com base em sua história e em suas experiências pessoais – e que é, portanto, apenas sua. É com essas imagens exclusivamente suas que ele preenche a "cidade" para a qual olha de fato.

Cada empreendedor encontra, portanto, no contexto que perscruta com o olhar, algo de seu. Os acontecimentos de sua vida pregressa e as interpretações que deu a eles, seus desejos, seus interesses pessoais, tudo isso o faz direcionar um olhar particular ao contexto, um olhar especializado, que, a rigor, nenhum outro empreendedor poderia ter. "Ver não é uma força, mas uma maneira de se penetrar nas coisas", diz o antropólogo e escritor mexicano Carlos Castaneda (1925–1998). "Um feiticeiro pode ter uma vontade muito forte e, no entanto, jamais ter conseguido ver o mundo de maneira diferente."

As empresas mantêm, também, seus próprios *contextos internos*, nos quais empreendedores internos – os *intrapreneurs* – podem igualmente encontrar grandes oportunidades de inovação. Por exemplo, Robert Sutton, da Universidade de Stanford (EUA) e autor de *Weird Ideas that Work*, defende que as empresas devem estimular os gestores a praticar sua criatividade, justamente lhes dando espaço para reconhecerem e aproveitarem as oportunidades que se apresentem *dentro* da organização.[10]

O contexto externo, contudo, é o nosso objeto de investigação. Ele é, provavelmente, muito mais rico e repleto de possibilidades que podem ajudar a detectar necessidades e oferecer novas oportunidades aos empreendedores em potencial.

Uma peculiaridade própria dos países em desenvolvimento (do Brasil, em particular), nos quais as desigualdades sociais são flagrantes, e o nível de desemprego, elevado, é o surgimento do chamado *empreendedor compulsório*, o indivíduo que empreende, não propriamente por vocação, mas por necessidade. Segundo uma pesquisa realizada em 2002 em 29 países pelo Global Entrepreneurship Monitor (GEM), coordenada pela London Business School, o Brasil não apenas situa-se no grupo dos países com maior índice de empreendedores, como 40% destes decidiram abrir seu negócio por absoluta falta de opção – ou seja, porque não lhes foi possível encontrar um emprego satisfatório, sua intenção inicial.[11]

O risco que corre o empreendedor compulsório está, é claro, na possibilidade de vir a embarcar num negócio que não conhece e para o qual não se encontra devidamente preparado. O resultado é que ele poderá acabar "metendo os pés pelas mãos", como freqüentemente vemos acontecer.

Uma metáfora elucidativa sobre isso (que o escritor moçambicano teria ouvido de um aldeão de seu país) é relatada por Mia Couto, numa edição de abril de 2002 do jornal espanhol *El País*. Trata-se de uma historinha que lembra bem o enorme despreparo com que alguém pode vir a se lançar num empreendimento, acabando por produzir resultados extremamente danosos, sem que sequer se dê conta de sua ignorância:

> Um macaco estava à beira de um rio, quando viu um peixe dentro d'água. "O animal está se afogando", exclamou. E imediatamente enfiou a mão na água para apanhá-lo. Preso, o peixe começou a se debater e, ao ver isso, o macaco exultou, gritando: "Como o peixe está contente!" Depois de alguns minutos fora d'água, o peixe morreu e o macaco concluiu: "Que pena! Se eu tivesse chegado antes..."[12]

Bem ao contrário, o olhar do verdadeiro empreendedor é sobretudo seletivo: o que ele vê não é "tudo o que está ali", mas prioritariamente algo que está próximo de sua própria experiência pessoal. Imaginemos, por exemplo, que três jovens se encontrem à beira de um penhasco olhando o mar. Um deles é um exímio nadador; outro, um surfista; e o terceiro, um grande pescador. O primeiro jovem comenta que o mar é bravio naquele ponto, e que as ondas batem violentamente nas pedras, não sendo aquele, portanto, um bom lugar para se nadar. O segundo jovem observa as ondas que chegam à praia e diz: "Bem, ali embaixo tampouco se poderia surfar; mas lá adiante, naquela praia, sim." Finalmente, o terceiro jovem, olhando para o mesmo panorama, faz seu comentário: "Pode ser, mas ali, naquele ponto, veja como o mar é fundo. Sem dúvida, ali há muitos peixes."

O exemplo revela que é muito mais fácil enxergar no contexto necessidades associadas ao repertório de situações que já vivemos, do que enxergar necessidades que estão em campos do saber no qual somos completamente leigos. Há muitos outros exemplos: o pequeno Banco Sella, na Itália, foi fundado em 1886 por Gaudenzio Sella, neto de Quintino Sella, que havia sido ministro das finanças daquele país. A história do banco registra que Gaudenzio tinha pendores para a vida acadêmica, mas optou por criar o banco como uma forma de lealdade à família, na qual Quintino Sella, seu patriarca, era visto praticamente como um herói.

Analogamente, a grande empresa que é hoje o grupo Pão de Açúcar formou-se a partir de uma pequena doceria em São Paulo, em 1948, na qual os fundadores, Valentim Diniz e sua esposa, exímia doceira, trabalharam arduamente, com férrea vontade de vencer. Um terceiro exemplo é a Dimep, empresa brasileira fabricante de relógios, fundada por Dimas de Melo Pimenta, que era um apaixonado colecionador de relógios.[13]

Em todos esses casos, o que vemos é o empreendedor lançar-se a um tipo de empreendimento com o qual já se sente familiarizado. Outros exemplos interessantes podem ser citados: um deles é apresentado numa pequena nota da *Folha de S. Paulo*, que relata:

> Depois de 12 anos como *maître* e *sommelier* dos tradicionais restaurantes Fasano e Gero, Juscelino Pereira decidiu apostar numa carreira solo. Há oito meses abriu nos Jardins o Piselli, que significa ervilha em italiano. O nome do restaurante foi uma homenagem ao seu primeiro negócio, uma plantação de ervilhas no interior paulista, na fazenda de café do avô. A experiência foi um fracasso tão grande que o obrigou a vir para São Paulo, onde construiu sua carreira. (...)[14]

Outro caso é o do empreendimento da sra. Maria Piedade Alves Pereira, dona da Pé no Pano, empresa que fabrica e vende pantufas, e que hoje opera com uma loja e cinco quiosques em shoppings de São Paulo. Preocupada com os filhos brincando de pés descalços no chão gelado, ela se cansou de dar broncas e resolveu pesquisar melhor o assunto entre as vizinhas, descobrindo que todas tinham a mesma queixa. Ela fabricou, então, de forma artesanal, algumas pantufas para as crianças, que as vizinhas também quiseram. "Então fiz um curso para me aperfeiçoar", conta a empresária. Resultado: a família se interessou pela idéia, montou uma oficina e começou a expor em feiras de artesanato. Hoje, a empresa já oferece uma linha de produtos para as crianças e outra para os pais.[15]

Os exemplos citados deixam claro a importância de o empreendedor ter alguma vivência, formal ou informal, na área de conteúdo em que empreende (finanças, doces, relógios, restaurante, pantufas etc.). Os casos relatados não são mera coincidência: o empreendedor está de fato mais habilitado a empreender nas áreas que já lhe são familiares.[16]

Um outro exemplo de empreendedor bem-sucedido, que opera com base numa área que já conhece, é o de Luiz Nogueira da Gama Neto, que, há 32 anos, era representante de uma coleção de livros de inglês, quando teve de enfrentar um problema criado por um dos vendedores de sua equipe, que estranhamente, vendia muito mais que qualquer outro. Luiz logo ficou sabendo o porquê, pois os clientes começaram a reclamar as aulas de inglês que o vendedor lhes prometera, como brinde pela compra dos livros.

Em vez de demitir o funcionário, porém, Luiz teve uma inspiração: arranjou uma professora de inglês e honrou o compromisso assumido com os clientes. A iniciativa deu tão certo que ele autorizou os demais vendedores a também oferecerem aulas como brinde. Depois de algum tempo, ele já contava com 2.400 alunos matriculados. Hoje, Luiz é dono da CNA, uma das maiores redes de escolas de idiomas do país, que edita e vende seus próprios livros.[17]

A NECESSIDADE E SEU DUPLO ESPELHADO: A OPORTUNIDADE

O finado empresário cearense Edson Queiroz, falecido num desastre de avião há muitos anos, era um autêntico empreendedor: fundador de um verdadeiro império em seu estado, tornou-se famoso por sua criatividade e ousadia. Conta-se que certa vez acompanhava a esposa num tratamento médico nos Estados Unidos e, sem ter muito que fazer a não ser esperar, ao sair do hospital se viu diante de uma lojinha que vendia malas, num dos acessos ao metrô de Nova York. Com o dono já velho e sem muita iniciativa, o negócio ia de mal a pior e Queiroz, só para matar o tempo, ofereceu-se para ajudar. Sendo aceito, começou a fazer mudanças no estabelecimento: renovou o estoque, criou promoções por meio de cartazes e outras medidas. Com isso alavancou o faturamento e levantou de tal forma a loja que o dono chegou a lhe oferecer metade

DO CONTEXTO À MISSÃO: SONHOS E VISÕES DO EMPREENDEDOR

do negócio em sociedade. O milionário cearense teve grande trabalho para convencer o velho de que não podia aceitar...[18]

Vê-se, assim, que, em linhas gerais, uma oportunidade de negócio sempre corresponde a alguma necessidade que o ambiente revela: "O oportunismo surge nas situações de crise ou transição", sugerem Bobbio et al.[19] A dinâmica própria da sociedade vai criando novas necessidades, que novas organizações devem procurar satisfazer, com novas ofertas. Portanto, as *necessidades da sociedade e as oportunidades de negócio* são, basicamente, dois lados de uma mesma moeda.

Por exemplo, o desenvolvimento da internet levou, entre muitas outras oportunidades, ao surgimento de diversas profissões novas nas empresas (por exemplo, as de webdesigner e webmaster). Levou também à criação de grande quantidade de softwares, aplicativos e hardwares desenvolvidos para resolver problemas de indivíduos e de organizações. Por outro lado, a internet igualmente tornou (ou pelo menos está contribuindo decisivamente para isso) obsoletos certos serviços. Pensemos, a propósito, no sério revés que o mercado dos aparelhos de fax sofreu com o advento da internet, analogamente ao baque que sofreram, em meados dos anos 1980, os serviços de telex, pela entrada da tecnologia do fax no mercado.

Embora muitas vezes uma necessidade seja percebida com correção e oportunismo por um empreendedor, há casos em que a solução que este encontra para a questão não é a melhor; e, assim, a oportunidade é perdida ou mal aproveitada. Um exemplo é o que ocorreu com o escritor Monteiro Lobato (1882-1948), bem conhecido pelos seus imortais personagens do *Sítio do picapau amarelo*. Lobato foi também empresário do ramo editorial, tendo fundado a Cia. Editora Nacional numa época em que praticamente não havia livrarias no Brasil. Percebendo as dificuldades de distribuição, ele viu nisso uma chance de explorar canais alternativos, imaginando a possibilidade de vender livros em boticas (farmácias), que existiam no país em quantidade incomparavelmente maior do que as livrarias. Mas, por várias razões, não funcionou!

Outras vezes, as oportunidades que o empreendedor encontra no contexto são reais, mas eticamente discutíveis. Não é minha intenção verificar aqui até que ponto aquilo que é legal deve ou não ser considerado ético, ou mesmo tecer considerações sobre a ética profissional ou empresarial. Ainda assim, vale a pena citar um ou dois casos:

Duas semanas antes de o cardeal Ratzinger ser aclamado papa da Igreja católica, em abril de 2005, o escritor americano Rogers Cadenhead, da Flórida, certamente antecipando a morte do papa João Paulo II, então muito doente, e os nomes com maiores possibilidades de serem escolhidos pelo novo papa, registrou em seu próprio nome os endereços eletrônicos: Benedict XVI.com, Clement XV.com, Innocent

XIV.com, Leo XIV.com, Paul VII.com e Pius XIII.com! Se os registrou é porque, embora eticamente reprovável, era lícito fazê-lo. Aliás, as dores de cabeça que o Vaticano venha a ter por causa disso são muito conhecidas por artistas e celebridades do mundo da música e do cinema, que tiveram ou têm problemas semelhantes.

Há anos, o antropólogo Claude Lévi-Strauss contou numa entrevista que foi procurado por um indivíduo que o queria como sócio numa fábrica de roupas, desde que ele aceitasse usar seu nome na razão social. Lévi-Strauss argumentou que a proposta era absurda, se não por outras razões, porque ele nada entendia desse negócio – ao que o interlocutor respondeu: "Não se preocupe, porque a intenção não é fabricar nada mesmo, mas apenas provocar uma demanda judicial e ganharmos dinheiro em torno do nome!"

DEFININDO A NECESSIDADE

Uma necessidade é uma carência, um vazio a ser preenchido. O termo necessidade remete mais especificamente ao desconforto ou sofrimento que esse vazio provoca e não ao objeto que elimina ou reduz esse desconforto. Quando se trata de uma necessidade básica ou primária – alimentar-se, saciar a sede, dormir, abrigar-se etc. –, que ocupa a primeira faixa na clássica pirâmide das necessidades humanas criada por Abraham Maslow, sua própria presença já impele o indivíduo no sentido de buscar uma solução: alguém com sede procura água para beber.

Quando se trata, todavia, de uma necessidade secundária ou culturalmente criada – isto é, algo que funcione como solução para satisfazer uma necessidade primária (dinheiro, mercadorias, artefatos variados, equipamentos, serviços e produtos etc.) –, ela em geral é percebida somente quando se cria e se lança no mercado o objeto que pode satisfazê-la. Por exemplo, antes que existisse o computador, a TV em cores ou a eletricidade, as pessoas simplesmente não se davam conta de que teriam necessidade de algo assim. Machado de Assis escreveu suas obras à mão, sem pensar na possibilidade de uma máquina de escrever; Clarice Lispector usou uma máquina de escrever, mas não considerou a possibilidade de empregar um computador pessoal. Hoje, escritores contemporâneos escrevem em seus notebooks, e provavelmente se sentiriam muito desconfortáveis se, por falta de um equipamento desses, tivessem de "retroceder", usando uma obsoleta máquina de escrever ou escrevendo textos manuscritos.

A UNIDADE DIDEROT E O EFEITO DIDEROT

O consumidor ao mesmo tempo aprende e se vicia rapidamente; quase de imediato, passa a preferir um produto de qualidade superior quando tem a oportunidade de conhecê-lo e prová-lo, seja um automóvel, um desinfetante doméstico, um aparelho de som ou um aparelho barbear descartável.

Alguns estudiosos chamam esse fenômeno de *efeito Diderot*, numa referência ao conhecido escritor francês Denis Diderot (1713–1784), autor da famosa *Encyclopédie*. Diderot, que viveu numa época em que claramente ainda não se falava em capitalismo de consumo, registrou esse fenômeno num pequeno ensaio que denominou: "Regrets sur ma vieille robe de chambre ou avis à ceux qui ont plus de goût que de fortune" [Lamentos pelo meu velho roupão, ou conselho àqueles que têm mais gosto do que riqueza].

Diderot principia o ensaio confessando-se confuso e triste por ver que sua sala de estudos, antes despretensiosa, caótica e feliz, é agora um ambiente elegante e organizado; e crê que a razão dessa transformação foi simplesmente um novo roupão, que ganhou de um amigo!

O fato é que, encantado com o presente, ele aposentou seu velho robe, que descreve como "esfarrapado, humilde e confortável". Uma ou duas semanas depois, porém, achava que sua escrivaninha também já estava velha e teria de ser trocada. Depois, chegou a vez da tapeçaria da parede, em seguida das cadeiras, e das estantes, das gravuras, do relógio...

O texto revela que existe uma inegável identidade comum entre determinados produtos de consumo que pertencem a uma mesma classe e que mantêm entre si o que se convencionou chamar, mais recentemente, de *unidade Diderot* – um princípio já bem conhecido e explorado pelos publicitários. Trata-se daqueles produtos que "andam juntos": ao adquirir um deles, o consumidor sente-se fortemente impelido a também adquirir os demais. Por exemplo, McCracken crê que o relógio Rolex e o automóvel BMW são um bom exemplo do efeito Diderot.[20]

Como efeito disso, quando alguém adquire um bem que não condiz estruturalmente com os seus bens atuais, esse novo item passa como que a pressionar psicologicamente a pessoa para que substitua os bens anteriores por outros estruturalmente equivalentes. E o indivíduo que sucumbe a essa primeira tentação logo acaba sendo vítima de muitas outras pressões equivalentes.[21]

A "FABRICAÇÃO" DA NECESSIDADE

Em defesa do consumidor, é preciso dizer, entretanto, que o efeito Diderot não é totalmente consciente. Por exemplo, Layard cita as conclusões de uma pesquisa segundo a qual "as pessoas não percebem adequadamente esse processo de habituação" e "não se dão conta plenamente de que, uma vez que experimentaram um estilo de vida superior, terão o sentimento de que é preciso continuar a aprimorá-lo". Trata-se de algo que simplesmente "vicia" as pessoas, diz esse autor.[22]

O teórico do socialismo Karl Marx (1818–1883) comentou exaustivamente a estratégia empregada pelo capitalismo para tornar o consumidor um comprador insaciável. O pensador austríaco André Gorz, aliás, explica, num texto especialmente feliz, como isso veio a acontecer: após a Primeira Guerra Mundial, quando se defrontaram com a enorme capacidade de produção ociosa (montada para municiar o esforço de guerra, mas interrompida depois do conflito), os industriais americanos recorreram à consultoria de um brilhante analista da sociedade que já havia criado a profissão de relações-públicas, o austríaco Edward Bernays (1891–1995), aliás, sobrinho de Freud. Bernays estudou o problema e argumentou que, se as *necessidades* humanas eram limitadas, seus desejos não eram. Assim, o que havia a fazer era reorientar o sentido das mensagens publicitárias, dirigindo-as não mais para a satisfação de necessidades, e sim de desejos humanos. Isso desenvolveria, com certeza, uma "cultura do consumo".[23] Foi tiro e queda!

Bernays era, aliás, um sagaz manipulador da opinião pública. Defendia que, "se você conseguir influenciar os líderes, com ou sem a cooperação deles, automaticamente influenciará os grupos que os seguem". Para aumentar as vendas de bacon, por exemplo, ele conduziu uma pesquisa entre os médicos, conseguindo que aconselhassem a população a tomar um café-da-manhã mais "energético". Depois enviou a 5 mil médicos o resultado da pesquisa, juntamente com uma peça publicitária que apontava ovos e bacon como um café-da-manhã "energético".[24]

Outros personagens na história das empresas também foram decisivos para transformar o capitalismo industrial de então num capitalismo de consumo: Henry Ford (1863–1947), que planejou transformar o modelo T num automóvel acessível para a classe média em geral; o jornalista, publicitário e congressista americano Bruce Barton (1886–1967); e o comerciante Edward Albert Filene (1860–1937), pioneiro dos métodos de venda a varejo, com seu irmão Lincoln Filene (1865–1957), são alguns deles.[25]

DO DESEJO À NECESSIDADE

Menciono esses episódios da história das empresas e do mercado porque eles têm tudo a ver com a atitude do empreendedor atual: constata-se que aqueles que têm essa atitude empreendedora simplesmente não conseguem permanecer alheios à idéia de buscar novas oportunidades no contexto.

Necessidade é a qualidade daquilo que é *necessário*. O que pode ser é o *possível*; e o que não pode ser é o *impossível*. Ambos – o possível e o impossível – se opõem ao necessário, porque o necessário é, segundo Abbagnano, "aquilo que *não* pode *não* ser".[26]

Necessidade é diferente de desejo. Desejo pode significar duas coisas: *a falta que se sente daquilo que está ausente* (portanto, um sinônimo de *saudade*); ou *a intenção de obter aquilo que é agradável*. Na primeira acepção, *desejo* corresponde ao termo latino do qual deriva: *desiderium*; na segunda, ao latim *cupiditas* (que originou *cupidez* em português). Em ambos, porém, desejo significa "um impulso para a ação", para se conseguir aquilo que se quer.[27]

Voltando ao conceito de necessário, o filósofo americano Willard van Orman Quine (1908–2000) o define como "aquilo sem o que não se quer passar, não porque seja impossível passar sem ele, mas porque assim é preferível".[28] Portanto, Quine sintomaticamente aproxima o conceito de necessidade da segunda acepção de desejo, apresentada no parágrafo anterior. Tomando Quine como referência, não é difícil entender como o desejo passa a ser tratado como necessidade pelo capitalismo de consumo.

O EMPREENDEDOR COMO FABRICANTE DE NECESSIDADES

Se é possível transferir desejos para a lista das necessidades, também é possível criar novos desejos (ou novas necessidades) para integrar essa lista. É isso que o marketing e a publicidade fazem, em última análise. Exemplos corriqueiros são o último carro lançado pela montadora X, com o qual o homem vai se sentir "mais poderoso"; ou o mais novo perfume para mulheres que irá "deixar os homens loucos"; ou a guloseima à qual "criança alguma irá resistir", que, anunciada na TV, encontra-se já no dia seguinte nas gôndolas dos supermercados.

As empresas criam novos produtos modificando os que já existem ou agregando a eles tecnologia nova – e, mais que isso, agregando-lhes também intensas cargas de simbolismo, mediante as associações desses produtos com as fantasias e os desejos de seus consumidores. "A dimensão imaterial dos produtos leva vantagem sobre a realidade material deles", observa o sociólogo americano Jeremy Rifkin. "Seu valor simbólico, estético ou social prevalece sobre seu valor de uso prático e, está claro, também sobre seu valor de troca, que ela praticamente apaga."[29]

A idéia que se tem de um empreendedor é a de alguém que, tendo experiências específicas em algum setor do contexto, localiza necessidades e cria um empreendimento capaz de satisfazê-las. Todavia, essas reflexões nos permitem deduzir que também é empreendedor aquele que, em vez de "pinçar" necessidades existentes no contexto, concebe um novo desejo, promove-o, transformando-o numa necessidade, e inventa um produto para satisfazê-la! "Os mercados premiam as firmas que conseguem descobrir novas formas de beneficiar os clientes e usar de modo mais eficaz as tecnologias para esse fim", filosofa Gary Hamel, co-autor do conceito de reengenharia.[30] O empreendedor tem necessidade de mudar o que está ao seu redor, também defende a psicóloga, professora da PUC-Rio e especialista no tema, Sandra Kornam, que procura explicar a ação do empreendedor pela reflexão da filósofa alemã Hannah Arendt (1906–1975), para quem o empreendedor envolve-se "com os processos de produção e reprodução da cultura".[31]

Assim, muitos produtos que surgem no mercado não eram necessários nem objetos de desejo antes de serem criados. As indústrias da moda, do turismo, do entretenimento em geral, principalmente, funcionam dessa forma.

A "DIVINDADE PROTETORA" DOS EMPREENDEDORES

O empreendedor, conclui-se, *faz* as oportunidades. Uma oportunidade é a transformação em mercadoria de algo que possa satisfazer a uma necessidade. Por exemplo, um conhecido fazia churrascos deliciosos nos fins de semana para sua família e seus amigos. Quando começou a ser convidado pelos amigos dos amigos para fazer churrasco nos fins de semana nas casas deles, começou a perceber nesses convites uma necessidade dessas pessoas. Daí até considerá-los uma oportunidade foi um passo bem pequeno: gostando tanto de fazer churrasco e estando aposentado, sem grandes preocupações financeiras, ele iniciou uma nova e bem-sucedida atividade profissional.

Oportunidade, portanto, é algo que surge como uma solução num momento crítico. A origem do termo é curiosa e, ao mesmo tempo, de valor simbólico: ele vem do latim *ob* + *Portunus* (*ob* = ante, por causa de; e *Portunus* ou *Portumnus* = o deus latino dos portos fluviais e marítimos). Assim, *oportuno* é aquilo que ocorre por causa do deus Portuno, ou seja, porque Portuno assim o quer.

A VISÃO

Sejam reais e identificadas no contexto, sejam meros fetiches inventados por empreendedores sagazes, as necessidades são "áreas de vácuo" não-preenchidas presentes no contexto, podendo ser "viradas do avesso" para serem vistas como oportunidades que se oferecem aos empreendedores. Empreendedores são, por sua vez, indivíduos dotados de visão, uma característica daqueles que são capazes de vislumbrar necessidades.

O termo *visão* origina-se do latim *visio, onis*, que significa isso mesmo, *visão*, mas também quer dizer *fantasma* (segundo Cícero), *sonho* ou *fantasia* (segundo Plínio) e, ainda, *idéia*, *conceito* ou *noção que se forma sobre alguma coisa* (também segundo Cícero). Essas várias acepções do termo mostram, em primeiro lugar, que os romanos podiam não fazer grande distinção entre as coisas concretas, que se enxergavam no mundo "lá fora", e as *coisas imaginadas*, presentes apenas na mente das pessoas!

Essa sugestão é importante neste ensaio, porque também o empreendedor faz, com sua visão, uma ponte entre o concreto e o imaginado – ou, melhor dizendo: entre o que a princípio imagina e aquilo que objetivamente constrói no mundo exterior, com base na imagem mental que criou.

Na prática, ao se ler e estudar sobre administração, vemos que uma importante particularidade do termo *visão* é que ele pode significar tanto a *capacidade de enxergar* quanto a *coisa enxergada* (o objeto visto). Ambos os significados do termo *visão* são importantes aqui, mas eles precisam ser considerados de maneira distinta. Assim, vou chamar diferentemente essas duas acepções da *visão*, denominando-as respectivamente: *visão-capacidade* e *visão-objeto*.

Quando elegemos, entre os empresários do país, o "homem de visão" do ano, o que esse título expressa é, obviamente, a *visão-capacidade*: o "homem de visão" é um indivíduo dotado de grande agudeza de percepção, capaz de enxergar, no ambiente dos negócios, aquilo que a maioria não vê. Para o segundo significado de visão – a *visão-objeto* –, o exemplo que mais rapidamente me ocorre (e que está bem longe do ambiente dos negócios, reconheço) é o que acontece em *Sonho de uma noite de verão*, do maior dramaturgo inglês, William Shakespeare (1564–1616), quando a rainha das fadas, Titânia, ao acordar, conta seu sonho a Oberon: "Meu Oberon! Que visões tive! Pareceu-me estar enamorada de um asno." Ela está se referindo, evidentemente, à "coisa vista" (que é, nesse caso, assustadora para ela) e não à sua "capacidade de ver"!

Ambos os sentidos do termo – visão-capacidade e visão-objeto – têm aplicações na gestão das empresas. No sentido de visão-capacidade, podemos dizer que os indivíduos que dirigem a empresa precisam ter visão, a fim de enxergarem as oportunidades e os problemas que surgem no contexto, de modo que a empresa possa aproveitar as oportunidades e evitar as ameaças contidas nos problemas. No sentido de visão-objeto, comumente dizemos que os dirigentes devem ser capazes de formular uma visão de futuro para a empresa, isto é, uma espécie de "imagem que a empresa terá, num horizonte de cinco a dez anos à frente".

A visão-capacidade é uma das qualidades mais importantes que um empreendedor precisa apresentar. Quanto à visão-objeto, voltarei ao tema quando discutirmos estratégia da empresa, mais adiante.

Os casos exemplares de visão-capacidade são inúmeros. Por exemplo, em 1937, após um acidente que acelerou o fim do uso de dirigíveis como meio de transporte transatlântico, o imigrante alemão Ernesto Igel, residente no Rio de Janeiro, viu aí uma oportunidade: 6 mil cilindros de gás butano, que a companhia que operava os dirigíveis usava como combustível, estavam estocados naquela cidade, e Igel vislumbrou que esse gás poderia ser convertido em combustível para cozinhar, uma opção ainda não disponível no Brasil naquela época. Da visão de Igel nasceu uma grande empresa de distribuição de gás GLP: a Ultragaz.

Outro caso exemplar, mais recente, é o da formação da Google Inc., hoje uma das empresas mais admiradas do mundo por seu sucesso. Sua história começou em 1995, quando os doutorandos de ciência da computação da Universidade de Stanford, nos Estados Unidos, Sergey Brin (russo) e Larry Page (americano) criaram o sistema de busca BackRub, que, após alguns aperfeiçoamentos, ganhou o nome Google, dando origem à empresa.

Embora já existissem ferramentas de procura muito boas na internet (Altavista, Yahoo e outras), os criadores do Google perceberam a ausência de um mecanismo de busca que pesquisasse na web com maior amplitude, acrescentasse continuamente novas informações, armazenasse as páginas rastreadas mesmo estando o site original fora do ar e classificasse os sites pesquisados por ordem de importância (o que eles conseguiram criando, adicionalmente, o sistema PageRank, capaz de classificar os sites de acordo com a quantidade de links externos que apontam para ele).[32]

A VISÃO LEVANDO AO SONHO

Visão-capacidade é, portanto, uma qualidade individual, que permite a uma pessoa estabelecer um elo entre o contexto e a missão (veja a Figura 3.1, p. 82). Um indivíduo que tenha visão-capacidade consegue perscrutar o contexto e, num momento de insight, perceber uma necessidade existente, "farejando" ali uma oportunidade para, em seguida, passar a *sonhar* com ela (quando, então, a visão-objeto passa a ocupar sua mente).

Num primeiro momento, o sonho não passa de utopia, um esboço de idéia ainda não elaborada. Não é possível identificar se a idéia é viável ou se colocá-la em prática satisfará realmente a necessidade detectada.

Ainda assim, o sonho é o início de qualquer empreendimento – bem-sucedido ou fracassado. Cada empresa nasceu de um vislumbre (sonho ou fantasia) que alguém teve algum dia e que se dispôs a olhar mais detidamente, para lhe dar uma forma mais definida. Em outras palavras, o sonho vai se clarificando e definindo na mente do empreendedor, até se transformar no que chamaríamos de missão.

O termo sonho comumente designa uma imagem mental de alguém que projeta um alvo ou ideal desafiador, que tentará atingir algum dia, no futuro. Já o termo missão é mais usado para se referir ao produto de um sonho coletivo, resultado de um processo em que diversas pessoas elaboraram juntas um mesmo sonho. A missão, assim, existirá depois que o sonho tiver sido devidamente pensado, delineado e enquadrado em algum tipo de plano. (Em tempo: O termo *visão* [*visão-objeto*] é por vezes empregado também como sinônimo de *sonho*).

O SONHO DE JFK

Como terá de ser um sonho, para ser útil aos propósitos do sonhador? Ou, colocado de outro modo, seria mais útil embarcar num sonho ambicioso, até mesmo delirante, que afastasse o sonhador completamente do mundo do real, ou seria melhor que nosso sonho fosse verossímil e jamais perdesse o contato com a realidade?

Há controvérsias quanto à melhor resposta a essa questão; todavia, um exemplo que pode nos ajudar a refletir sobre o tema é o sonho do presidente americano John F. Kennedy (1917–1963) de empreender uma viagem do homem à Lua. Em 1961, seria esse um sonho delirante ou factível? Kennedy se apoiava em fatos ou apenas em arroubos inspirados?

Em abril de 1961 os soviéticos surpreenderam o mundo quando Yuri Gagarin deu uma volta em torno da Terra em 108 minutos, na cápsula Vostok 1. Os americanos viram o feito como indício de uma situação que se tornava crítica: ela mostrava que as espaçonaves soviéticas eram mais potentes que as americanas e que a corrida espacial entre os dois mais poderosos países do mundo estava começando a ser ganha pelo adversário. Os desdobramentos disso poderiam chegar a ser, no limite, a expansão do comunismo, sob a liderança soviética, no restante do mundo.

Assim, em maio do mesmo ano, o presidente Kennedy discursou à nação, dizendo que o espaço exterior era uma nova fronteira que se abria ao ser humano e advertindo para os riscos que o território americano correria, caso esse espaço caísse sob o domínio soviético. E assumiu publicamente o audacioso compromisso de fazer pousar um homem na Lua e trazê-lo de volta para a Terra com segurança, antes do fim daquela década. Assim surgiu o projeto Apolo.

Até então, os americanos não tinham idéia de como cumpririam essa meta. Precisariam de um foguete para ir e voltar, que consumiria uma quantidade incrível de combustível; não sabiam como pousá-lo numa superfície sem gravidade; não dispunham de informações necessárias sobre a Lua; não podiam dizer quais seriam as conseqüências daquele ambiente rarefeito para os tripulantes; e, além de tudo, faltava a tecnologia necessária para inúmeras e decisivas etapas intermediárias até o desfecho final.[33] Pode-se supor, assim, que a decisão do presidente foi muito mais baseada em intenções e conjecturas do que em conhecimento factual e realístico da situação.

Quem tem um sonho precisa fazer algo com ele, para não se frustrar. Creio que, se inquiridas a respeito, a maioria das pessoas diria que é bem pior ficar remoendo um sonho do que ter de "suportar" o ônus da busca fracassada, muito embora, na prática, elas procedam exatamente como se o oposto fosse verdadeiro. Dessa última situação ao menos se aprende algo, ao passo que da primeira delas nada se colhe, a não ser uma persistente e nociva queda da auto-estima. "Conheço pessoas que se frustraram em seus sonhos e passaram o resto da vida amaldiçoando outras, perseguindo e se vingando de alguma forma", comenta César Souza, bem-sucedido autor de *Você é do tamanho de seus sonhos*.[34] Ele afirma:

> São pessoas amargas, que deveriam lutar por novos sonhos em vez de atuar destrutivamente. Outro tipo de reação e sentimento é a apatia, a indiferença, a descrença. As pessoas começam a pensar que sonhar não é para elas e assim se entregam e viram coadjuvantes dos sonhos dos outros.[35]

Voltando ao caso do sonho astronáutico americano, outros fatores pesaram, como sempre são considerados também no caso de um empreendedor que monta um novo negócio: os russos estavam ganhando a corrida espacial; o prestígio da nação americana no mundo estava sob risco; o presidente tinha ambições quanto a deixar sua marca pessoal na História; sua imagem pública a ser mantida era a de um homem carismático e realizador... Tudo isso conspirou para que Kennedy viesse a assumir um compromisso que, a rigor, não sabia se seria realmente capaz de cumprir. Mas não é o que fazem muitos empreendedores e também muitos empresários que fixam visões de futuro de como serão suas empresas dali a dez anos?

COMPETÊNCIAS PARA SER UM EMPREENDEDOR

José Maria Whitaker formou-se em Direito e era um financista experiente quando fundou o Banco Comercial do Estado de São Paulo, em 1912. Tinha então 34 anos de idade e negociava com café, que era a base da economia brasileira.

A decisão de fundar o banco foi motivada por sua visão de que havia um nicho de mercado a ser preenchido: Whitaker enxergou o domínio do sistema financeiro nacional pelos bancos estrangeiros, além de perceber que o Banco do Brasil era ainda uma instituição sem maior expressão. Esses fatores favoreciam o aparecimento de uma instituição financeira tipicamente nacional que desse apoio aos comerciantes de café. (...) O sucesso da iniciativa foi tal que o capital da empresa, de seis contos, dobrou em apenas 13 dias.[36]

Esse exemplo encerra algumas lições que se observam facilmente em muitos casos análogos:

1. *O fundador do banco era experiente na área em que decidiu empreender*; ou seja, era um indivíduo profissionalmente preparado para se tornar um empreendedor como banqueiro.
2. *Ele conhecia bem os problemas que pretendia atacar*; isto é, sendo negociante de café, ele sabia bem das dificuldades que tinha para obter financiamento e serviços bancários apropriados a esse tipo de negócio.
3. *Ele sabia que, ao menos no primeiro momento, não teria concorrentes diretos*; em outras palavras, era certo para ele que nenhum dos bancos até então existentes poderia fazer esse papel – e que havia, portanto, um nicho de mercado ainda não-preenchido.

Sonhos, visões e missões alimentam-se justamente destes ingredientes:

1. a *competência profissional* do indivíduo na área em que empreende (raramente alguém terá um sonho ou uma visão ou realizará uma missão numa área profissional ou de negócio que não domina);
2. a percepção clara dos *problemas típicos* do negócio (quem empreende tende a ter sonhos, visões ou missões diretamente relacionados com a solução de problemas que o afligem ou questões que lhe interessam pessoalmente); e
3. o conhecimento dos *players no mercado competitivo* em que estará empreendendo (é preciso crer que nossos sonhos, visões ou missões nos oferecem, oportunamente, uma vantagem competitiva em relação aos nossos concorrentes).

Não há dúvida, ainda à guisa de exemplo, de que o empresário, nascido na Polônia, Samuel Klein, fundador da Casas Bahia, empresa de grande sucesso no comércio de bens populares, aproveitou, na realização de seu sonho, sua importante e sofrida experiência de dois anos no campo de concentração de Maidanek, onde perdeu quase toda a família. "Passei os anos que deveriam ser os melhores da minha juventude cercado pelos horrores da guerra", lembra ele. E, sobre isso, conclui uma reportagem sobre Samuel Klein: "O sofrimento amadureceu mais rapidamente aquele jovem criado com simplicidade na pequena cidade polonesa de Lublin."[37]

Quando um indivíduo propõe a si mesmo alvos demasiado curtos ou modestos, que praticamente não o estimulam a sonhar com mais do que aquilo que já tem, pode ocorrer uma espécie de curto-circuito, ou "bloqueio" do próprio indivíduo que sonha: Vivek Paul, presidente e CEO da empresa indiana Wipro Technologies, conta uma história curiosa, usando uma metáfora para ilustrar esse ponto.

Paul reflete:

> O melhor conselho que já recebi foi de um treinador de elefantes, na selva próxima de Bangalore. Eu estava numa excursão, como turista e, vendo aqueles enormes elefantes presos a pequenas estacas, perguntei-me: "Como é que se consegue manter um elefante tão grande amarrado numa estaca tão frágil?" O treinador do animal respondeu: "Quando os elefantes são pequenos, tentam arrancar a estaca, mas fracassam. Quando ficam grandes, nunca mais tentam arrancar a estaca." Essa parábola sinaliza para mim que temos que ir atrás do que acreditamos sermos capazes de fazer, sem nos limitarmos pelo que fomos no passado.[38]

Em termos práticos, constata-se que tanto o sonho quanto a visão-objeto sempre antecedem a formação de uma missão na mente do sujeito; e, ademais, essa idéia sempre antecede a construção real da empresa, que, ao passar efetivamente a operar, será a concretização da missão. Assim como não se chega a especificar concretamente uma missão sem antes passar pela idéia de sonho ou visão, tampouco se chega a criar uma empresa se ela não existir primeiramente como missão pensada, na mente de seu fundador ou criador; e tampouco se chega a formular uma missão em operação para a empresa, antes de esta vir a existir fisicamente.

DO SONHO À MISSÃO: UM PROCESSO

Os candidatos a empreendedor, portanto, têm sonhos. Todavia, tê-los não é suficiente para que o indivíduo seja um empreendedor: é insuficiente "ter um sonho". O sonho significa, no fundo, apenas que aquela missão ainda não foi devidamente delineada: ele é por demais tosco e primitivo para ser útil, no estado inicial em que se encontra. O termo visão (visão-objeto), como já foi dito, em grande parte dos casos é usado apenas como sinônimo de sonho. Assim, o que se disse anteriormente sobre o sonho vale também para a visão-objeto.

Arrisco-me a apresentar uma breve descrição do processo de gradativo delineamento mental em que o sonho transforma-se em algo bem mais concreto. Nesse sentido, gosto de pensar que o empreendedor, até chegar a ter em mente uma missão, passa por quatro estágios, a saber: sonho, idéia, projeto e plano (sendo a missão, apenas um termo genérico designativo desse produto mental do indivíduo em qualquer desses estágios). Em cada um deles, algum processo mental é necessário para promover a passagem desse pensamento ao estágio seguinte. Na Figura 4.2 (p. 132) procuro representar esse processo, que descrevo da seguinte forma:

❖ O sonho transforma-se em idéia quando o indivíduo já pode recuperá-lo a qualquer momento pelo uso de sua mente consciente, num processo de evocação (rememoração ou retenção mental de seu conteúdo).
❖ Em seguida, entre a idéia e o projeto ocorre um processo de análise (ou raciocínio, reflexão, interrogação) da idéia evocada.
❖ Finalmente, para se chegar a ter um plano, o projeto deve passar por um processo de decisão (resolução, determinação ou avaliação crítica).

Em outras palavras:

❖ Um *sonho* ou *visão-objeto* é em grande parte um produto espontâneo da mente, compondo-se quase que apenas de material pré-consciente ou subconsciente: o *visionário*, o indivíduo de visão, que *sonha* (*devaneia, fantasia*), não o faz voluntariamente, por ter escolhido assim fazer. O conteúdo sonhado de fato lhe brota na mente de forma intuitiva, mesmo que ele não tenha se preparado conscientemente para isso. Ele só irá dar-se conta de seu sonho *a posteriori*, nunca antes do exercício de sonhar propriamente dito.
❖ Ao submeter seu sonho ao crivo da mente consciente, o indivíduo estará fazendo sua primeira análise crítica, em decorrência da qual acolherá ou descartará o sonho. Talvez a maior parte desses sonhos acabe mesmo sendo deixada de lado nessa fase de transição, com as pessoas achando que aquilo não passa de "loucura" ou "delírio", impossível de transformar numa boa idéia (os próprios autores, portanto, por vezes boicotam seus sonhos). No entanto, o sonho que ultrapassa essa barreira passa à

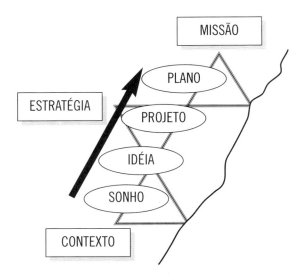

Figura 4.2 – Do contexto à missão

condição de idéia: torna-se um conteúdo pensado, presente na mente racional do indivíduo, embora ainda demasiado cru e necessitando de burilamento ou lapidação.

* O estágio seguinte é o de projeto ou proposta. A idéia é novamente elaborada e, sobre ela, o autor tenta responder algumas questões fundamentais: É viável? Vale o esforço? Devo levá-la adiante eu mesmo? Tenho as condições para tocá-la? Precisarei de ajuda? Com quem posso contar? Custa caro? Quanto tempo vai levar? Ao fim dessa etapa, se a idéia vingar, o indivíduo interessado já não disporá simplesmente de uma imagem mental frouxa ou disforme, mas de uma proposta relativamente amparada por um conjunto de argumentos.

* O próximo passo é a decisão de pôr em ação esse projeto – transformá-lo num plano de ação. Um plano é um projeto que se julgou por bem pôr em prática e no qual se decidiu investir tempo, dinheiro e esforço. Até chegar à fase de projeto, o nível de comprometimento do indivíduo com seu sonho original não era ainda tão significativo – a "hora H" não havia ainda chegado e o indivíduo apenas cultivava intelectualmente o produto, embalado mais pelo prazer de tê-lo concebido do que pelo propósito de colocá-lo em prática. Não é assim nesse ponto: agora, o projeto já terá se transformado em algo definitivamente mais sério.

Esse processo de gradativa clarificação e solidificação da missão pensada pelo sujeito (sonho → idéia → projeto → plano) é corroborado por muitos estudiosos e praticantes de administração. Marc Benioff, fundador e CEO da empresa

Salesforce.com, conta que, em 2001, recebeu um conselho sobre isso que não mais esqueceu: ele estava numa conferência com outros executivos, quando o então *chairman* da Hasbro, Alan Hassenfeld, o chamou de lado e lhe disse: "Você tem uma porção de boas idéias, mas precisa lhes dar mais *estrutura*" [grifo do autor].[39] Trata-se exatamente disto: dar estrutura à missão é conduzi-la, por esse caminho, do estágio primitivo de sonho ao estágio avançado de plano.

Esse processo revela, é claro, que a concepção da missão antecede a existência da empresa, não o contrário; além disso, revela que toda empresa tem obrigatoriamente alguma missão, ainda que esta não tenha sido ainda formulada por escrito. É justamente por estar essa missão disponível na mente de alguém que a empresa se forma.

A missão provavelmente estará presente, de início, apenas na mente dessa pessoa, onde irá pouco a pouco tomando forma e ganhando robustez, à medida que seu autor dispõe-se a pensar nela de forma lógica, séria e objetiva.

Por vezes esse processo não é desempenhado por uma única pessoa, até mesmo por falta de competência para cumprir bem todas as etapas. Muitas pessoas que têm as aptidões e qualificações apropriadas para conceber uma empresa e mesmo para colocá-la de pé não são as mais aptas para olhar criticamente o contexto externo, identificar necessidades e oportunidades e sonhar. Da mesma forma, muitas pessoas que têm excelentes insights para futuros negócios não são as melhores para transformar tais percepções iniciais em planos de trabalho. Por causa disso, na prática, muitas vezes se observa a formação de parcerias ou sociedades, em que os envolvidos demonstram qualificações em diferentes áreas.

Além de designar algo que "desejamos e não temos", o termo sonho também pode significar algo que "temos e não desejamos" (ou seja, nossos problemas, sofrimentos, angústias). À palavra visão, quando usada como sinônimo de sonho (visão-objeto), pode aplicar-se exatamente o mesmo raciocínio: as pessoas tampouco querem chamar de *visão* a capacidade que alguém possa ter de enxergar... problemas! No entanto, enfrentar as dificuldades e procurar soluções para elas também é parte de um dirigente de visão.

CAPÍTULO 5

O SENTIDO GERAL DA EMPRESA: MISSÃO, VISÃO, *CORE BUSINESS* E *CORE COMPETENCES*

> *Tudo é loucura ou sonho no começo.*
> *Nada do que o homem fez no mundo*
> *teve início de outra maneira. Todavia,*
> *já tantos sonhos se realizaram que não*
> *temos o direito de duvidar de nenhum.*
>
> Henry David Thoreau (1817–1862), poeta,
> escritor e filósofo naturalista americano.

No capítulo anterior foi analisado o primeiro triângulo (ver Figura 3.1, p.82) do hexagrama. Neste capítulo será explicitado o percurso do contexto à missão (missão ainda apenas pensada, não concretizada). Vimos que toda empresa se forma com base em alguma espécie de missão idealizada por seu criador. É o momento, agora, de examinarmos um pouco melhor essa área da missão, antes de passarmos ao segundo lado do primeiro triângulo, que mostra o percurso a ser seguido, da missão à cultura.

A missão traçada para a empresa, quando esta já se encontra efetivamente operando, às vezes corresponde àquela que havia sido pensada de início pelo empreendedor; e outras vezes, não. A coincidência entre a missão idealizada e a missão em operação é mais provável quando a empresa ainda está na fase inicial de suas operações e enquanto é ainda uma organização de pequeno porte, formada por poucas pessoas próximas do fundador.

À medida que a empresa cresce, porém, suas interações com seu contexto passam a ocorrer simultaneamente em diversas frentes – junto a clientes, fornecedores, distribuidores, acionistas, órgãos governamentais, associações de classe, sindicatos etc. – e os processos em que ela se envolve crescem em quantidade e se tornam mais complexos. Nessa trajetória, comumente a empresa efetua mudanças no portfolio de produtos e serviços, aperfeiçoa a tecnologia, aumenta a produtividade, sofistica seu modelo de gestão etc. Com isso, aumenta bastante a probabilidade de que ela venha a alterar, até substancialmente, o sentido original de sua missão. Tento apresentar essa idéia na Figura 5.1, a seguir:

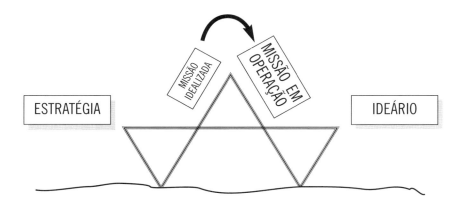

Figura 5.1 – Da missão idealizada à missão em operação

À medida que decisões mais importantes, urgentes e comprometedoras passam a ser tomadas por mais pessoas além do dono ou fundador, a empresa começa a depender de mais de uma só "cabeça" para seu direcionamento estratégico. Com isso, aumenta também a complexidade de suas comunicações e relações internas, sendo colocados novos desafios à missão original. Nesse processo, em resumo, em bem pouco tempo uma nova e atualizada missão poderá estar em vigência, bem distinta daquela original, que os dirigentes poderão até mesmo já ter esquecido completamente.

O EMPREENDEDOR E SUA MISSÃO

O EMPREENDEDOR COMPARADO AO ESCRITOR

O poeta tcheco Rainer Maria Rilke (1875–1926) disse certa vez que via as obras de arte como "seres secretos cuja vida não acaba, mas que cotejam nossa vida que passa". Os

O SENTIDO GERAL DA EMPRESA: MISSÃO, VISÃO, *CORE BUSINESS* E *CORE COMPETENCES*

poemas, quando bons, dizia ele, "têm existência própria e independência" em relação aos seus criadores. Coerente com essa posição, o escritor brasileiro Mário de Andrade (1893–1945) dizia também sobre a obra de arte numa carta ao colega Fernando Sabino (1924–2004): "Você cria um objeto que vai agir sozinho (...) sem mais a interferência de você. (...) Você criou um elemento de eternidade."[1]

Se em vez de uma obra de arte estivéssemos falando de um romance, então "é como se a narrativa se tornasse uma narrativa em busca da sua própria essência, centrando-se sobre si mesma", reflete o crítico literário Davi Arrigucci. "A narrativa de uma busca se faz uma busca da narrativa. Ao tematizar uma busca essencial, tematiza-se a si própria."[2]

Nesses depoimentos há uma lição: o escritor não domina sua própria obra! Tão logo começa a produzi-la, principia também a sentir que ela lhe escapa por entre os dedos, ganha vida própria e, criatura rebelde e insubmissa que é, passa a se guiar por si mesma, não mais obedecendo às ordens do criador!

Em que essa imagem se parece com aquela enfrentada pelo empreendedor na presença de sua "obra": a empresa que acaba de constituir? A rigor, constata-se que o empreendedor tem uma probabilidade ainda menor do que o artista ou o escritor de exercer domínio sobre sua obra – e é fácil entender por que, se tivermos um olhar crítico sobre essa comparação.

Ao escrever, o autor escolhe um contexto virtual e particular, dentro do qual sua narrativa ganhará vida. Bem ou mal, não haverá grandes interferências diretas da realidade exterior sobre esse mundo especial que ele criou: escrever a obra, assim, passa a ser, em última análise, dar-lhe existência no papel, traduzir seus próprios pensamentos. O escritor inventa seus horizontes com base naquilo que já vivenciou e que conhece (toda narrativa tem algo de autobiográfico, dizem); mas, mesmo partindo daquilo que já é sabido, ele logo escapa a esse ponto de fuga, indo em busca de outras realidades possíveis que tenha imaginado.

O empreendedor não pode agir desse modo; de fato, está literalmente "condenado" a fazer o contrário: ele parte das variáveis que consegue perceber no contexto e trata de organizar em torno delas um projeto que lhe pareça coerente e promissor, em termos dos negócios que potencialmente irá gerar.

Nesse aspecto, portanto, escritor e empreendedor exercem raciocínios opostos. O modo de pensar do escritor é divergente: ele parte de um ponto específico, para ampliar, sem limites, suas possibilidades; o modo de pensar do empreendedor é convergente: ele busca chegar a um ponto focal, que deve ser o mais preciso possível e que signifique a síntese de muitos elementos díspares e dispersos que recolheu no contexto externo.

AS INCERTEZAS DO EMPREENDEDOR

Com o empreendedor, porém, é o oposto disso: para começo de conversa, não é nada freqüente que ele reconheça a presença do subconsciente na produção de sua obra (*subconsciente* é, aliás, um conceito completamente estranho ao mundo da administração). E, se houver alguma batalha com o consciente empurrando para um lado e o subconsciente empurrando para outro, quase certamente o empreendedor se deixará guiar pelo *consciente*.

A verdadeira batalha, nesse caso, todavia, não é travada em sua mente, mas no contexto externo em que a empresa foi montada para operar. E, nesse contexto, as forças de oposição têm existência física, real, não se tratando de personas impressas na mente do indivíduo, como no caso de um escritor. Essas forças em oposição são as cinco forças competitivas propostas por Michael Porter:

❖ os competidores dentro da própria indústria;
❖ os clientes e os fornecedores, cada qual com seu poder de barganha;
❖ as facilidades ou entraves ao ingresso de novos concorrentes; e
❖ as possibilidades de geração de produtos sucedâneos.

O empreendedor tem de enfrentar, portanto, forças externas poderosas, que ele não escolheu e sobre as quais não tem controle.[3]

Como se não bastasse, o empreendedor tem ainda de lidar com as crenças e os valores de seus colaboradores, sócios ou parceiros – que podem ser semelhantes às suas, mas certamente não serão idênticas. É básica a constatação de que o empreendedor já não pode operar sozinho, no contexto complexo dos dias de hoje. Warren Bennis, por exemplo, não acredita em empreendedores isolados, solitários: "Os Johns Waynes estão mortos, mas isso não quer dizer que a liderança está morta, absolutamente (...)", comenta o consultor americano. E reforça sua tese: "As pessoas que pensam que podem realizar algo sozinhas estão... fora do mundo!", diz ele.[4]

Essa impossibilidade de o empreendedor continuar exercendo sua independência na tomada das decisões estratégicas por vezes passa a representar um grande problema para ele, tão logo a empresa começa a crescer. Em dado momento, o empreendedor simplesmente se dá conta de que não mais conseguirá "tocar" as coisas apenas por si, precisando agora de parceiros ou colaboradores de confiança. Ele terá de ceder parte de seu poder.

Ao trazê-los para seu lado, o que comumente o empreendedor faz, ele está, todavia, abrindo o caminho para o aparecimento de um outro problema, que terá de enfrentar mais adiante: esses parceiros ou seguidores, que parecem a princípio estar "comprando" integralmente o "sonho" do líder da empresa, na verdade (e este comentário talvez cause certa polêmica) não estão se engajando no sonho do empreendedor, mas apenas reconhecendo neste uma alavanca ou um trampolim para viverem os *seus* próprios sonhos – porque ninguém de fato vive o sonho do outro; todos vivem o *seu* sonho, projetado no sonho do outro!

Se isso é mesmo verdadeiro, a questão que então se coloca para o empreendedor é, em última análise, a da *duração da lealdade*:* Por quanto tempo seus seguidores se manterão a seu lado? Em que momento a capacidade do líder de atraí-los, aglutiná-los e fazê-los segui-lo voluntariamente começará a dar mostras de enfraquecimento e passará a claudicar?

Penso que, mais dia, menos dia, o líder de empresa terá de encarar, quase inevitavelmente, a dissidência de alguns de seus seguidores. Estes o deixarão para trilhar seus próprios rumos. Em muitos casos, o comportamento do próprio líder já é de molde a afastá-los; no entanto, é quase certo que esse afastamento irá acontecer mais cedo ou mais tarde, mesmo quando é um real desejo do líder conservar essas pessoas junto a ele. Freud, Hitler, Stalin e muitos outros (até mesmo Jesus) têm, em suas histórias, exemplos de seguidores que lhes foram fiéis e que, em algum momento, discordaram do líder ou mestre e se afastaram. Igualmente um empreendedor pode esperar que esse tipo de perda venha a ocorrer, em algum momento.

Prosseguindo na comparação anterior, geralmente um escritor está acostumado a pensar de formas não muito convencionais. No caso de um escritor de ficção, isso nem chega a ser uma questão de opção: o escritor parece *precisar* sair da norma, para poder se colocar como um real "fazedor de arte". Um escritor americano, Henry Miller (1891–1980), por exemplo, afirma sem rodeios que "o escritor devia enlouquecer", porque as pessoas "estão fartas de enredo, fartas de personagens". Para Miller, "enredos e personagens não criam vida, (pois) a vida não está no andar de cima: a vida está aqui, agora"![5] Entre nós, brasileiros, o jovem escritor, Joca Reiners Terron, poeticamente traduz a mesma idéia: "Não há literatura com magnitude sem penúria física, e o supra-sumo da lava vertida pelo cérebro, a imaginação, somente borbulha com a fervura atroz das más experiências."[6]

Mas se o que se espera de um escritor é que rompa com o *establishment*, do empreendedor espera-se justamente o contrário: que ele reconheça e aceite, em vez de

---

* O termo lealdade deve ser tomado, aqui, no sentido que lhe é dado pelo economista alemão Albert Hirschmann (1915-). Segundo esse autor, a lealdade refere-se à aceitação dos indivíduos quanto a permanecerem num sistema ao qual aderiram, mesmo quando já se sentem descontentes ou discordam desse sistema em algum aspecto. Enquanto ficam ali, estão sendo "leais"; ao deixarem o sistema, terá terminado sua lealdade. Albert Hirschmann. *Saída, voz e lealdade*. São Paulo: Perspectiva, 1973.

negar e destruir, aquilo que está instituído pela sociedade, a fim de poder fazer dessa porção da realidade uma fonte de riqueza. Por definição, portanto, todo escritor é essencialmente um revolucionário, enquanto todo empreendedor é essencialmente um conservador – ou no máximo um reformador, interessado em aperfeiçoar, nunca destruir, aquilo que existe.

MISSÃO IDEALIZADA E MISSÃO EM OPERAÇÃO

Concluímos então que, para qualquer empreendedor, não é fácil realizar a missão idealizada com as operações de uma empresa em plena vigência. Tenha ele sucesso ou não nessa empreitada, é preciso que admitamos a existência de duas diferentes modalidades de *missão*:

❖ uma *missão idealizada*; e
❖ uma *missão em operação*.

A *missão idealizada* é aquela que ainda se encontra na mente do empreendedor; a *missão em operação* é aquela que está em andamento, que terá sido posta em ação pelo (antes empreendedor e agora) dirigente ou empresário, e que terá se transformado na política ou diretriz máxima da empresa. Essas duas modalidades de missão, portanto, são bem diferentes entre si. E podemos dizer que a passagem de uma para a outra é também uma pista a sugerir a passagem do gestor envolvido, do papel inicial de empreendedor para o papel seguinte de empresário ou dirigente – posto que tampouco esses dois papéis sejam idênticos.

O empreendedor é um pioneiro; ele dá a partida na empresa, coloca-a de pé e inicia suas atividades. O dirigente a conduz, leva-a a bom termo, mantendo-a competitiva no mercado, fazendo-a fortalecer-se, expandir-se e perpetuar-se. Um mesmo indivíduo pode desempenhar bem esses dois papéis, é claro, mas eles de modo algum têm o mesmo significado.

Na prática, veremos que a *missão idealizada* não dá origem imediatamente a uma *missão em operação*. Para se chegar apropriadamente a uma missão em operação, é necessário, porém, um tempo de amadurecimento da missão idealizada, durante o qual esta passará por um período de experimentação ou teste. Por vezes, esse tempo de espera é bem maior do que o empreendedor gostaria que fosse (ou estaria disposto a esperar). Empreendedores geralmente têm pressa em ver sua obra florescer e dar frutos, além de estarem quase sempre pressionados pela dinâmica do mercado, pela velocidade de reação da concorrência e por um ansioso estado de prontidão para agir, característico da cultura capitalística.

(Aliás, mesmo quando a empresa já opera há algum tempo e tem bem definida essa forma de operar, os dirigentes que idealizaram a missão da empresa irão querer que ela seja prontamente posta em prática na organização como um todo. Trata-se de uma doce e ingênua ilusão, uma vez que isso não ocorrerá sem que haja um devido tempo de maturação!)

Em qualquer caso, o empreendedor ou empresário não quer, portanto, reconhecer e aceitar a necessidade de um tempo de amadurecimento da missão: racionalista e confiando fortemente em sua capacidade pessoal de realizar cabalmente o que se propôs, ele tende simplesmente a ignorar os obstáculos não-materiais, invisíveis ou intangíveis, que se antepõem aos seus propósitos – e que ele em geral não compreende bem o que são ou como funcionam.

Essa atitude lembra-me, aliás, uma tocante história narrada certa vez pelo escritor grego Nikos Kazantzakis, autor de *Zorba, o grego*: quando era criança, ele reparou num casulo preso a uma árvore do qual uma borboleta preparava-se para sair. Esperou algum tempo para ver, mas, como estava demorando muito, resolveu acelerar o processo: começou a esquentar o casulo com seu hálito. A borboleta acabou saindo, mas suas asas ainda não estavam completamente formadas e permaneceram presas. A borboleta morreu pouco tempo depois.

"Era necessária uma paciente maturação feita pelo sol e eu não soube esperar", diz Kazantzakis. "Aquele pequeno cadáver é, até hoje, um dos maiores pesos que tenho na consciência. Mas foi ele que me fez entender o que é um verdadeiro pecado mortal: forçar as grandes leis do universo."

O exemplo da borboleta liberada prematuramente nos mostra que muitas vezes é essencial ter paciência e aguardar a hora certa para agir. Isso é especialmente verdadeiro quando se trata de pôr de pé um novo empreendimento ou um novo negócio: o empreendedor deve primeiro deixar o projeto amadurecer suficientemente em sua mente, nunca se arrojando afoitamente no afã de concretizá-lo logo. Na verdade, é bem provável que, quanto mais e melhor ele consiga elaborar previamente sua *missão idealizada*, mais fácil lhe será construir depois uma boa *missão em operação*; ou, colocado de outro modo, nos primeiros tempos de vida da empresa, quanto mais nitidamente a *missão em operação* vier a coincidir com a *missão idealizada*, mais rapidamente a empresa deverá ter sucesso; e, inversamente, quanto mais a *missão em operação* divergir da *missão idealizada*, mais facilmente a empresa poderá fracassar.

O SENTIDO DE MISSÃO

Quando se propõem a enunciar uma missão para sua empresa, os dirigentes estão formulando, na verdade, uma política ou diretriz geral, ampla, que idealiza a empresa, definindo como desejam que ela atue na sociedade. Essa missão não é um desígnio fixo, imutável – ao contrário: como deve manter um vínculo com as necessidades da sociedade que levaram a criá-la, a missão terá de mudar de quando em quando, porque essas necessidades originais que a justificaram certamente estarão mudando. Ao longo da existência de uma organização, sua missão precisa estar permanentemente submetida a olhares críticos, que estarão voltados igualmente para as transformações que ocorrem nas necessidades que a empresa originalmente visou preencher. Cabe à empresa manter alguém investido da incumbência de cuidar permanentemente disso.

O termo *missão* deriva do latim *missio, onis*, cujo sentido é o de *mandato, incumbência, atribuição*. Mas, curiosamente, esse termo traduzia anteriormente o contrário disso, tendo feito um caminho tortuoso até adquirir a acepção atual.

Entre os soldados romanos, chamava-se *missio* a baixa ou licença para *deixar* o Exército, não para se alistar. Também entre os gladiadores, *missio* era uma permissão ou concessão que recebiam da autoridade máxima presente no circo romano, para continuar vivendo quando derrotados na arena (todos já vimos, em filmes sobre a época, o imperador romano mostrando o polegar para baixo ou para cima – *missio*, nesse segundo caso). Assim, o vocábulo *missão* esteve associado, no início, à idéia de sobrevivência e de prolongamento e valorização da vida, não de exposição ao perigo e de sofrimento. Como em ambos os casos, a concessão decorria da extrema benevolência de alguém superior (o imperador, o general), o termo *missão* adquiriu outra conotação: a de *dádiva* ou *graça concedida*.

Com a disseminação do cristianismo, esse sentido de graça ou dádiva recebida transferiu-se para o privilégio de ser chamado para o serviço de Deus, mesmo que isso significasse o abandono do conforto anterior e o início de uma vida de grandes sacrifícios: para o indivíduo eleito, servir ao Senhor era um bem de tais proporções que todo sacrifício envolvido deveria ser recebido com júbilo, como um sinal evidente de pureza e virtude. Assim, o conceito deslocou-se uma vez mais, passando a significar não mais o chamado ao serviço divino propriamente, mas o esforço, sofrimento ou martírio que o indivíduo voluntariamente aceitava para si ao responder a esse chamado. Assim, o religioso que se engaja numa atividade difícil e penosa, como a de evangelizar povos pagãos, é visto como um *missionário* e seu esforço nesse mister é representativo de sua missão.

Também o empresário ou dirigente que idealiza uma missão para sua empresa vê-se, de certa forma, como um missionário, que professa sua "fé" e busca meios de corporificá-la. Nessa busca, ele procura por adeptos, neófitos que incorporem como sua a fé que ele lhes leva; e, daqueles que aderirem a ela, ele espera também uma entrega pessoal típica do missionário: a total devoção à empresa, aos seus propósitos e à busca dos resultados que justificam sua existência. A missão de uma empresa é, portanto, bem mais do que apenas uma fotografia mais nítida de como seus gestores a vêem.

DA MISSÃO IDEALIZADA À MISSÃO EM OPERAÇÃO

Um dos grandes problemas na gestão estratégica da empresa consiste justamente em transformar aquela *missão idealizada* com que a empresa é criada numa *missão em operação*, que reflita aquilo a que empresa está efetivamente dedicada. As primeiras ações da empresa são desempenhadas por um grupo provavelmente diminuto de indivíduos, que tacitamente aceitaram a missão de seu líder como sendo compatível com suas próprias aspirações pessoais. Não raro, antes de conseguir o apoio desses seguidores, o líder já terá iniciado sozinho, com grandes dificuldades, a tarefa de erigir sua missão numa obra concreta.

Em *Por amor ou por dinheiro*, filme de 1993 de Barry Sonnenfeld, o jovem Doug (Michael J. Fox) confessa a Andy (Gabriele Anwar), namorada de seu amigo Christian: "Não saio de casa, não vou a lugar algum, não me divirto nunca, guardo todo meu dinheiro para conseguir o que quero." Doug, que cresceu num hotel, conta com o investimento de Christian para realizar seu objetivo maior: transformar num hotel de luxo as ruínas de uma mansão à beira do rio. Ele é um desses empreendedores que tem em mente uma missão idealizada e busca meios de transformá-la em operação.

As primeiras ações no sentido de pôr a empresa de pé e fazê-la funcionar custam, em geral, uma boa dose de trabalho pessoal do empreendedor: ele tem de atuar em todas as frentes, como dono, secretário, operário e *office boy*, se quiser vencer. Se puder contar com colaboradores, parceiros ou sócios que sejam fiéis à missão que idealizou e que partilhem com ele a atitude de total dedicação ao empreendimento, tanto melhor: isso aumentará as chances de que o empreendimento vingue.

CORE BUSINESS E CORE COMPETENCES

O CORE BUSINESS DA EMPRESA

Outro termo importante para nós é *core business* (que pode ser traduzido livremente por *negócio central* ou *núcleo do negócio*). O *core business* não é apenas o ramo de negócio em que a empresa opera, mas uma descrição de algo mais específico dentro desse ramo de negócio.

Podemos recorrer a Peter Drucker, que usa a expressão *negócio* da empresa, em vez de *core business* (termo que, aliás, somente mais tarde veio a se popularizar), para tentar dar a devida dimensão à complexidade desse conceito. Afirma Drucker:

> Nada pode parecer mais simples e óbvio do que saber qual é o negócio de uma companhia. Uma siderúrgica fabrica aço, uma estrada de ferro transporta passageiros e cargas em trens, uma seguradora faz seguros contra incêndios e um banco empresta dinheiro. Na verdade, "Qual é o nosso negócio?" é sempre uma pergunta difícil e a resposta correta é geralmente qualquer coisa menos o óbvio.[7]

Mais adiante, Drucker diz ainda:

> Responder à pergunta "Qual é o nosso negócio?" é a primeira responsabilidade da alta administração. Na verdade, o modo de saber se um determinado cargo é de alta administração ou não, é perguntar se se espera de seu ocupante interesse em conseguir a resposta e assumir responsabilidade por ela. Somente a alta administração pode fazer com que essa pergunta receba a atenção que merece, e com que a resposta tenha sentido e permita à empresa preparar seu caminho e fixar seus objetivos.[8]

O *core business* é, enfim, o âmago do negócio a que a empresa se dedica, aquilo que efetivamente conta e faz a diferença em suas atividades; ou, em outras palavras, as ações nas quais ela deve depositar toda a sua energia e toda a sua expectativa de êxito.

Já foi demonstrado em inúmeros casos práticos que as empresas correm sério risco de sucumbir quando se afastam demais de seu *core business*. Num estudo de 1994 sobre empresas brasileiras em crise (empresas que operaram com altos prejuízos por três anos seguidos, no início daquela década), encontrei as nove causas mais comuns para essas crises. Uma delas era exatamente a diversificação excessiva da empresa, quando esta se afastava de seu *core business*. Em dado ponto do livro, informo:

Em outros 12 casos estudados, verificamos que empresas entraram em crise, entre outras razões, porque cresceram desmesuradamente, envolvendo-se em negócios que não conheciam bem, despreocupadas dos seus custos e confiando exageradamente em suas possibilidades de empreender, numa época de economia favorável.[9]

Numa época em que o dinheiro era relativamente barato no mercado financeiro internacional, antes dos choques do petróleo da década de 1970, muitos grupos financeiros formaram conglomerados de empresas dos mais diversos ramos, que nada tinham a ver uns com os outros. Ainda nos anos 1980, muitos empresários imprudentes endividaram suas organizações para, acreditando em sua capacidade de gerir qualquer tipo de negócio, proceder a essa diversificação.

> Essas empresas, via de regra, decidiram crescer por aquisições, multiplicando e diversi-ficando negócios. Essa estratégia foi largamente preferida por grupos econômicos norte-america-nos, principalmente na década de 1980, vindo a produzir tanto os gigantescos conglomerados cujo negócio principal descaracterizou-se completamente, como os retalhamentos de empresas tradi-cionais, vendidas aos pedaços a quem pagasse mais. Leia-se a respeito, por exemplo, *Barbarians at the Gate*, um livro de Bryan Burrough e John Helyar, publicado em 1990 pela Harper & Row, sobre o *takeover* da RJR Nabisco, o mais espetacular caso desse tipo de todos os tempos.[10]

Sobre as dificuldades – reais, mas comumente menosprezadas pelos próprios executivos – de se dirigir um conjunto de negócios muito diversificado, vale a pena ler o que diz um artigo da revista *The Economist*, justamente sobre conglomerados de empresas em países em desenvolvimento.

O artigo argumenta que um *chief executive* geralmente tem menos condições do que o mercado de capitais para gerir diversas empresas diferentes ao mesmo tempo. Por isso os conglomerados tendem a ter menor valor de mercado do que teriam suas várias operações separadas, se somadas. "Focalizar (negócios) traz ainda outros benefí-cios." Diz o artigo: "Os dirigentes não precisam dividir seu tempo, energia e expertise entre diferentes negócios. A regra do jogo parece ser que os conglomerados tendem a sair de moda à medida que os mercados de capitais se tornam mais eficientes."[11]

O *CORE BUSINESS* NÃO É A MISSÃO

Em outro texto, Peter Drucker diz também que a missão da empresa é parte integrante da *teoria do negócio* que todo administrador formula. Drucker crê que "toda organização, seja ou não uma empresa, tem uma teoria do negócio".[12] A missão da empresa não é *toda* a teoria do negócio, mas uma parte dela; e o que Drucker chama de *teoria do negócio* do administrador inclui também, como veremos mais adiante, uma parcela substancial do *ideário* dos gestores.

A missão não deve ser confundida com o *core business* da empresa, embora as duas idéias se aproximem bastante. Cada um desses conceitos tem, na realidade, origens e desenvolvimentos bastante diferentes entre si, mesmo que mantenham alguns pontos de contato: a missão é primeiramente, como já vimos, uma *missão idealizada* pelo empreendedor, daquilo que ele enxerga no contexto com sua *visão-capacidade*. Posteriormente, conforme as práticas que serão adotadas pela empresa, ela se transformará numa *missão em operação*, que pode ou não reproduzir fielmente a primeira.

O *core business* surge com base em um outro processo: ele é produto das idéias dos principais gestores da empresa sobre o que é verdadeiro, válido, correto ou lucrativo fazer. O *core business* é, portanto, um produto do *ideário* dos gestores. Para se definir o *core business*, é preciso perguntar-se: "Em que negócio esta empresa está envolvida?" e, em seguida, complementando essa pergunta: "O que, dentro deste negócio, mais interessa aos gestores estratégicos?" Ou então: "O que os gestores desta empresa querem que ela tenha de específico e diferente, em relação aos seus congêneres ou concorrentes diretos?"

Na verdade, a definição do *core business* da empresa tem mais a ver com as *core competences* da organização do que com sua missão (embora tampouco deva ele ser confundido com as *core competences*, que não são a mesma coisa). Uma empresa pode desenvolver um *core business* que esteja fora de suas *core competences*, assim como pode, ao menos em tese, desenvolver *core competences* em desacordo com seu *core business*. Para entender melhor esse ponto, é conveniente examinarmos um pouco melhor as *core competences* de uma organização.

AS *CORE COMPETENCES*

Core competences são uma das mais recentes e fascinantes preocupações dos dirigentes de empresas. Essa expressão, tão sonora em inglês e sem equivalente convincente em português, é por vezes traduzida por: *competências-chave*, *competências estratégicas* ou *competências essenciais*, ou ainda *fatores críticos de sucesso* (expressão esta que, todavia, também pode significar outra coisa bem diferente).

As *core competences* são importantes fatores da gestão estratégica. Desde o início da história da administração, as empresas têm buscado avidamente modelos que as ajudem a esclarecer e a aplicar na prática o que seria um desempenho executivo efetivamente contributivo; o surgimento do conceito de *core competences* ajuda a dar um passo nesse sentido.

O conceito foi desenvolvido pelo professor da Universidade de Michigan C. K. Prahalad e pelo consultor Gary Hamel, numa tentativa de revigorar os estudos sobre estratégia empresarial. O livro de ambos sobre o tema, *Competindo pelo futuro*, rapidamente tornou-se um clássico. Nele, os autores procuram responder à pergunta que consideram a mais importante para as empresas nos dias de hoje: "Quais são as pré-condições mais importantes para que a empresa desenvolva estratégias complexas, variadas e robustas?"[13] Sua resposta são as *core competences*, que eles definem como "um conjunto de habilidades e tecnologias que permite a uma empresa oferecer determinados benefícios aos seus clientes".[14]

É adequado lembrar, entretanto, que, em 1957, o professor e teórico da administração Philip Selznick já tinha utilizado, talvez de forma pioneira, a expressão *distinctive competences* (competências distintas) para referir-se àquilo que uma empresa consegue realizar *especialmente bem* em comparação com seus competidores.

A ASSOCIAÇÃO ENTRE AS *CORE COMPETENCES* E A TECNOLOGIA

O leitor deve atentar para o fato de que, em sua definição de *core competences*, Hamel e Prahalad fazem menção à tecnologia. Que teria a tecnologia a ver com tais competências? De fato, muito, e basta refletir um pouco para entender por quê: se as *core competences* são indicadores de diferenciais competitivos da empresa, e se a tecnologia tornou-se, nas décadas recentes, um fator tão decisivo para a maioria dos negócios, parece lógico que possuir tecnologia mais avançada que os concorrentes (tecnologia que eleve a produtividade, favoreça maior escala de produção, permita produzir com maior qualidade e custos menores, facilite a renovação de produtos e serviços sem investimentos elevados em substituição tecnológica etc.) provavelmente significará ter uma *core competence*.

Hamel e Prahalad exemplificam essa noção com vários casos emblemáticos, tais como a capacidade da Sony de miniaturizar produtos e funções; a capacidade da Canon em controles ópticos e processamento de imagens; ou a extrema eficiência da Nintendo e da Nike em terceirizar funções (a primeira na produção de novos video-games e a segunda na fabricação de calçados esportivos).

ENTENDENDO O TERMO COMPETÊNCIA

O que torna tais competências organizacionais realmente essenciais são, ainda nos dizeres dos autores, três aspectos distintivos. Essas competências, necessariamente:

* contribuem de modo notável para o valor percebido pelo cliente;
* diferenciam claramente a empresa dos concorrentes; e
* indicam caminhos estratégicos importantes para a empresa no futuro.

Um exemplo de *core competence* dado pelos autores, no qual os três requisitos anteriores podem ser facilmente percebidos é a capacidade da Honda de produzir motores de alta qualidade. Isso é visto como valor pelos clientes, diferencia a Honda de outras montadoras de veículos e aponta de modo inegável para produtos nos quais a empresa deve prestar atenção, em sua estratégia para os próximos anos.

O termo inglês *competence*, assim como *competência*, em português, tem raiz latina, vindo do verbo *petere* (do qual também derivam vários vocábulos que aparentam nada ter a ver com *competência*, como: *pedir*, *ímpeto*, *petição*, *apetite* ou *repetir*). A formação etimológica que nos interessa aqui é: *com + petere*, que originalmente queria dizer algo parecido com *buscar juntos*, mas, posteriormente, veio a significar: *conciliar*, *consensar*, *chegar a um entendimento*. Mais adiante ainda, o termo *competência* desdobrou-se em nada menos que três acepções distintas:

1. habilitação legal para julgar ou avaliar determinado assunto ou problema;
2. capacidade de apresentar o desempenho necessário para realizar um trabalho; e, finalmente,
3. rivalizar-se com outrem, ou estar em confronto com essa pessoa.

Os três significados seguem existindo em português. Desses, o segundo significado (competência = capacidade) é o que nos interessa, quando falamos em *core competences*. Ainda assim, rigorosamente falando, ele não pode ser separado por completo do terceiro significado, pois as *core competences* não são apenas capacidades que a empresa possui, mas *capacidades de alto grau*, que lhe permitem rivalizar-se com os melhores concorrentes e mesmo suplantá-los.

EXEMPLOS DE *CORE COMPETENCES*

A partir de meados dos anos 1990, definir as *core competences* da empresa tornou-se uma moda na formulação da estratégia, em tempo extraordinariamente curto – três ou quatro anos, provavelmente por se constatar que, num contexto global, em que as transformações são radicais e constantes e os concorrentes mais e mais ameaçadores, é ao mesmo tempo vital e difícil para uma grande organização manter-se viva e competitiva. Alguns outros exemplos podem clarificar ainda mais o sentido da expressão *core competences*.

O primeiro deles, bastante claro, é o caso da Wal-Mart, gigante americano do varejo que se tornou a empresa de maior faturamento em todo o mundo. Seu grande sucesso é unanimemente atribuído à sua capacidade de manter-se simples, econômica e muito leal aos seus clientes, empregados e fornecedores. "A despeito de seu tamanho", diz um artigo sobre a empresa, "o maior varejista do mundo manteve suas raízes fincadas nas pequenas cidades. Em 1962, seu fundador, Sam Walton (1918–1992), montou uma pequena loja próximo a Bentonville porque os grandes concorrentes, como KMart e Sears, já dominavam as cidades maiores".

Essa decisão modelou o sucesso da Wal-Mart: "Sem ter clientes, pessoal e fornecedores, Walton teve de fazer as coisas de modo diferente: ofereceu participação nos lucros aos empregados, parceria aos fornecedores e, aos clientes, serviço amistoso e preços baixos todos os dias", o que significava que a Wal-Mart tinha de manter os custos no menor patamar possível.

Para Sam Walton, que tinha crescido no campo, a frugalidade era algo natural. Assim, nas viagens, ele fazia nada menos que oito executivos dormirem num só quarto; e, tendo chegado a ser o homem mais rico do país, ainda dirigia uma velha picape e voava na classe econômica. "Toda vez que a Wal-Mart desperdiça um dólar", escreveu certa vez, "esse dinheiro vem dos bolsos de nossos clientes". Uma década após sua morte, tudo isso continua enraizado na cultura da Wal-Mart.[15]

Outro exemplo de *core competence* é dado pelo próprio C. K. Prahalad: "A 3M é um bom exemplo de empresa que aplica bem o conceito de competência essencial", diz o autor. Afirma Prahalad:

> Existe um elo comum entre as fitas magnéticas, as fitas adesivas e todos os demais produtos que ela fabrica: todos têm um revestimento chamado substrato. A 3M entende melhor do que ninguém de substratos e de como podem ser usados sobre papel, poliéster, feltro ou outro material.[16]

CORE COMPETENCES × COMPETÊNCIAS GERENCIAIS

É importante não confundir *core competences* com as *competências gerenciais*, que muitas empresas pretendem que seus gestores desenvolvam. Estas últimas correspondem a áreas de atuação definidas ou aprovadas pelos gestores estratégicos, nas quais os gerentes devem mostrar proficiência ou desempenho exemplar. Sua grande diferença em relação às *core competences* é que as competências gerenciais não se originam na cultura real da empresa nem são definidas levando-se em conta essa cultura, mas sim aquilo que se entendeu serem as principais qualidades profissionais de um gestor para atuar na empresa, nas condições competitivas em que esta se encontra. Portanto, como ocorre com o *core business*, a origem das competências gerenciais está no ideário dos gestores do ente hegemônico, não na cultura da empresa.

Para destacar bem essa diferença, tomemos esta lista de *competências gerenciais* proposta por uma empresa brasileira como modelo da conduta profissional esperada de seus gerentes:

* foco no cliente;
* inovação;
* negociação;
* visão do negócio;
* desenvolvimento das pessoas;
* liderança da equipe;
* autodesenvolvimento;
* flexibilidade para mudanças;
* foco em resultados; e
* pensamento sistêmico.

Essa empresa, como se observa, decidiu apresentar aos seus gerentes uma relação de dez competências gerenciais que espera vê-los cumprir. A quantidade de competências gerenciais poderia ser maior ou menor: comumente há listas de seis ou sete, como as há com até 15 ou 16 competências!

Uma relação de competências gerenciais como essa geralmente passa a ser o ponto de partida na programação de atividades de desenvolvimento gerencial da empresa (tornando-se o tema de cursos, seminários e palestras), ou na aplicação de ferramentas de gestão de RH, tais como: avaliação de desempenho, planejamento de sucessão e carreira; seleção interna de potenciais; e outras.

A APRENDIZAGEM DAS *CORE COMPETENCES*

Ainda que sejam algo diferente, as *core competences* podem, mesmo assim, figurar na lista de competências gerenciais da empresa. O fato de virem da cultura real estabelecida não significa que não possam ser aprendidas. Prahalad e Hamel afirmam, aliás, que as empresas devem fazer todo o possível para identificar os indivíduos que melhor representam suas competências essenciais para utilizá-los como exemplos e como professores. "Acredito que o motivo de identificar as pessoas não seja tanto para criar uma elite, mas sim facilitar a divulgação de suas habilidades especiais junto a um número maior de pessoas", diz Prahalad. "Também é importante criar um senso comunitário para que essas pessoas possam trocar informações e conhecimentos sobre o que são capazes de fazer e como puderam aplicar isso em várias áreas do negócio", completa Prahalad.[17]

O talento e a capacidade que os executivos-chave da empresa possam ter para criar e aplicar soluções estratégicas de alto valor acabam se tornando um capital essencial, do qual a empresa não pode abrir mão. Em suma, é cada vez mais assustadoramente verdadeiro que ganhará o mercado o competidor que puder contar com gente mais apta a tomar as decisões certas, sem que se saiba, entretanto, sobre o que versarão essas decisões ou quando serão tomadas. É o que essas pessoas presumivelmente estão qualificadas para pensar e realizar (e não aquilo que elas concretamente já realizaram ou estão realizando no momento) que se transformou no grande diferencial crítico, potencialmente capaz de garantir o sucesso da empresa em algum momento no futuro. Assim, os dirigentes máximos da organização passam a buscar e a cultivar obsessivamente o que julgam serem essas capacidades potenciais, por crerem que o êxito da organização virá a depender essencialmente delas, mais do que de qualquer outro fator isolado.

Sendo as competências essenciais um produto da aprendizagem da empresa ao longo dos anos, é evidente que elas são nada menos que um "núcleo duro" da própria cultura dessa empresa. Prahalad e Hamel defendem que, por causa disso, é necessário identificar os profissionais da empresa mais representativos dessa cultura, não para mandá-los embora e reduzir a influência da mesma na estratégia da empresa, mas, muito ao contrário, para utilizá-los como formadores internos de novos especialistas nessa cultura essencial!

Isso representa uma visão completamente diferente daquela que tem sido praticada pelos executivos que passam a dirigir uma empresa, os quais geralmente decidem se *livrar* da cultura anterior, em vez de privilegiá-la. Fazendo uma paráfrase com o que dizem as propostas sobre a *learning organization* de Arie de Geus e Peter Senge, Hamel e Prahalad sugerem que a empresa se torne uma *organização desaprendente*, para esses outros profissionais que não dominam as competências essenciais

A FACE OCULTA DA EMPRESA

identificadas: "Se você não sabe desaprender, provavelmente tampouco sabe aprender", dizem eles.

E prosseguem com este exemplo:

> Todos os compradores de armamentos dos EUA tinham uma certa forma de traba-
> lhar. Chamavam-na de *cost plus contracting* (contratação pelo custo máximo). Para atender
> às exigências do Departamento de Defesa americano, obedeciam a um sistema contábil
> muito complexo, adotado pela razão de que os ciclos de desenvolvimento de produtos eram
> tradicionalmente longos. Quando, porém, esses compradores de armamentos passaram a ter
> de concorrer no mercado, passaram a participar de um jogo completamente diferente, no
> qual as regras antigas não valiam mais. Assim, eles tiveram de as desaprender, antes de
> qualquer outra coisa. Hoje já não se usam a contratação pelo custo máximo, mas os
> chamados *price minus contracting* (contratação pelo preço mínimo).[18]

Esse *desaprendizado* (que, a rigor, ninguém sabe exatamente como fazer) é
fundamental para que a cultura da empresa não se "fossilize" ou "enrijeça", mas tenha
flexibilidade suficiente para assimilar as contribuições que chegarão até elas com base
no ideário dos seus gestores. "Para se manterem relevantes, as empresas terão de se
reinventar de forma rápida e radical, assim como o mundo à sua volta", diz Hamel.[19]

O que se subentende dessas colocações é que, sendo as competências essenciais
uma área de conhecimento especialíssima na cultura de uma empresa, desenvolvida
em longa prática e sobre a qual repousam importantes expectativas da empresa quanto
ao seu êxito estratégico, o esforço para preservá-las deve ser considerado prioritário.
Os poucos gestores e profissionais que, dentro da organização, realmente encarnam
essa qualidade são talentos que a empresa deve fazer de tudo para manter. Além disso,
ela precisa utilizar esses profissionais para, fazendo uso de sua expertise nessas
competências essenciais, desenvolver outros profissionais da empresa que não as
dominam. Quanto a estes últimos, precisarão desaprender algumas coisas em que
acreditam ou que valorizam, para também passarem a se dedicar efetivamente àquelas
competências essenciais.

A BUSCA DE CONFLUÊNCIA ENTRE MISSÃO, *CORE BUSINESS* E *CORE COMPETENCES*

A Figura 5.2, a seguir, pretende mostrar que, mesmo de fontes diferentes, a maior
proximidade possível deve ser buscada entre missão, *core business* e *core compe-*

tences. A responsabilidade de conseguir essa convergência é, sem dúvida, dos executivos que dirigem a empresa – seu ente hegemônico.

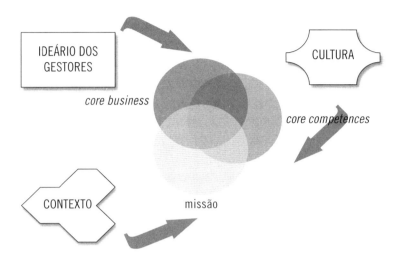

Figura 5.2 – Superposição entre missão, *core business* e *core competences*

A missão da empresa tem origem no contexto em que ela atua. É o gestor quem elabora a missão (missão idealizada), mas ele o faz com base no que o contexto lhe aponta como uma necessidade e no que ele enxerga como uma oportunidade. Como visto no Capítulo 4, o percurso ideacional feito para se chegar da necessidade à missão apresenta-se da seguinte forma:

NECESSIDADE → OPORTUNIDADE → SONHO → IDÉIA → PROJETO → PLANO → MISSÃO

De outro modo, o *core business* origina-se no próprio ideário do ente hegemônico: trata-se de uma escolha pessoal ou coletiva, da parte de quem decide sobre as questões estratégicas, tomada com base no que tais gestores entendem como verdadeiro, importante, oportuno e/ou lucrativo. Também vimos anteriormente o fato de que muitos empresários e dirigentes não encaram o *core business* como questão prioritária, preferindo diversificar suas atividades e até mesmo envolver-se em negócios totalmente diferentes entre si.

Finalmente, as *core competences* são, como mencionado anteriormente, um "núcleo duro" da cultura estabelecida, uma parte dela que se formou e adquiriu excepcional solidez. Já examinamos também como essas *core competences* poderão ou não dizer respeito àquelas áreas de atuação que são fundamentais para o negócio específico da empresa.

Assim, não há como confundir esses três conceitos, muito embora eles de fato devam confluir para um único ponto. O gestor deve procurar construir essa confluência, que ele pode fazer dando uma única resposta a três perguntas distintas, que são:

1. O que o contexto exige que façamos?
2. O que estamos acostumados a fazer?
3. O que cremos ser importante fazer?

Reforcei essa idéia de convergência entre os aspectos do contexto (1), da cultura (2) e do ideário (3) depois de rever um filme americano de suspense protagonizado por Jodie Foster e Forest Whitaker, chamado *O quarto do pânico* (David Fincher, 2002). Uma cena do filme chamou-me a atenção e me surgiu como uma perfeita metáfora dessa confluência.

Dentro de um quarto blindado onde presumivelmente se encontram escondidos milhões de dólares, o ladrão Burnham (Forest Whitaker) prepara-se para abrir o cofre. Ele se dedica à tarefa com uma frieza e uma concentração inverossímeis, considerando que reina ao seu redor um absoluto caos: seu comparsa, deitado no chão, geme com a mão destroçada, depois de tê-la prendido na porta de aço do cômodo, quando Meg (Jodie Foster, a dona da casa) a fechou violentamente; a filha de Meg, diabética, jogada noutro canto, está semi-inconsciente e correndo risco de morte sem sua injeção de insulina; na sala da mansão jaz ensangüentado sobre uma poltrona o marido de Meg, que foi massacrado pelos ladrões e tem várias partes do corpo quebradas. Enquanto isso, a dona da casa está pensando no que fará para salvar a filha e liquidar de vez com os dois ladrões (um terceiro já se encontra estirado, morto, noutro cômodo da mansão). Para culminar, dois policiais que passavam batem à porta para saber se alguma coisa anormal estaria acontecendo na casa! O ladrão Burnham não poderia encontrar contexto mais turbulento que esse para realizar sua tarefa. No entanto, ele se aplica a ela com tal meticulosidade e zelo que beira a insanidade: instala uma pesada furadeira elétrica fixa sobre a tranca do cofre, com a qual, usando uma ferramenta de aço especial, fura o centro do cilindro da fechadura. Depois, instala no furo um tubo equipado na extremidade superior com uma lente de aumento, pela qual enxerga, no interior do cilindro, os três discos que travam e destravam o cofre. Cuidadosamente vai girando cada disco, até fazer com que as fendas de cada um coincidam. A câmera focaliza em close o interior do cilindro, simulando o olho atento de Burnham que mira o interior do tubo. Quando as três fendas estão precisamente justapostas, ele retira o tubo e vira a maçaneta. A lingüeta desta encaixa-se precisamente no espaço das fendas e o cofre abre-se como por encanto!

O diretor David Fincher conseguiu, nesse ponto, dar uma dimensão alegórica incrível a uma operação que deveria ser a mais prosaica possível: a abertura de um cofre. Todavia, o clima em que isso é feito, na atmosfera geral que o próprio filme conseguiu produzir no espectador até esse ponto, transforma essa ação numa mistura de foco, inconformismo, ambição, determinação, profissionalismo e orgulho pessoal, tudo temperado por uma sensação de que é chegada a "hora da decisão", em que as opções são apenas o sucesso ou o fracasso absolutos. O espectador fica completamente hipnotizado por aquelas fendas nos discos do cilindro da fechadura, que vão se dispondo uma sobre a outra.

Essa é a metáfora perfeita para a convergência que deve ser buscada pelo gestor, entre o *core business*, que sai de sua própria cabeça; a missão da empresa, que lhe é ditada pelo contexto; e as *core competences*, determinadas pela cultura corporativa, que insidiosamente já se instalou nessa organização. Encontrar a confluência precisa das três fendas é sua chance de abrir o espaço necessário por onde passará a lingüeta da estratégia empresarial, levando à abertura do cofre dos milhões. E, tudo isso, em meio às terríveis pressões do contexto a sua volta!

CAPÍTULO 6

A FORMAÇÃO DA CULTURA CORPORATIVA

Depois que um homem se compromete,
numa série de momentos de decisão,
a seguir determinadas linhas de ação,
no FIM, mesmo que escolha a melhor
alternativa em cada um desses
momentos, pode encontrar-se numa
posição que não teria pretendido nem
preferido se, desde o início, pudesse
ter previsto todas as conseqüências.

George Caspar Homans, (1910–1989),
sociólogo americano, em *Social Behavior*.

Os factos só são verdadeiros depois
de terem sido inventados.

Mia Couto, escritor moçambicano,
em *O último vôo do flamingo*.

RELEMBRANDO O CONCEITO DE CULTURA CORPORATIVA

Uma cultura é, como já foi dito, um conjunto de hábitos e formas de pensar, sentir e agir praticados por uma comunidade. O que a caracteriza é o fato de todos praticarem essas rotinas de modo mais ou menos automático, subconsciente, dado que estão acostumados a agir assim. Não se trata, porém, apenas de rotinas de ação.

O sociólogo francês Pierre Bourdieu (1930–2002), ao apresentar seu conceito de *habitus*, esclarece que o hábito é, na realidade, o modo como "as estruturas sociais se imprimem em nossas mentes e corpos", num processo de "interiorização da exterioridade": interiorizamos e incorporamos, de forma mais ou menos inconsciente e de maneira durável, inclinações para pensar, perceber e fazer segundo determinados padrões. Esses hábitos resistem à mudança, diz Bourdieu.[1]

A definição de cultura corporativa dada por Schein e comentada no Capítulo 1 deste livro afirma que a cultura se desenvolve à medida que o grupo "aprende a conviver com seus problemas de adaptação externa e integração interna" por meio de soluções "inventadas, descobertas ou desenvolvidas" pelo grupo.[2] Qualquer que seja a forma pela qual os elementos culturais tornaram-se presentes no grupo social, alguns deles são absorvidos e assimilados, ao passo que outros são descartados ou abandonados. Em outras palavras, a cultura é sempre seletiva: ela promove a continuidade daquelas operações que foram experimentadas e deram certo, enquanto força o abandono daquelas que foram tentadas e não deram certo. O resultado prático é que dentro de algum tempo a empresa terá estabelecido um núcleo básico de padrões de comportamento, que constitui o âmago ou o cerne de sua cultura.

Nas culturas instrumentais, como as empresas, em que tudo é feito por seu efeito positivo sobre os resultados econômicos, esse processo de aceitação ou rejeição de procedimentos e técnicas é ainda mais rápido e intenso, uma vez que as pessoas estão permanentemente fazendo avaliações críticas de quais ações atendem e quais não atendem aqueles critérios. Todavia, de alguma forma esse processo seletivo se dá em todas as culturas.

Nas empresas, as ações que são tentadas geralmente o são por terem dado certo em outros lugares ou por terem sido sugeridas por experts; há também as soluções caseiras, desenvolvidas por gente da casa e sem precedentes em organizações similares. Não importa como tenham sido criadas ou como tenham chegado à empresa, elas irão ou não se tornar padrões de conduta.

As ações que ficam formam uma história: rastreando-as, às vezes chegamos às razões que levaram à sua adoção num primeiro momento. Todavia, algo típico da cultura é justamente o fato de essas razões objetivas acabarem se perdendo no tempo, por terem deixado de existir e por terem as pessoas se esquecido de que eram elas as causas daquele dado comportamento. Em lugar dessas causas históricas e reais, a cultura coloca novas explicações criadas, fantasiosas (mitos), sobre o porquê daquela conduta. Em outras palavras, desenvolve-se um universo simbólico que corresponde e reforça o universo das práticas estabelecidas pela cultura – e vice-versa (ver Figura 1.1, p. 22).

Por exemplo, em determinada empresa pode-se continuar preenchendo determinado formulário, mesmo depois que sua utilidade deixou de existir; ou pode-se continuar (como é fato) usando paletó e gravata no trabalho, mesmo que a temperatura aconselhe usar outro tipo de roupa.

Em seu livro sobre os gestos humanos, Desmond Morris dá exemplos do que chama de "gestos-relíquia": muitos britânicos ainda levantam o braço e puxam com a mão uma corrente imaginária quando querem dizer que alguma coisa está mal explicada. O gesto é uma relíquia dos tempos em que, nas privadas domésticas, o reservatório de água para a descarga do vaso sanitário ficava no alto e era acionado por uma corda ou corrente à altura da mão.[3] Analogamente, nas empresas, mesmo que as razões práticas para certos procedimentos tenham deixado de existir, eles continuam sendo desempenhados, agora justificados por explicações apenas míticas.

A formação da cultura de uma empresa é uma faca de dois gumes: por causa dela, as pessoas provavelmente utilizarão melhor seus esforços para desincumbir-se de suas atividades, visto que estas obedecem a padrões que essas pessoas conhecem bem. Por outro lado, essa padronização também encerra um risco: ela joga contra a criatividade, às vezes necessária para dar solução a um problema que a cultura não consegue resolver.

O PROCESSO DE FORMAÇÃO DE CULTURA

A missão da empresa é, de início, apenas uma *missão idealizada*, isto é, um mero conceito teórico desenvolvido na mente do fundador ou formador dessa empresa. No momento de sua criação, embora possa já ter um *core business*, a organização não terá ainda *core competences*, que irão se formar no bojo de uma cultura que ainda não existe; portanto, essas *core competences* somente estarão presentes depois que a empresa passar por experiências operacionais em quantidade, qualidade e repetitividade suficientes.

Até que a empresa desenvolva *uma missão em operação*, nada nela é fixo, habitual ou rotineiro; ao contrário, tudo o que ali se faz é ainda experimental e instável, sendo as ações selecionadas, decididas e empreendidas com base em práticas observadas em outras empresas ou trazidas para ali por gestores que as aprenderam em situações e contextos diferentes. A empresa encontra-se ainda em fase de acomodação às exigências que lhe são colocadas pelas forças que operam em seu entorno.

Todavia, quanto mais a empresa vive (ou sobrevive) e opera (e mais acentuadamente ainda se ela prospera), mais claramente vai selecionando procedimentos operacionais que poderão transformar-se, em algum momento, em *cultura*. Esse processo, que chamo de *culturalização* das operações, é aquele pelo qual se transforma em cultura um procedimento ou forma de operar de uma organização. A culturalização de um comportamento organizacional se dá em oito etapas, a saber:

1. invenção;
2. experimentação;
3. aplicação;
4. disseminação;
5. padronização;
6. simbolização;
7. reiteração; e
8. cristalização.

INVENÇÃO

Qualquer forma de agir ou realizar um trabalho em determinada situação que a empresa tem de enfrentar começa com uma idéia que é emitida por alguém. Essa idéia pode ou não ser original: seu autor pode ter chegado a ela por um insight criativo, como pode ter reconhecido na situação aspectos que já havia observado em outras empresas ou outros contextos, imaginando, a partir dessa lembrança, que a solução então empregada poderia ser viável e adequada também nesta nova situação, neste novo lugar.

Kroeber relata:

> Quando algo novo evolve numa cultura, seja uma ferramenta, uma idéia ou um costume, há a tendência de que essa novidade seja passada para a cultura de outras sociedades. Esse processo é semelhante àquele da transmissão de uma cultura para a geração seguinte numa sociedade em evolução, exceto pelo fato de que, naquele caso, a transmissão se dá para fora, em vez de ocorrer no âmbito doméstico.

> Em outras palavras, a nova cultura se transmite tanto geograficamente quanto cronologicamente, tanto no espaço quanto no tempo, tanto por contágio quanto por repetição. A passagem da cultura para outras áreas geográficas é chamada *difusão*; sua passagem, internamente, para outras gerações é chamada *tradição*.[4]

Não há tradições na cultura de uma empresa: não há tempo hábil para desenvolvê-la, uma vez que as alterações significativas se dão em curtos intervalos de tempo. Mesmo que comumente usemos a expressão "geração" para falar da sucessão de gestores que entram e saem de uma empresa (por exemplo, nas empresas públicas, que costumam mudar a gestão a cada quatro anos, coincidindo com a troca de governo), a explicação antropológica de Kroeber, no parágrafo anterior, a rigor não se aplica.

A FORMAÇÃO DA CULTURA CORPORATIVA

Se não existe tradição nas empresas, a difusão, por outro lado, é freqüente, consistindo mesmo na forma prioritária de aquisição de novos traços culturais. As empresas são extremamente permeáveis às inovações vindas de congêneres ou de outros gestores, acadêmicos e consultores, em especial quando oriundos de países mais desenvolvidos (leia-se Estados Unidos, em particular). Estes atuam, então, como verdadeiros "heróis civilizatórios", Prometeus que trazem o fogo aos mortais.

As inovações na gestão quase sempre são oferecidas às empresas por disseminadores de conhecimento que são consultores, professores de administração e gestores célebres, que as veiculam em cursos, seminários, conferências, encontros e congressos, programas de MBA, visitas e intercâmbios com outros profissionais, livros, artigos, entrevistas, reportagens e outras matérias em publicações especializadas.

Sempre que, dentro de uma empresa, uma nova idéia é lançada no ar, uma decisão a respeito dela acontecerá: tanto existe a possibilidade de ser ela vista como impraticável e, assim, sumariamente descartada por quem decide, como existe ainda a chance de que ela seja nutrida e realmente experimentada.

EXPERIMENTAÇÃO

A segunda etapa do processo é a passagem da idéia à ação. Nesse ponto a idéia é aplicada de forma ainda experimental, freqüentemente tateante e canhestra, com as pessoas prestando especial atenção aos seus efeitos. A essa altura os decisores e implementadores da idéia ainda não dispõem de parâmetros claros que ajudem a decidir se ela é de fato boa. Isso somente poderá ser decidido quando os efeitos da medida se tornarem perceptíveis.

Essa ação poderá ser de curta ou longa duração. Também poderá aplicar-se a apenas um aspecto ou a vários deles; a uma área de atuação específica da organização ou a esta como um todo. Em algum momento começarão a aparecer os resultados, bons ou ruins (ou talvez, de início, apenas alguns breves sinais de quais poderão ser esses resultados), desde logo sugerindo que a ação foi adequada ou inadequada.

Conforme o diagnóstico então feito, os decisores e implementadores da medida decidirão repeti-la ou não. Caso decidam não repetir, a idéia provavelmente cairá no esquecimento rapidamente. É provável que ela seja interrompida antes mesmo de sua finalização, dada a obviedade do fracasso. Em outros casos, quando a medida der bons resultados, os decisores e implementadores se sentirão estimulados a aplicá-la mais vezes.

A FACE OCULTA DA EMPRESA

APLICAÇÃO

Bem-sucedida, a ação tenderá a entrar, ainda provisoriamente, para o repertório de soluções disponíveis para aquele tipo de problema: sobrevindo um problema idêntico ou similar, a solução provavelmente será repetida.

À medida que essa ação for colocada em prática mais vezes, seus usuários irão se sentindo mais à vontade com ela, tornando-se mais hábeis e desenvoltos em utilizá-la e melhorando sua eficiência (precisão ou rapidez) nessa aplicação. Eles também irão implementar eventuais racionalizações e simplificações nessa prática: é comum haver ganhos de produtividade com a repetição constante de uma ação e, em tese, quanto mais for possível repeti-la, maior é a probabilidade de se obterem gradativos incrementos de qualidade e produtividade.

Nesse ponto pode ocorrer ainda o desdobramento da solução em duas ou mais variantes: aos poucos, seus usuários irão aprender a discriminar entre diferentes sutilezas nas situações práticas e a reagir desenvolvendo um sortimento de diferentes aplicações específicas de um mesmo ato básico.

Se a situação que originou esse tipo de ação não perdurar ou não se apresentar novamente, a prática tenderá a se extinguir e logo cair no esquecimento. Na hipótese de a situação prosseguir acontecendo, a prática se fortalecerá e se tornará regular na organização.

DISSEMINAÇÃO

O próximo passo é decisivo para que haja a culturalização da prática: ela deve agora deixar de ser uma atividade isolada, individual, para se tornar coletiva e disseminada por toda a organização – ou, quando for o caso, praticada por apenas umas poucas pessoas, mas entendida e valorizada por toda a organização ou pela maioria de seus integrantes.

A disseminação de uma ação prática não é algo simples, pois exige que a organização disponha de certos mecanismos que estimulem a circulação dos conhecimentos teórico e prático envolvidos. Ao explicar seu conceito de *learning organization*, Arie de Geus empregou a expressão *aprendizado institucional*, referindo-se a um aprendizado que ocorre simultaneamente em diferentes partes da organização. Para esse autor, essa forma de aprendizado depende de haver *congregação* (a oportunidade de pessoas de diferentes partes da organização passarem tempo suficiente juntas, trocando informações e idéias). De Geus comenta:

A FORMAÇÃO DA CULTURA CORPORATIVA

Qualquer organização com várias centenas de pessoas tem, em geral, ao menos alguns inovadores: sempre há pessoas curiosas o bastante para abrir caminho para novas descobertas (...). Todavia, o fato de dispor de um punhado de inovadores por si só não basta para que o aprendizado institucional ocorra. (...) Mesmo que você desenvolva um sofisticado sistema de inovação, ainda assim não terá o aprendizado institucional caso não desenvolva a capacidade de "congregação".[5]

Essa capacidade de congregar pessoas depende, diz De Geus, da presença de dois fenômenos sociais, que o autor chama de *mobilidade* e *transmissão social*: *mobilidade* significa a freqüente exposição dos indivíduos a novas funções, novas questões a resolver, novos desafios. "Os funcionários da Shell", exemplifica De Geus, "sabem que, em cada etapa de sua carreira, serão estimulados a avançar e mudar para novas áreas, ou a adquirir (para si e para a empresa) novas habilidades".[6]

O autor não chega a definir claramente sua idéia de *transmissão social*, todavia. Ele sugere tratar-se de uma capacidade que está mais presente em algumas organizações do que em outras: as primeiras têm maior propensão a fazer com que a informação circule rapidamente entre os indivíduos que fazem parte do grupo. Na verdade, não se sabe bem como influenciar positivamente essa capacidade para maximizar a quantidade e a qualidade da informação circulante. A experiência prática mostra que praticamente qualquer agrupamento humano tem essa capacidade em algum grau. Um atestado disso é dado pela forma rapidíssima e ultra-eficiente com que circulam nas organizações os boatos, as más notícias, os rumores pelos canais informais, que popularmente se conhece nas empresas brasileiras pelo apelido de "rádio corredor". Se as empresas são tão eficientes em fazer circular esse tipo de informação, deve ser em virtude de alguma peculiaridade que ainda não foi devidamente estudada ou conhecida.

Peter Senge sugere que a transmissão social se dá principalmente por meio dos mecanismos das *redes informais internas* e das *comunidades de prática*. "Tais redes informais são quase sempre melhores que canais hierárquicos para a disseminação de inovações", diz ele; e explica por quê:

> Primeiro, essas redes informais já existem, já são essenciais ao trabalho diário. Espalhar novas idéias através delas é uma extensão natural da prática corrente. Segundo, as informações que através delas passam lateralmente possuem credibilidade. Quando as pessoas que conhecemos e de quem dependemos falam a respeito de alguma coisa nova que estejam fazendo, prestamos atenção naturalmente. (...) Terceiro, a experimentação com novas idéias requer ajuda e aconselhamento num contexto seguro.[7]

| 163

A FACE OCULTA DA EMPRESA

Ao falar das comunidades de prática que se desenvolvem dentro das empresas, Senge recorre à jornalista americana Sally Helgensen e seu livro *The Web of Inclusion* [A teia da inclusão]: "As comunidades de prática podem ser estruturadas de maneira que as pessoas continuamente aprendam a se ajudar." As "teias da inclusão", de que fala Helgensen, "são como processos contínuos de criação e de ajuda mútua instilados informalmente dentro da organização".[8]

PADRONIZAÇÃO

Quando uma ação prática ultrapassa o estágio de disseminação, ela está prestes a transformar-se, finalmente, em *cultura real*: se a maioria das pessoas que faz parte de uma comunidade tiver incorporado ao seu dia-a-dia determinado ato, pensamento ou processo, ele pode adequar-se à rotina rapidamente e não ser mais questionado. Lawrence D. Miles (1904–1985), o gerente da General Electric Co. que, em 1947, inventou a engenharia de valor (ou análise de valor, técnica para aumentar a qualidade e reduzir custos nos processos fabris), contava uma história sobre um jornalista na Guerra dos Bôeres, na África do Sul (provavelmente a segunda guerra entre britânicos e bôeres, em 1899– 1902). O tal jornalista que cobria o conflito percebeu que eram designados três soldados para cada canhão, embora somente dois tivessem função nos disparos: um municiava e o outro disparava o canhão. "Para que servia o terceiro soldado?", quis saber o jornalista. Intrigado, começou a fazer essa pergunta a todos que encontrava, embora ninguém soubesse a resposta. Um velho oficial finalmente resolveu o enigma: "O terceiro soldado está ali para segurar os cavalos, que se assustam com os disparos", disse. "Mas, não há cavalos!", protestou o jornalista. O oficial retrucou: "Não há agora, mas antes havia!" Ao modernizarem o sistema de transporte dos canhões, substituindo a tração animal pela tração mecânica, portanto, os responsáveis pela logística militar haviam se esquecido de eliminar também o soldado que acalmava os cavalos! Verdadeira ou falsa, a anedota sugere que, numa cultura, determinados comportamentos, incorporados à rotina por um longo tempo, seguem sendo praticados de forma automática mesmo que não haja mais justificativa para sua função, sem que sequer isso seja questionado.

Ott propõe que alguns processos sejam especialmente empregados nas organizações com o efeito de disseminar e perpetuar a cultura que vem se formando. Ele sugere especificamente estes:

1. Pré-seleção e contratação de novos colaboradores. Privilegiam-se candidatos que já possuem ou estão fortemente inclinados a adotar as crenças, os valores e os comportamentos demandados pela cultura da empresa.
2. Socialização de membros da cultura. Com base na interação com os demais membros, vai sendo produzido um comportamento adequado a esta cultura.
3. Remoção de membros que se desviam da cultura (processo que inclui tanto as saídas voluntárias quanto as involuntárias). Nas empresas, nem sempre as demissões se devem ao baixo desempenho ou à extinção de postos de trabalho; freqüentemente elas são uma resposta da organização a inadaptações ou desajustes de comportamento em relação a culturas vigentes.
4. Enquadramentos de conduta. Principalmente em culturas relativamente fechadas, nas quais o contato do colaborador com o exterior é menor, os integrantes daquela cultura são fortemente pressionados a alterar sua conduta, quando não se coaduna com os padrões vigentes. Isso acontece com maior freqüência, por exemplo, nas *company-towns* (cidades que giram quase exclusivamente em torno de uma empresa local), mas também se verifica, em algum grau, nas demais situações empresariais.[9]

SIMBOLIZAÇÃO

Parece claro, entretanto, que, se algum comportamento é rotineiramente praticado por um grupo social e as explicações históricas para esse comportamento se perdem no tempo, outras de caráter mítico e simbólico irão, cedo ou tarde, substituí-las. As "verdadeiras" razões históricas que ficaram esquecidas por trás desse processo de simbolização são objeto de intensas pesquisas dos antropólogos. Por exemplo, o americano Marvin Harris relata:

> Eu tinha acabado de tentar convencer uma turma de universitários de que havia uma explicação racional para o tabu dos indianos quanto à matança de vacas. Estava certo de haver me antecipado a qualquer possível objeção. Radiante de confiança, perguntei se alguém mais tinha alguma pergunta. Um jovem agitado levantou a mão: "E sobre o tabu dos judeus com a carne de porco?"
>
> Alguns meses mais tarde comecei a pesquisar, tentando explicar por que tanto judeus como muçulmanos rejeitam a carne de porco. Demorou um ano para que eu me sentisse pronto para testar minhas idéias com um grupo de colegas. Logo que parei de falar, uma amiga, especialista em indígenas sul-americanos perguntou: "E a respeito do tabu dos tapirapé quanto à carne de veado?"[10]

A criação e a colocação de explicações simbólicas para os fenômenos sociais, em lugar das explicações históricas e factuais, é um comportamento que está fortemente presente em todas as culturas, tanto nas sociedades tribais simples e ágrafas, como nas sociedades urbanas e complexas, aponta Abner Cohen. O antropólogo inglês mostra como toda sociedade apresenta "uma série de padrões de comportamento normativo, não-racional, não-utilitário, que representam um papel crucial na distribuição, manutenção e exercício do poder", e como esses padrões, "num grau mais elevado de abstração e análise, podem ser descritos como símbolos".[11]

"Usualmente a palavra 'símbolo' é tomada para se referir a um signo ou ação de algum tipo usado para comunicar um significado para alguém em virtude de um conjunto compartilhado de normas ou convenções", explicam Andrew e Sedgwick. "Um símbolo (...) comunica um significado porque quer dizer alguma outra coisa, embora não haja conexão necessária entre ele e o que ele quer dizer (daí seu uso e seu significado serem ambos problemas de convenção...)."[12]

Um exemplo interessante da importância dos símbolos nas empresas é dado, em seu livro *Made in Japan*, por Akio Morita (1921–1999), o famoso co-fundador e presidente, por muitos anos, da Sony Corporation: Morita relata que, no início da empresa, os empregados iam para o trabalho muito malvestidos, porque as roupas eram escassas num Japão devastado pela guerra. Assim, a empresa resolveu dar a cada trabalhador dos escritórios, gratuitamente, uma jaqueta.

"Logo essas jaquetas se tornaram um símbolo de nossa empresa", conta o empresário. "E, à medida que prosperávamos, podíamos dispensar as jaquetas da companhia... No entanto, ninguém quis saber disso e nós continuamos fornecendo a jaqueta".[13] Claro, o valor simbólico das jaquetas já estava devidamente instituído entre os empregados da Sony!

Esse valor simbólico, todavia, passou por uma dura prova nos anos 1970, quando o Japão reatou relações diplomáticas com a China: "Os jornais davam grande cobertura ao assunto, publicando fotos de grandes grupos de chineses vestindo jaquetas em estilo Mao, todo mundo igualzinho", conta o empresário. "Muita gente na Sony começou então a brincar com isso, dizendo que, quando um grupo nosso se reunia, parecíamos os chineses das fotos dos jornais."[14]

Essa circunstância obviamente enfraqueceu o valor simbólico das jaquetas, que tinham sido, até então, um símbolo do orgulho do empregado pela sua companhia. Morita percebeu claramente que a mudança política ocorrida (o restabelecimento das relações diplomáticas entre Japão e China) tinha, sem que houvesse possibilidade de controle pela Sony, deturpado o sinal desse símbolo: pela divulgação, na imprensa japonesa, de imagens mostrando chineses vestindo o mesmo

A FORMAÇÃO DA CULTURA CORPORATIVA

tipo de indumentária, as jaquetas da Sony passaram a ser um motivo de chacota, em vez de orgulho.

Arguto analista da cultura empresarial, Morita resolveu o problema mediante um lance brilhante: pediu ao estilista japonês Issey Miyake que desenhasse para seus colaboradores um novo modelo de jaqueta. Segundo conta o executivo da Sony, ninguém mais rejeitou o novo modelo de jaqueta que, além de ser diferente do anterior, trazia agora a grife de um dos mais renomados estilistas de moda do mundo![15]

Na Figura 1.1 (p. 22), procuro mostrar que em cada cultura (empresarial ou não) estão presentes um universo de símbolos e um conjunto de práticas culturais que se estimulam e se reforçam mutuamente. É óbvio para qualquer observador que, a partir de um dado momento, a explicação real e objetiva para o uso das jaquetas da Sony (a falta de roupas apropriadas para os empregados trabalharem) foi abandonada e substituída por uma explicação mítica ou simbólica, que reforçava a pujança e a trajetória de sucesso da empresa. Como numa espécie de condicionamento reflexo, as jaquetas tinham adquirido o peso de um importante símbolo dessas características da Sony e eram agora capazes de evocar nos empregados o orgulho de trabalhar na empresa.

O acontecimento posterior – a constatação de que as jaquetas tornavam os empregados da Sony parecidos com os chineses (tradicionais rivais dos japoneses) – foi suficiente para reduzir a eficácia simbólica das jaquetas como promotora do orgulho entre os empregados, o que Morita percebeu e conseguiu reverter: bom empresário que era, ele não poderia simplesmente aceitar a perda de um recurso de tamanha utilidade para a elevação do moral interno – e concebeu um artifício eficiente para recompor o valor positivo daquele símbolo.

REITERAÇÃO

No início, Morita não tinha idéia de que as jaquetas poderiam vir a ter esse papel tão importante. Isso porque, na quase totalidade das vezes, os traços da cultura brotam de episódios e fenômenos circunstanciais, que não foram previstos pelos executivos que dirigem as empresas, cuja constatação de que o item cultural tem um valor simbólico capaz de interferir na dinâmica do grupo só ocorrerá posteriormente.

Talvez um dos raros casos em que um empreendedor, com sua genialidade, praticamente "planejou" uma cultura completa, em grande parte com acerto, seja o de Ray Kroc (1902–1984), o ex-vendedor e criador do conceito McDonald's. Kroc inventou, praticamente sozinho, todo o processo de funcionamento de uma típica lanchonete McDonald's, dos equipamentos de cozinha ao layout do estabelecimento. Independentemente das transformações que o sistema McDonald's foi obrigado a empreender mais tarde, dadas as mudanças no contexto, esse processo funcionou magistralmente por anos a fio, alimentado por um duro treinamento a que era submetido cada franqueado. Diz um analista da empresa:

> Não existe como negar que grande parte do sucesso do McDonald's é resultado de sua dedicação a um regime operacional. Mais do que qualquer outro competidor iniciante de fast-food, o McDonald's era extremamente sério no que se referia à tarefa de definir suas operações, fixar padrões básicos de realização e acompanhar fornecedores e operadores para determinar se os padrões estavam sendo respeitados.[16]

Assim como não são intencionalmente responsáveis pela criação desses símbolos que tão fortemente alimentam a cultura das empresas, os executivos raramente conseguem, como logrou fazer Akio Morita no caso relatado, manipulá-los com êxito. Na maioria das vezes os dirigentes das empresas têm uma percepção apenas difusa de que algo – a cultura real – interfere em suas decisões tomadas racionalmente, embora não consigam compreender exatamente o que está havendo. Esse tema foi abordado, aliás, no início do primeiro capítulo deste livro.

O que em geral acontece é a cultura permanecer em vigência, cotidianamente reforçada e legitimada pela inter-relação entre o universo simbólico e as ações práticas que se estabeleceram e que as pessoas do grupo se encarregam de repetir. A cultura real, assim, com base nesses dois planos paralelos de conteúdo, vai sendo reiterada, tornando-se exaustivamente rotineira e repetitiva, sendo praticada de forma não consciente, sem questionamentos. Se deixada em vigência sem novos desafios e sem questionamentos, ela se torna, como dizem muitos antropólogos, uma "segunda natureza".

Por exemplo, o jornal francês *Le Monde*, que tradicionalmente não publicava fotos, e sim desenhos a bico de pena reproduzindo a imagem de seus articulistas, sempre foi tido pelos cidadãos franceses, justamente em razão dessa forma de proceder, como um periódico austero e circunspecto. Essas qualidades, amplamente elogiadas, foram durante anos associadas justamente à ausência de fotografias em suas páginas.

A explicação real e histórica para a ausência de fotos nas páginas do *Le Monde*, porém, é completamente outra: tendo de começar a editar o jornal e dispondo de recursos modestos para isso, seu fundador, o jornalista francês Hubert Beuve-Méry (1902–1989), teve a idéia original de economizar evitando a montagem de dispendiosos laboratórios, a compra de caros equipamentos fotográficos e a contratação de fotógrafos competentes, mas com salários elevados. Para isso, decidiu inovar com os reduzidos desenhos a bico de pena.

A FORMAÇÃO DA CULTURA CORPORATIVA

O valor simbólico adquirido ao longo dos anos por esse expediente (ausência de fotos + desenhos a bico de pena = austeridade e seriedade) perdurou sem ser contestado por muito tempo, alimentado por uma explicação mítica. Era, todavia, um mito tão arraigado e poderoso que foi simplesmente copiado por outras publicações que aspiravam transmitir essa mesma imagem (o jornal brasileiro *Gazeta Mercantil*, de São Paulo, é provavelmente um exemplo disso).

O jeans nasceu em 1850, com Levi Strauss (1829–1902), um emigrante bávaro (alemão) radicado nos EUA, que abriu uma loja na Califórnia para vender as calças de lona e sarja que havia inventado. Essas calças foram batizadas com o nome de jeans porque os primeiros compradores eram marinheiros genoveses, chamados em francês de *genes*. Na época, quem comprava tais peças eram os mineradores e os vaqueiros da região, que precisavam de roupas fortes para o trabalho duro que faziam. Por serem feitas de material resistente, Levi Strauss acreditava, acertadamente, que as calças eram boas para o trabalho pesado em granjas, pastos e minas.[17] Quem hoje vê o jeans ser usado pelas mais diferentes classes sociais, nas mais diversas ocasiões e situações, não imagina que ele tenha tido essa origem. A mística do jeans é, portanto, nada mais que um monumental mito, desenvolvido ao longo de sua história.

Os mitos são extremamente resistentes e vários filmes de Hollywood tratam do tema. Um deles, um clássico do cinema americano, é *O homem que matou o facínora* (1962), do grande diretor John Ford (1894–1973), com John Wayne (1907–1979), James Stewart (1908–1997) e Lee Marvin (1924–1987) nos papéis principais.

A história conta que, depois de muitos anos, o senador Ramson Stoddard (James Stewart) volta à cidadezinha de Shinbone, no Oeste, para o funeral de seu antigo amigo, Tom Doniphon (John Wayne). Os moradores se entusiasmam com a visita, não só porque Stoddard é agora um famoso homem público, mas também por ter sido ele quem, muitos anos antes, eliminou num duelo um malfeitor local, o cruel Liberty Valance (Lee Marvin). Stoddard tenta desmitificar essa história, revelando pela primeira vez que não foi ele, mas Tom Doniphon quem, na realidade, tinha matado Valance. Porém, por mais que ele o afirme, ninguém na cidade está interessado em saber dessa versão: para todos, foi ele o homem que matou o facínora; a cidade orgulha-se de seu cidadão ilustre e precisa vê-lo como um herói! E Stoddard sai dali aturdido com o fracasso de sua tentativa de restabelecer a verdade! Ficou famosa, aliás, a frase que John Ford colocou na boca do editor do jornal local, o Shinbone Star, resumindo a importância do mito sobre a explicação do que realmente aconteceu: *This is the West. When the legend becomes the fact, print the legend.* ("Isto é o Oeste. Quando a lenda se torna o fato, imprima-se a lenda.")

Os exemplos de "lendas que substituíram fatos" são abundantes. Uma famosa foto de Winston Churchill, cujo olhar ameaçador tornou-se o símbolo da tenacidade

| 169

britânica durante a Segunda Guerra Mundial, é uma das imagens mais divulgadas da história da fotografia. O que pouquíssima gente sabe é como ela foi feita: seu autor é o fotógrafo canadense Yousuf Karsh, que a clicou em 1941, quando Churchill visitou o Canadá. O estadista chegou sem saber que seria fotografado, fumando um charuto que acabara de acender e resmungou entredentes: "Por que não me avisaram?" Karsh lhe estendeu um cinzeiro, mas Churchill continuou indiferente, mastigando seu charuto. Então o fotógrafo não vacilou: avançou para Churchill e lhe tirou o charuto da boca. Churchill mostrou um ar tão agressivo que parecia querer devorar Karsh, que, entretanto, aproveitou para fazer a famosa foto.[18]

O componente mítico é, como se vê, um ingrediente tão inevitável quanto obrigatório em todas as culturas, até na cultura empresarial. Todavia, nesta em especial, a intensa dinâmica em que as empresas são envolvidas impede a recorrência das histórias míticas, bem como dos traços culturais em geral: a cultura empresarial é, por assim dizer, muito pobre de conteúdos, em comparação com as culturas tribais, por exemplo. Nas empresas os traços culturais não se fixam, não se mantêm "puros", dado o caráter aberto do sistema empresarial, o trânsito de itens culturais é intenso.

Resumindo, a fase de reiteração da cultura empresarial é problemática – é onde a cultura pode simplesmente ser abortada. Em muitos casos, o processo nem chega a essa etapa; ou melhor, é provável que apenas alguns traços culturais mais significativos perdurem por longo tempo e se tornem assim reiterativos. Alguns estudiosos da cultura empresarial chamam de *cultura de raiz* a esses persistentes traços culturais que sobrevivem na cultura empresarial por anos e anos.

CRISTALIZAÇÃO

O último estágio é de acentuada fixidez ou rigidez, que não mais permite à cultura da empresa assimilar novidades ou criar soluções originais. Ela se torna praticamente impermeável às influências externas – envelhece, deteriora-se, enraíza-se, mantendo-se num inconveniente estado de mesmice que nada mais é, em última análise, do que sua entropia: o que antes parecia ser coerência e harmonia nas ações da empresa e nas suas respostas aos desafios do contexto terá agora se transformado em repetição automática de respostas estereotipadas. Aquilo que antes conferia uma identidade a essa organização pode ser agora mais bem entendido como uma fotografia do passado, um carimbo desatualizado no tempo, que serve apenas como lembrança. O que antes era uma cultura útil para a empresa não passa agora de um entrave ao seu desenvolvimento.

A FORMAÇÃO DA CULTURA CORPORATIVA

A criticidade desse estágio de extrema redundância ou previsibilidade da cultura é ainda mais perceptível quando se contrasta sua inflexibilidade com a extraordinária dinâmica do entorno em que a empresa opera. Enquanto no contexto o fenômeno da mudança é a tônica, porque tudo já se alterou substancialmente em comparação com a época em que essa cultura se estabeleceu, a cultura da empresa é só redundância e automatismo; e esse completo desalinho da cultura empresarial com o novo contexto é, tristemente, um prenúncio de seu risco de fim iminente.

Por exemplo, no filme *Por amor ou por dinheiro* (1991), de Norman Jewison, um investidor, Lawrence Garfield, tenta, por meio de um *takeover* hostil, obter o controle da New England Wire and Cable, uma decadente empresa interiorana fabricante de fios e cabos, que há anos opera com prejuízo. Na assembléia geral de acionistas, Garfield procura convencer os pequenos acionistas de que devem escolhê-lo como *chairman*, para que ele possa, como declara, simplesmente liquidar a empresa e salvar, desse modo, algum dinheiro para os acionistas, que já perderam muito.

"Esta companhia está morta", diz ele em seu discurso. "Não me culpem, não fui eu quem a matou. Quando cheguei já a encontrei morta. E sabem qual foi a causa? Fibra óptica! Novas tecnologias!" Garfield deixa claro a todos que, por melhor que seja a qualidade de seu produto, a empresa já não tem condições de se recuperar, pois o seu produto (fios e cabos) tornou-se obsoleto. "E sabem qual é o meio mais certo de uma empresa quebrar?", pergunta ele, "É seguir liderando um mercado que sofre de contínua retração."

Nesse processo de oito etapas, os pontos críticos, nos quais um estrangulamento do processo é mais provável, são as etapas 4, 6 e 7. A etapa 4 (disseminação) é especialmente delicada, no sentido de que é nesse ponto que o processo pode ser facilmente interrompido: por mais interessantes que sejam as novas soluções implementadas, muitas delas podem não ser disseminadas por falta de mecanismos adequados de mobilização das pessoas e troca entre elas.

FORMAÇÃO DE UM TRAÇO CULTURAL: UM EXEMPLO HIPOTÉTICO

Na Figura 6.1, a seguir, procuro apresentar essas oito etapas do processo de formação de um traço cultural. O leitor poderá utilizar a figura como referência para acompanhar a leitura do exemplo de como esse processo funciona numa empresa.

1. Invenção: Uma empresa industrial fabricante de componentes elétricos e eletrônicos, com 650 empregados, tem 38 pessoas em posições gerenciais, sendo 3 diretores, 9 gerentes e 26 supervisores e encarregados. Um dos gerentes (na prática, quase

| 171

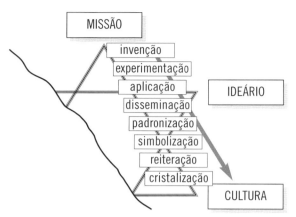

Figura 6.1 – A formação da cultura

um diretor, pela importância de sua área e pelo prestígio pessoal que tem) comunica à empresa que será substituído por um de seus supervisores durante suas próximas férias e que o substituto assumirá plenamente as funções de gerente durante esse período. Isso nunca acontecera antes na empresa e o fato causa estranheza.

2. Experimentação: A experiência dá excelente resultado. O supervisor faz um bom trabalho, participa ativamente do processo decisório da empresa com os demais gerentes e se mostra altamente motivado ao devolver o cargo a seu dono. Todos notam essa motivação e a competência do supervisor, que seis meses depois assume o lugar de um dos gerentes, que deixara a empresa.

3. Aplicação: Nos meses seguintes, a empresa sofre um abalo com a saída de um diretor, que vai presidir uma empresa menor e convida para acompanhá-lo dois de seus gerentes, que aceitam. O diretor e um dos gerentes que saem não têm substitutos à altura e, em cada caso, seus superiores interinamente acumulam o cargo. Os diretores e o gerente de RH da empresa ponderam sobre a importância de ter pessoal treinado para emergências desse tipo.

Nas próximas férias daquele gerente que inaugurara o procedimento, ele repete a dose, dessa vez convidando outro supervisor para substituí-lo. Nos meses seguintes, dois outros gerentes que também estarão de férias (um dos quais é o ex-supervisor promovido) e ainda um outro que se ausentará por 45 dias adotam a mesma medida com supervisores de sua equipe. Três supervisores também colocam assistentes para substituí-los no período de férias.

A FORMAÇÃO DA CULTURA CORPORATIVA

4. Disseminação: Numa reunião com toda a gerência, o presidente informa que acatou a sugestão do gerente de RH para instituir como procedimento regular a substituição temporária dos diretores, gerentes e supervisores em seus períodos de férias, por pessoal das respectivas equipes. Praticamente não há resistências – todos acatam prontamente a proposta. Nos 18 meses seguintes nada menos que 15 períodos de férias de gestores da empresa são cobertos por membros das respectivas equipes indicadas pelos titulares. O procedimento passa a ser regularmente divulgado no jornal interno da empresa e é objeto de uma reportagem de destaque, numa revista de administração.

5. Padronização: Diretores, gerentes e supervisores passam a fazer uso regular desse expediente. Alguns escolhem sempre o mesmo subordinado para substituí-los, o que gera críticas, ao passo que são elogiados os gestores que estabelecem um rodízio, ao fazer a escolha do substituto, entre seus três ou quatro subordinados mais destacados. Três assistentes, dois supervisores e um gerente que já funcionaram como substitutos de seus superiores em férias são promovidos. Em dado momento constata-se que há 18 meses a empresa não admite ninguém de fora para posições gerenciais, preferindo sempre o recrutamento interno.

6. Simbolização: Uma consultora externa contratada para conduzir seminários para supervisores, encarregados e assistentes comenta com o gerente de RH sua surpresa em saber que "a substituição no período de férias é a principal ferramenta de desenvolvimento gerencial e planejamento de carreira" da empresa e que "foi implementada pelo presidente, que viveu essa experiência em outra empresa". O gerente de RH estranha essa explicação, que não corresponde à realidade.

7. Reiteração: Cinco anos após aquele primeiro caso, praticamente todos os supervisores, gerentes e diretores nomeiam substitutos para si próprios em situações de férias, viagens, doenças e outros tipos de afastamento, mesmo de curta duração, sem que se questione a medida. Um incidente acontece: um dos gerentes atuais que se nega a fazê-lo é muito criticado e nenhum dos seus colegas de mesmo nível, convidados por ele, aceita ocupar interinamente seu cargo durante as férias, criando um impasse que quase leva o gerente a pedir demissão, sentindo-se "discriminado". Finalmente, o diretor a quem ele responde acaba aceitando fazer a substituição interina, mas, durante esse período, toma a iniciativa de sempre despachar com um dos supervisores da área, como se tivesse sido este o escolhido para a substituição. O gerente fica sabendo disso ao voltar das férias, reclama, entra em choque com o diretor e é demitido. O "substituto informal" é promovido para o lugar dele.

| 173

A FACE OCULTA DA EMPRESA

8. Cristalização: Seis anos e meio depois daquela primeira experiência, um dos gerentes avisa que não irá convidar nenhum dos seus supervisores para substituí-lo nas férias, por considerar sua equipe ainda muito imatura. A decisão não é bem-vista pelos seus supervisores, mas o gerente mantém sua posição. Em quatro outros casos (de um outro gerente e de três supervisores), os substitutos escolhidos não realizam um bom trabalho e a substituição é criticada. Um diretor e três gerentes defendem a extinção desse procedimento, afirmando que passou a ser uma obrigação sem sentido, que em nada ajuda a gestão da empresa. Num dos casos, o substituto temporário entra em choque com seu superior e acaba demitido. Passam-se 12 meses sem que nenhum dos substitutos seja promovido. Os assistentes reclamam da falta de promoções.

OS TRÊS NÍVEIS DA CULTURA EMPRESARIAL

Foi mencionado que as culturas empresariais com freqüência carecem de integração e unidade, por sofrerem intensas interferências de fluxos internos e externos. Essas culturas comumente estão sob um permanente impacto de mudanças ocorridas no contexto, além de mudanças internas que seus próprios gestores efetuam. Portanto, a cultura da empresa está sob permanente pressão e em constante mudança, sem que haja possibilidade de muito controle dos gestores sobre esse fenômeno. As empresas geralmente mudam – e algumas mudam muito – não por ação dos seus gestores, mas a *despeito* de suas ações.

Sob esse aspecto, podemos adotar ainda uma outra visão sobre a solidez da cultura de uma empresa, considerando-a distribuída em três níveis, representados na Figura 6.2 (ver p. seguinte).

Nesse quadro, entendemos como:

* *endocultura* ou *cultura instalada* – um núcleo interno "duro" ou já "solidificado", no qual os traços da cultura se encontram nos estágios 7 ou 8 do processo apresentado e aparecem bem definidos, perceptíveis para a maioria das pessoas;
* *mesocultura* ou *cultura em afirmação* – um nível intermediário de padrões ou hábitos já razoavelmente estabelecidos, que se encontram nos estágios 5 ou 6 do processo apresentado;
* *exocultura* ou *cultura potencial* – o nível externo da cultura corporativa, formado por condutas ainda experimentais ou símbolos em processo de assimilação ou fusão com a camada intermediária, e que ainda não se repetem suficientemente para serem claramente percebidos como parte da cultura.

A FORMAÇÃO DA CULTURA CORPORATIVA

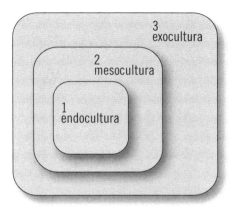

Figura 6.2 – Os três níveis da cultura

Essa classificação dos itens da cultura em três níveis tanto vale para o universo simbólico quanto para as práticas culturais da empresa (ver Figura 1.1, p. 22). A qualquer momento em que a observemos, a cultura da empresa irá mostrar esse desnível entre vários de seus setores, estando alguns deles mais "solidificados" que outros: pode-se perceber que alguns traços de sua cultura são bem nítidos, ao passo que outros não. De fato, o que geralmente se percebe, e que caracteriza a cultura da organização é especificamente o conteúdo cultural de seu núcleo "duro" (a endocultura), não o conteúdo nos dois outros níveis.

As mudanças de contexto afetam mais diretamente o nível 3, que está em contato permanente e direto com as transformações ocorridas nesse contexto. Também o nível 2 pode ser razoavelmente afetado pelas mudanças externas, mas muito pouco no nível 1.

O que produz a passagem de traços culturais do nível 3 para o 2 ou deste para o nível 1 é, sobretudo, a prática das ações e do *discurso público* ou *ideário propalado* (ver Capítulo 8). Quando os dirigentes da empresa tentam "mudar a cultura", em geral seu sucesso é bem maior no que concerne aos traços culturais do nível 3 e, talvez, do nível 2, mas dificilmente do nível 1.

Quando estudamos a cultura de uma empresa, no entanto, o que mais nos interessa é, em geral, a cultura instalada, ou endocultura (o nível 1) e não o nível 3, pois aquele inclui a porção da cultura que mais claramente identifica a empresa no contexto em que atua, que mais a representa e a caracteriza.

Como já foi examinado anteriormente, se uma empresa tiver uma ou mais *core competences* instaladas, estas necessariamente farão parte da sua endocultura, caso

| 175

contrário não serão de fato *core competences*. Quando nos damos conta de que essas "competências essenciais" são parte integrante da parte "dura" e mais interna da cultura, fica fácil perceber por que razão não faz sentido confundir essas *core competences* da empresa com as competências desenvolvidas pelos gerentes, como já discutido no capítulo anterior – uma vez que estas últimas pertencem à exocultura (nível 3) ou, quando muito, à mesocultura (nível 2).

CAPÍTULO 7

AS MODALIDADES DA CULTURA CORPORATIVA

O fogo arde tanto na Hélade quanto na Pérsia, mas as idéias humanas sobre certo e errado variam de lugar para lugar.

Protágoras de Abdera (485–420 a.C.), filósofo sofista grego.

Foi visto que a cultura capitalística (ou substrato cultural) tem como referência o sistema capitalista, enquanto a cultura idiossincrática (ou superestrato cultural) se constitui com base nas relações de fontes diversas, num panorama mais amplo que o da cultura capitalística. Em geral, em uma empresa, há a predominância de uma delas. No entanto, a superposição dessas duas "categorias" pode gerar outras modalidades de cultura, capazes de atender a diferentes demandas da empresa. É o ente produtor, basicamente, que engloba essas modalidades de cultura. Nesse sentido, pode-se dizer que a cultura corporativa é quase sempre uma *cultura de resposta* ao ideário de uma empresa.

Isso de modo algum significa que o ideário é acultural (isto é, não provém de cultura alguma); obviamente, também o ideário é culturalmente orientado. Todavia, ele em geral não pertence a essa cultura corporativa, mas provém de um contexto cultural mais amplo (estatal, familiar, religioso, militar, político, internacional etc.), que vai além da cultura corporativa de determinada empresa. Voltarei a esse ponto ao falar do ideário, no Capítulo 8.

Encontram-se nas empresas as seguintes modalidades de cultura corporativa:

1. cultura rudimentar;
2. cultura estagnada;
3. cultura de resposta;
4. cultura de intervenção;

5. culturas em processo de fusão; e
6. cultura propalada.

O leitor talvez esteja se perguntando como identificar um tipo específico de cultura empresarial. Não fica difícil concluir que o simples fato de se formular uma lista das modalidades mais comuns denota, por si só, a presença inquestionável de uma cultura capitalística imposta às empresas. No sistema capitalista, a incessante busca pela excelência de toda e qualquer organização implica seguir complexas regras, a fim de transpor as situações de pressão que se impõem na sua rotina, como a competitividade, a exigência do lucro, a necessidade de expansão e a própria sobrevivência no mercado – circunstâncias que irão configurar novas modalidades de cultura interna, específicas para cada organização e orientadas pela diretoria.

Descrevo a seguir algumas das culturas empresariais possíveis, com suas variantes:

A CULTURA RUDIMENTAR

A cultura rudimentar é a que está no estágio inicial, ainda em fase de formação. Longe de oferecer uma identidade à empresa, a cultura rudimentar não tem características bem definidas, e talvez nem mesmo pudesse ser descrita como cultura – a rigor, é apenas um embrião de cultura.

A cultura rudimentar não possui endocultura, ou o "núcleo duro" da cultura – isto é, não apresenta traços culturais "sólidos"; é informe, ainda, à percepção externa e, portanto, pouco confiável. Sem esse "núcleo duro", esse tipo de cultura tampouco oferece *core competences* à empresa, o que deixa esta sem uma importante referência para a construção de uma adequada *missão em operação*.

Numa cultura rudimentar, notam-se traços culturais em formação, pertencentes claramente à exocultura ou, quando muito, à mesocultura. Estes são, todavia, bem mais identificáveis como traços provenientes do substrato cultural (a cultura capitalística) que do superestrato entremeado por diversas outras fontes. Podem ser identificadas três formas de cultura rudimentar, cada qual respondendo a uma situação específica em que a empresa pode encontrar-se. São elas:

❖ a protocultura;
❖ a cultura vacilante; e
❖ a cultura fragmentária.

A PROTOCULTURA

O prefixo grego *proto* significa *primeiro*, *inicial*, sugerindo que um objeto observado encontra-se ainda na infância, muito distante de um estágio de maturidade. Por exemplo, o termo proto-história descreve um período na existência da humanidade sobre o qual não se dispõe de informações factuais e em que, portanto, a história somente pode ser construída de uma forma conjectural; ainda a título de exemplo, o termo protófito é usado para designar um vegetal (*-fito*) primitivo, de organização muito simples.

Da mesma forma, protocultura é apenas uma idéia de cultura ainda não realizada; uma cultura que deverá ser formada numa empresa que está em fase inicial de operação, e cuja missão é apenas idealizada ou, no máximo, em operação. Sempre é possível fazer algumas previsões sobre um ou outro traço cultural que provavelmente se formará numa empresa, quando se observa uma protocultura em andamento. Todavia, essas previsões geralmente não passam de especulações, e, quase sempre, terão de ser revistas posteriormente. Em suma, o que acontece na empresa, nesse caso, é ainda inicial e provisório para que se possa dizer que ela tem, de fato, uma cultura.

A CULTURA VACILANTE

Outro tipo de cultura rudimentar é a cultura vacilante, um modo imaturo e indeciso de manifestação de uma cultura que não é reconhecida pela maioria das pessoas, e que ocorre basicamente em duas circunstâncias especiais, uma delas bem mais comum que a outra. A cultura vacilante pode ser identificada quando a cultura é mantida num estágio imaturo pela ação inadequada nas negociações de um ou mais gestores autoritários, dominadores e centralizadores; e nos casos de expansão notavelmente rápida da empresa.

No caso das ações malsucedidas, que se verificam com razoável freqüência em muitos países, em particular no Brasil, um gestor centralizador (ou, às vezes, uma pequena equipe de dois ou três gestores bem afinados uns com os outros) comanda a empresa com tal grau de centralização e a faz seguir suas determinações diretas a tal ponto que praticamente a "escraviza": ninguém mais tem voz ativa ou pode agir na empresa, ou até mesmo pensar em algo que esteja fora do padrão estabelecido pelo ente hegemônico.

Há três casos em que esse tipo de situação se verifica:

1. Empresas cujo controle é familiar – quando existe uma "compulsão" por parte do(s) dono(s) por controlar tudo. Nesses casos, essa atitude de grande centralização tende

a ser acompanhada, nos gestores de nível estratégico que fazem parte do ente hegemônico, de uma espécie de desconfiança paranóide, caracterizada por uma forte propensão a ver defeitos, ou mesmo má-fé, em praticamente qualquer coisa que outros façam. Os membros do ente hegemônico são, nesse caso, os únicos capazes de tomar qualquer decisão, até mesmo as atividades de rotina têm de passar por sua aprovação direta. Os demais membros da organização são tratados como meros executores de ordens ou "meninos de recados", o que inevitavelmente resultará em dificuldades em algum momento.

2. Empresas cuja missão é idealizada por um único empreendedor – outro caso típico de empresa com cultura vacilante, mantida num estágio imaturo pelo ente hegemônico. Controlada por um único empreendedor, talentoso e altamente capaz para seu trabalho, mas que vê a empresa como o meio de realizar a grande obra de sua vida – "sua e de mais ninguém". Embora apresente semelhanças com o gerenciamento de controle familiar, não deve ser considerado a mesma coisa.*

3. Empresas cujo controle está centralizado nos gestores de nível estratégico – um terceiro caso observado em uma organização de cultura vacilante é a exagerada centralização das decisões sobre o ente hegemônico. Há alguns casos famosos em que ocorreram graves problemas que exigiam decisões de emergência, e ilustram bem esse nível de centralização, por exemplo: a explosão da nave espacial americana *Challenger*, em 28 de janeiro de 1986; o vazamento de óleo do navio *Valdez*, da Exxon, na costa do Alasca, em 24 de março de 1989; e o atentado contra o World Trade Center, em Nova York, e contra o Pentágono, em Washington, em 11 de setembro de 2001.

Nesses casos emergenciais é comum a condução das operações ficar centralizada nas mãos de apenas alguns componentes do escalão principal da organização. Nessas situações específicas, todo o procedimento anterior, que estava de acordo com a cultura estabelecida, é simplesmente anulado, até que tudo possa voltar ao normal.

Outras situações, talvez não tão drásticas quanto essas, mas igualmente emergenciais: assaltos à empresa, desfalques por altos funcionários, acidentes fatais no trabalho, acidente rodoviário ou aeronáutico vitimando membros do ente hegemônico, seqüestro de algum diretor, entre outros exemplos. Casos como esses, é claro, já

---

* No filme *A ponte do rio Kwai* (1957), de David Lean, o coronel inglês Nicholson, prisioneiro de guerra dos japoneses numa selva em algum lugar da Ásia, é obrigado a construir com seus soldados uma ponte sobre um rio por onde o Exército inimigo marchará para uma conquista territorial importante. À medida que o trabalho avança, o coronel encanta-se com a qualidade de sua ponte, de tal modo que esquece o motivo pelo qual ela está sendo construída – e acaba, surpreendentemente, resistindo à sua demolição por ordem do comando inglês.

AS MODALIDADES DA CULTURA CORPORATIVA

ocorreram no Brasil e cada um deles levou, de fato, à temporária suspensão dos hábitos culturais da empresa envolvida.

Quanto à expansão ultra-rápida da empresa, ela tende igualmente a produzir um efeito paralisante ou de interrupção da cultura vigente (uma situação de choque cultural). Nesse caso, a expectativa dos funcionários em torno da expansão, de modo geral, tende a ser positiva, mas isso não chega a contribuir significativamente para dissolver uma atmosfera de "catalepsia" entre eles, ou o modo confuso com que passam a agir numa situação que não tem precedente, está "fora da cultura" e é estranha. Em casos assim, a cultura de cobertura (ou cultura idiossincrática) da empresa tende a ser "asfixiada" pelo excesso de inovações a serem assimiladas em tempo demasiado curto.

Passei por uma experiência interessante, certa vez, em Portugal, em fins dos anos 1980, quando o governo local, estimulado pela entrada do país na União Européia, efetuou uma grande mudança nas políticas de comercialização de serviços bancários, ampliando o mercado e anulando as rígidas normas que até então regiam a atuação dos bancos no país. Completamente "engessados" pela lei anterior, essas empresas tinham de obedecer à regulamentação, em questões simples, tais como o número de agências com que lhes era permitido funcionar e sua localização, o portfolio de produtos oferecidos, o formato desses produtos, a forma de fazer publicidade e até mesmo a quantidade de clientes e contas-correntes que o banco podia atender. Quando a desregulamentação foi estabelecida, os bancos portugueses, de uma hora para outra, foram surpreendidos por uma liberdade com que não estavam acostumados e, então, passaram a buscar mercados com alta ansiedade. Um desses bancos, para o qual prestei serviços na época, teve seu contingente de empregados ampliado, cerca de dez vezes, no período de três meses. Imagine o caos!

De qualquer modo, a tendência é que, com o tempo, a cultura vacilante venha a dar lugar a uma das várias culturas de resposta apresentadas a seguir (possivelmente uma cultura de aceitação ou de resistência), ou, conforme o caso, volte aos padrões anteriores, uma vez superada a situação anormal. Até que isso ocorra, entretanto, pode-se dizer que a empresa não apresenta uma cultura estabelecida.

TRANSPLANTE DE CULTURA

Uma variante de cultura vacilante ocorre quando se faz o que chamo de *transplante de cultura*. Nesse caso, uma cultura corporativa vigente, movida por relações tensas com o ideário também em vigor, e já suficientemente testado, é transposta para um novo contexto empresarial. Isso acontece nos casos de transferência geográfica da

| 181

empresa para outra localidade, internacionalização da empresa, abertura de uma sucursal ou nova unidade em outro contexto ou, em alguns casos, na abertura de um novo mercado pela empresa.

Nessas situações, uma cultura razoavelmente estabelecida, com seus traços culturais mesclando contribuições do substrato capitalístico e do amálgama cultural do superestrato, é levada a um contexto que apresenta especificidades culturais próprias. O resultado pode ser uma série de questionamentos e incompreensões, em conseqüência de choques culturais inesperados. (Isso tende a acontecer também nos casos de fusão ou incorporação de empresas, mas características especiais dessa situação fazem-me classificá-la numa categoria à parte.)

No Capítulo 2, ao abordar as fontes formadoras do superestrato na cultura corporativa, e, dentro destas, as crenças e os valores da sociedade local, citei como exemplo a dificuldade por que passou certa vez a multinacional Procter & Gamble no Japão. O mesmo exemplo ilustra bem a tentativa de transplante de cultura.

A rigor, o transplante de cultura irá significar uma alteração significativa no amálgama de traços culturais principalmente do superestrato, por se acrescentarem influências de crenças e valores da sociedade local. A cultura atual da empresa, e mesmo o ideário de seus gestores de nível estratégico, não está habituada às peculiaridades da sociedade dessa nova área de atuação, particularmente de seus mercados e seus concorrentes locais, que levam vantagem por conhecerem e já estarem adaptados aos valores e às práticas locais. Como conseqüência, ocorrem freqüentes incompreensões e contradições por parte da empresa entrante. Aliás, quanto mais estranhas entre si forem as culturas das sociedades envolvidas (a sociedade de origem e a sociedade local), maior será a probabilidade de confronto.

Um interessante exemplo disso é relatado pelo antropólogo americano George M. Foster: há anos, no estado de Vera Cruz, no México, um engenheiro da Secretaria da Saúde, que havia sido designado para construir instalações sanitárias para populações de baixa renda nas áreas rurais, instalou, numa pequena comunidade em que as mulheres ocupavam a maior parte do tempo lavando roupa, uma extensa fileira de tanques junto à parede.

Satisfeito por estar economizando material e mão-de-obra, além de facilitar o duro trabalho das mulheres locais, ele ficou completamente surpreso ao ouvir a seguinte reclamação: *Ay, ingeniero, ¿por qué nos castiga?* As mulheres explicaram as razões de suas queixas: na comunidade, quando uma criança comportava-se mal, costumava-se colocá-la de castigo em pé, voltada para a parede. Era exatamente assim que elas se sentiam agora, tendo de lavar roupa viradas para a parede: como se tivessem feito algo de errado![1]

A CULTURA FRAGMENTÁRIA

Cultura fragmentária é aquela que sofreu intervenção agressiva e truculenta de um novo gestor de nível estratégico ou ente hegemônico que substituiu representantes da gestão anterior.

Em sua trajetória, uma organização pode mudar de comando. Isso geralmente ocorre quando os resultados que vêm sendo conseguidos pelos atuais gestores são considerados insatisfatórios pelos acionistas. A tendência é, então, que os novos gestores de nível estratégico entrem na empresa com a incumbência de efetuar um *turnaround*, isto é, com a missão essencial de mudar tudo! Isso pode também ocorrer em processos de privatização, como os que atingiram grande número de empresas antes estatais, na siderurgia, na telefonia, na petroquímica, na distribuição de energia elétrica e entre os bancos estatais, no Brasil, na década de 1990.

Nesses casos, o novo ente hegemônico deliberadamente faz um desmonte da cultura estabelecida, procurando romper sua coesão e destruir sua unidade. Para isso, o ente hegemônico quase sempre demite profissionais representativos da cultura anterior, interrompe atividades e negócios em andamento, refaz prioridades, desautoriza ações antes consideradas necessárias, ou mesmo vitais, e, não raro, divulga claramente sua intenção de extinguir a cultura que estava em vigor. Nomeio as crenças e os valores que presidem essas ações de ideário de combate. Abordarei esse tema no Capítulo 8.

Em geral, essa espécie de razia ou ataque predatório realizado sobre a cultura tem êxito, conseguindo destruí-la ou dispersá-la em pouco tempo. Nesse caso, quase sempre a coletividade interna é tomada por um estado de crise, em que cada indivíduo não sabe exatamente como agir. A dispensa de grandes contingentes desarticula as relações internas e o imaginário coletivo, esgarçando a delicada tessitura da cultura de cobertura ou idiossincrática e produzindo brechas que impedirão a retomada da dinâmica cultural anterior.

O estado de crise pessoal momentânea, tal como foi sugerido pelo psicoterapeuta argentino Alfredo Moffatt, descreve bem esse processo psicológico. "Crise é ausência de futuro previsível", afirma Moffatt. Esse estado de crise se caracteriza, psicologicamente, pela presença de um misto de surpresa, medo e confusão na mente das pessoas. Em termos antropológicos, é possível afirmar que a coletividade é tomada por uma espécie de *choque de cultura* decorrente da mudança do que lhe era familiar, conforme relatado no Capítulo 1.

Assim, por um período provavelmente longo, a cultura anterior deixa de existir. Entretanto, uma nova cultura ainda não se formou. Instala-se, assim, uma espécie de "zona neutra" ou "vácuo identitário", em que as formas de comportamento e relacionamento antes estabelecidas já se perderam, o valor simbólico de personagens, atos, imagens e objetos também deixou de existir e as práticas anteriores não são mais apreciadas e referenciadas.

Nessas circunstâncias, os gestores do ente hegemônico deveriam estabelecer uma posição clara para as pessoas que permanecem trabalhando na empresa, e que estão à espera de definições. Por vezes, nesses momentos, um gestor de recursos humanos, influente na empresa e consciente de seu papel, pode fazer uma diferença significativa, amparando as pessoas, dando-lhes informações e as tranqüilizando. Dos gestores do ente hegemônico pouco se pode esperar, visto que são eles próprios os executores do desmanche – com poucas exceções, os funcionários normalmente temem esses gestores mais do que confiam neles ou os admiram.

Por vezes, dependendo da consciência que possam ter da iminente intervenção do novo ente hegemônico e do nível de articulação política interna, a coletividade da empresa, ou parte dela, pode instaurar uma cultura subterrânea, sobrevivendo ao impacto da intervenção. Uma cultura subterrânea (ou cultura *underground*) é uma variante da cultura de resistência, que é, por sua vez, uma das modalidades da cultura de resposta, que examinaremos em seguida.

A CULTURA ESTAGNADA

O destino da cultura estagnada é acabar se tornando uma cultura fragmentária: mais cedo ou mais tarde, os gestores do (novo?) ente hegemônico investirão sobre ela com um ideário de combate e a dissolverão por completo. Isso é ainda muito mais comum nos dias de hoje, quando a competição pelos mercados e a busca de lucratividade são absolutamente arrebatadoras.

Cultura estagnada é aquela que se solidificou em demasia, na qual os automatismos nos modos de pensar, sentir e agir tomaram conta das pessoas, que não mais exercem sua vontade pessoal e sua consciência profissional, ao cumprirem os ditames da cultura. Agem de forma meramente mecânica, sem *sequer* se darem conta do que estão fazendo. A prática de uma espécie de "hábito absoluto" tomou conta dessas pessoas, transformando-as praticamente em robôs ou "zumbis da cultura".

Uma cena hilariante do filme *Um dia de fúria* (1993), de Joel Schumacher, com Michael Douglas no papel principal, mostra esse triste estado de estagnação a que a cultura empresarial pode chegar.

Na história, William empreende uma viagem a pé pela violenta cidade em que vive, dirigindo-se ao subúrbio em que mora sua ex-mulher, onde pretende ver a filha, que faz aniversário. No caminho, pára numa lanchonete para comer algo e pede um prato que faz parte do cardápio do café-da-manhã, mas recebe a informação de que esse cardápio vigorou até as 11h30 e, agora, está sendo servido apenas o cardápio do almoço. No entanto, são apenas 11h33! Mesmo assim, o gerente é inflexível no cumprimento da norma da casa.

William, sujeito patologicamente violento, tira uma metralhadora de uma sacola e dá um tiro para o alto, deixando todos em pânico – e consegue ser atendido como deseja por um gerente apavorado! Entretanto, William muda de idéia e acaba pedindo algo do cardápio do almoço – mas recebe um sanduíche esquálido e murcho, que nada tem a ver com o suculento produto anunciado em belas fotos expostas acima do balcão.

A cena é bem ilustrativa de uma cultura estagnada. Ela mostra um estabelecimento comercial em que a norma vale mais que a prestação do serviço, os colaboradores ignoram que a finalidade de uma empresa é a conquista e a conservação de clientes, bem como a busca pela excelência de seus produtos e serviços. O atendimento dado ao cliente e o lanche que lhe é servido mostram, enfim, como, numa cultura estagnada, as reações das pessoas que fazem parte da coletividade empresarial, embora aparentemente ajam de acordo com o modelo previsto, são completamente sem energia e automatizadas.

Muitos outros exemplos de cultura estagnada poderiam ser dados. É um tipo muito comum em empresas monopolistas ou de mercado cativo, regulamentado ou protegido por lei; ou ainda, nos casos de empresas e outras organizações cuja capacidade de fazer renda ou lucro não depende de uma atitude realmente competitiva no mercado (seja porque sua receita é compulsória, seja porque seus eventuais déficits são compensados de alguma forma). A história das empresas estatais brasileiras (mas não somente dessas) mostra um grande número de exemplos.

Um artigo de Richard T. Pascale et al. faz comentários sobre a antiga IBM, sugerindo uma época em que essa importante empresa tinha uma cultura claramente estagnada. Diz o artigo:

> Em 1993, Lou Gestner, o novo CEO da IBM, pediu a (Jim) Cannavino (então executivo da empresa) para analisar criticamente o processo de planejamento estratégico: por que a IBM se saíra tão mal nessa área?
>
> Cannavino examinou o produto do trabalho – prateleiras e biblioteca repletas de pastas azuis contendo vinte anos de previsões, tendências e análises estratégicas: a arquitetura aberta dos PCs, as redes, margens mais altas em software e serviços do que em hardware, tudo estava ali (isto é, tudo que aconteceu depois no contexto já havia sido previsto, sem que nada fosse feito a respeito)!

"Tudo aquilo poderia ser resumido em uma única frase", conta ele: "Vimos a revolução se formando! Portanto, resolvi analisar os planos operacionais. Como eles refletiam as mudanças que os estrategistas haviam projetado? Esses volumes encadernados em azul (três vezes mais grossos do que os planos estratégicos) também poderiam ser resumidos em uma frase: 'Nada mudou!'"[2]

Outro exemplo, dado pelos mesmos autores, ocorreu na Shell:

> Em 1996, Steve Miller (…) tornou-se membro do comitê de gerentes gerais da Shell – os cinco gerentes seniores que desenvolvem metas e planos de longo prazo para a Royal Dutch/Shell. O grupo viu-se escravo da sua história centenária. Os efeitos mobilizadores da tradição – um faturamento anual assombroso (...), 105 mil funcionários, em sua maioria com bastante tempo de casa, e operações globais – deixavam a Shell vulnerável. Embora os lucros continuassem fluindo, formavam-se fissuras sob a superfície.[3]

Ainda outro exemplo, relatado em *The Economist*: um ano depois de Carly Fiorina ter assumido a direção da Hewlett-Packard, um artigo dessa revista comenta a grande necessidade de mudanças que teria elevado a executiva à posição máxima de direção: até o fim dos anos 1960, a empresa fabricava apenas equipamentos de teste e medição. Mesmo assim, nos anos posteriores, esteve entre as mais bem-sucedidas de seu setor, acompanhando muito bem as sucessivas ondas de desenvolvimento da tecnologia da informação. No entanto, depois disso, a HP teria permanecido por tempo demasiado longo numa zona de conforto, tornando-se uma "monótona empresa de hardware do passado, incapaz de ajustar-se à era da internet".[4]

Vejamos esse último exemplo, que nos é dado em recente reportagem: Carlos Ghosn (que comandou uma incrível operação de *turnaround* na Nissan, uma das maiores montadoras japonesas de autos, tendo demitido 21 mil pessoas) diz que a "gordura" nessa empresa era excessiva quando ele assumiu a direção, pois havia "sete fábricas de montagem com 50 por cento de utilização da capacidade instalada", quando a empresa poderia "produzir a mesma coisa com quatro fábricas, e 70 por cento da capacidade". Na reportagem, Ghosn dá explicações que sugerem ter havido uma cultura enrijecida demais na Nissan, fruto da contribuição dos valores da sociedade local à cultura de cobertura da empresa:

> A ocupação da utilização da capacidade não era, vamos dizer, um parâmetro muito importante para o Japão. Enquanto os americanos acham que, quanto menos você tem, melhor você está, os japoneses acham o contrário. Quanto mais, melhor. E, a despeito do fato

de que "a força do Japão não está, nem nunca esteve, no seu modelo de gestão", os trabalhadores japoneses (operários de fábrica, vendedores de carros, técnicos de manutenção, essas pessoas que realmente fazem a economia) são de uma lealdade impressionante à empresa. Eles são capazes de fazer qualquer esforço, acima de todos os padrões que já vi.[5]

A lição que se extrai desses exemplos é que é importante não deixar que a cultura empresarial fique estagnada. A cultura precisa ser constantemente refletida, questionada e reexperimentada; quando os indivíduos exercem com liberdade seu pensamento acerca dos fatos culturais, tendem a se liberar dos seus automatismos e a ter melhores condições de contribuir para enriquecê-la e torná-la mais compatível com as solicitações que lhe são feitas pelo contexto – a cultura se flexibiliza e deixa de ser rígida, uma espécie de prisão. Reflito sobre a cultura como uma espécie de ingrediente que se aplica constantemente a ela, para que se mantenha "líquida", não "endureça": há que se "pingar diariamente duas gotas de reflexão" sobre ela!

A CULTURA DE RESPOSTA

As culturas de resposta são as mais comuns e abundantes nas organizações. Na realidade, são culturas de resposta ao ente hegemônico.

Esse tipo de cultura se forma com base em estímulos vindos do ente hegemônico, em que seus integrantes, na maioria das vezes, estão situados fora da cultura vigente na organização, como se não pertencessem ao quadro da empresa e em nada tivessem de se submeter a ela. Essa cultura empresarial, que não inclui o ente hegemônico, reconhece-o, entretanto, como uma entidade à parte, superior (acima do grupo que forma a cultura) e essencial à cultura, à qual o grupo sente-se obrigado a responder. Em outras palavras, a existência de um ente hegemônico é parte da cultura da empresa, embora seja considerado especial e diferente dos outros funcionários.

A cultura de resposta pode também manifestar-se em organizações não-empresariais, sem fins lucrativos, tais como: organizações religiosas, sindicatos, ONGs, clubes e associações. Nesses casos, igualmente pode estar presente um ente hegemônico ou um gestor isolado que dirige a organização de forma autoritária e centralizadora, levando os membros da organização a um comportamento coletivo de resposta, que poderá ser qualquer uma das modalidades de cultura de resposta apresentadas mais adiante.

A cultura de resposta pode ser vista como um equivalente organizacional da chamada "cultura da subordinação", com a qual povos locais respondiam a seus colonizadores.

A cultura de resposta, portanto, sempre pressupõe um ente hegemônico forte e pouco avesso à idéia de se integrar à (e a participar da) cultura, mostrando-se muito mais interessado em – com base numa posição política superior a ela – modelá-la de acordo com suas motivações. A tendência é que a hegemonia na condução da empresa e dos negócios seja exercida de forma personalista, baseada no rígido cumprimento do ideário pessoal do(s) gestor(es) estratégicos ou de nível executivo, com suas peculiaridades, idiossincrasias e excentricidades.

A cultura de resposta forma-se, portanto, na organização que se situa abaixo do ente hegemônico, praticamente formada apenas pelo ente produtor. A grande finalidade dessa cultura é permitir aos seus integrantes alguma forma de adaptação cultural à pressão vinda do topo – o que o grupo social que forma o ente produtor faz familiarizando-se com o modo como essa pressão é exercida e adotando padrões de comportamento que aparentemente estejam de acordo e se componham com as expectativas superiores. Todavia, esses padrões de comportamento em geral não são espontâneos nem derivam de escolhas sinceras, e, sim, apenas o modo encontrado, entre vários possíveis, numa coleção de reações identificáveis e culturalmente determinados por uma instância superior (a cultura capitalística), de conviver e sobreviver à forma de gestão adotada pelo ente hegemônico. Esses comportamentos vão constituir o que chamo aqui de *aparato dramático* – apropriadamente nomeado pelo professor Cléber Aquino (FEA-USP) de *liturgia do cargo*.

Com freqüência, identificamos dois níveis, relativamente distintos, na cultura de resposta do ente produtor: o primeiro deles é o grupo dos gestores seniores e intermediários, mais próximos do ente hegemônico, que adotam um conjunto de condutas reativas e inconformadas com as decisões e solicitações vindas do topo, bem como um conjunto de mecanismos de autoproteção e de preservação de suas respectivas jurisdições ou áreas de atividade. Comumente ainda, esse grupo desenvolve um discurso público ou ideário próprio, que é claramente auto-referencial e autolaudatório, e cuja finalidade principal é a de impressionar os que são de fora: esse discurso ressalta as qualidades, a autoridade e as prerrogativas que esses locutores dizem ter, e na realidade, não têm, numa espécie de mecanismo de compensação frente ao oprimido "espaço de manobra" que lhes é deixado pelo ente hegemônico.

Além de atitudes e comportamentos individuais de autoproteção, o grupo tende a desenvolver também um ECRO (esquema conceitual, referencial e operativo),* em que seus componentes oscilam, por um lado, entre atitudes de coesão e lealdade ao

---

* O termo foi criado pelo psiquiatra argentino Enrique Pichon-Rivière (1907–1977) para designar uma espécie de "personalidade própria", que todo grupo que permanece junto por um tempo suficientemente longo acaba desenvolvendo.

próprio grupo e, por outro, de cooptação ou coalizão com outros integrantes mais isolados, além da já mencionada autoproteção, ou mesmo da competição interna com seus pares.

No nível inferior da pirâmide hierárquica, estabelece-se uma outra forma da cultura de resposta, entre os integrantes do ente produtor que ocupam cargos destituídos de algum poder, caracterizada pela formação de pequenos grupos e "panelinhas", ou por relações de amizade e lealdade, entre duas ou três pessoas, freqüentemente temporárias. Em geral, transita informalmente dentro dessa parcela da coletividade do ente produtor uma abundante quantidade de informação, formada especialmente de observações, hipóteses e comentários críticos carregados de segredos e meias verdades, repetidamente alimentados por meras fantasias, acerca do ente hegemônico (mas, também, acerca dos participantes do próprio ente produtor que estão numa posição hierárquica superior).

Do mesmo modo, o aparato dramático está presente, traduzido por um sortimento de comportamentos e atitudes, em grande parte estereotipados, por vezes afetados e até performáticos, que visam à autoproteção e à manutenção de uma aparência de liberdade e autoridade exercidas naquilo que se pretende mostrar aos que estão do lado de fora: o fato de pertencerem ao "melhor dos mundos".

É comum, nesses casos, o analista da cultura corporativa confundir a personalidade do gestor autoritário (ou dos integrantes do ente hegemônico) com a cultura da empresa propriamente dita, tomando a primeira pela segunda. "Uma questão diferente que os escritores das vidas corporativas enfrentam é *se focalizam a empresa ou o patrão*", foi afirmado em um artigo da revista *The Economist* [grifo do autor].[6]

A personalidade desses gestores e a cultura corporativa no ente produtor são, como vimos anteriormente, coisas bastante diferentes entre si. Ainda assim, provavelmente por causa do viés psicologizante que matizam muitas análises da cultura empresarial, é comum falar do patrão como se seus traços de comportamento traduzissem a cultura da empresa.

A ESCOLA DOS GRANDES GESTORES

A contribuição para a persistência dessa forma de pensar a gestão é tradicional na área administrativa. É ainda bastante comum nos estudos da administração a aquisição do conhecimento vinculada à biografia de "grandes personagens" dessa área (notadamente empresários e executivos). As estantes das livrarias e bibliotecas de escolas de administração estão, de fato, repletas de biografias de renomados dirigentes de empresas que, por meio de seus livros, transmitem sua experiência pessoal e profissional aos leitores. As revistas de administração (como as norte-americanas *Forbes*, *Fortune* e *Business Week*) publicam freqüentemente matérias desse tipo.

Creio mesmo que a história dos grandes nomes de sucesso na administração seja ainda mais aceita nos dias de hoje do que já foi no passado, como recurso de ensino-aprendizagem de técnicas de gestão, porque a vida profissional dos executivos e dos CEOs, em especial, tornou-se muito mais desafiadora. Muitas vezes, não conseguindo apresentar aos conselhos de acionistas das empresas os resultados esperados e prometidos, eles se vêem com seus cargos ostensivamente ameaçados: nos EUA, somente durante o mês de fevereiro de 2001, nada menos que 119 CEOs deixaram seus cargos, em companhias de variados portes e ramos de atividade, voluntariamente ou por terem sido demitidos pelos respectivos conselhos de direção. Esse número representa um acréscimo de 37 por cento em relação ao mesmo mês no ano anterior. Não possuo dados precisos sobre o que aconteceu nos anos seguintes, mas o mais provável é que as demissões nesse nível tenham continuado a aumentar.

Warren Bennis e James O'Toole, num artigo da *Harvard Business Review*, chamaram a atenção para o crescente aumento das saídas de CEOs nas empresas norte-americanas, levantando a hipótese de que o motivo de tal fenômeno era, de fato, a intolerância dos acionistas quanto aos resultados abaixo de suas expectativas.[7]

Constatamos, então, que a cultura de resposta pode se apresentar de três diferentes formas. Como:

- Cultura da aceitação;
- Cultura do esforço; ou
- Cultura da resistência

A CULTURA DA ACEITAÇÃO

Na cultura da aceitação, o aparato dramático – isto é, os comportamentos simulados que o indivíduo ou grupo aprende a exibir quando suas reações autênticas são proibidas ou passíveis de punição – dos integrantes do ente produtor é representado por um conjunto de comportamentos de ostensivo conformismo e submissão às condutas e imposições superiores, mesmo que isso não corresponda, de fato, aos sentimentos dessas pessoas. Todavia, elas acabam se adaptando, conformadas com o pensamento de que "a vida é assim mesmo", e logo passam a encarar tais imposições e restrições como algo inevitável e intransponível, deixando, assim, de lutar contra elas. Além disso, tendem a mostrar seu desconforto e a reagir com irritação, se lhe chamam a atenção para essa passividade.

A CULTURA DO ESFORÇO

Na cultura do esforço, as pessoas tendem a adotar condutas mais claramente relacionadas ao trabalho que lhes cabe fazer. Elas conformam-se com as imposições que recebem, mas agem de outro modo: refugiando-se no trabalho com uma forma de assegurar-se da excessiva exposição à doutrina imposta por seus superiores. É como se pensassem assim: "Não vou ficar parado nem me lamentando: vou trabalhar!" De fato, o exercício do trabalho e, nesse caso, um bom desempenho, podem passar a compor o núcleo central da estratégia de autoproteção dos componentes da cultura.

Em tempo relativamente curto, esse conjunto de comportamentos relacionados ao trabalho acaba perdendo seu caráter de resignação e conformismo, e os integrantes do ente produtor encontram um verdadeiro sentido para estarem ali, e, conseqüentemente, elevando sua auto-estima. Nesse sentido, certamente a cultura do esforço é a melhor e mais produtiva de todas as três formas de cultura de resposta.

Posso afirmar que, em qualquer dos três casos, o aparato dramático do grupo tende a incorporar comportamentos para evitar o contato com as instâncias superiores – "os homens lá em cima" –, usando, para isso, os mecanismos de que dispõem para não ficarem tão expostos aos olhos dos integrantes do ente hegemônico. O objetivo é tornar-se anônimo – quanto menos notado, melhor! Entretanto, nessa segunda modalidade de cultura de resposta – a cultura do esforço –, a estratégia de auto-ocultação enfraquece e perde a importância com o tempo, deixando de ser tão relevante quanto nos outros dois casos, provavelmente em virtude da elevação da auto-estima dos membros do grupo: as pessoas acabam sentindo-se bem apesar dos "homens lá em cima", ou, até mesmo, por causa deles.

Com o passar do tempo e a prática cultural, vem a ocorrer também uma relativa *legitimação* do aparato dramático, que ganha foros de comportamento autêntico, sem fingimento (o que dificilmente irá acontecer nas culturas da aceitação e da resistência): já não se produz a flagrante dissonância que se verifica, por exemplo, na cultura da resistência, entre aquilo que "sinto" e aquilo que "faço". Essa legitimação decorre do fato de se criar no grupo uma espécie de "lealdade ao trabalho" (às metas, ao processo, às funções, à missão ou à profissão exercida), que independe, agora, das atitudes autoritárias das instâncias superiores.

Esse tipo de cultura de resposta tende a ocorrer mais amiúde nas empresas em que:

(a) O trabalho que é realizado apresenta ao menos algumas características do que Frederick Herzberg denomina *fatores motivacionais*, a saber: reconhecimento, responsabilidade, oportunidade de aprendizado, oportunidade de usar seus conhecimentos, autonomia de decisão.

(b) A função contributiva da empresa e/ou seus produtos para a sociedade ou o bem-estar das pessoas em geral estimula um senso de nobreza ou o idealismo das pessoas que nela trabalham: é mais fácil para as pessoas entenderem e gostarem de trabalhar numa empresa que seja vista como uma entidade com alto valor social, pelos produtos ou serviços que oferece ou por outras características. Em síntese, as pessoas se engajam mais facilmente em algo que possa ser descrito como nobre e socialmente útil.

(c) Uma empresa que se encontra competitivamente muito bem, apresenta um crescimento estável, atua num mercado que lhe é favorável e obtém resultados expressivos. Em geral, nos grandes centros urbanos, é comum observar uma atitude presunçosa, associada à identidade profissional, quando se trabalha numa empresa "de sucesso".

(d) A cultura do esforço pode também ser encontrada nas empresas estatais e nos órgãos governamentais administrativos, por parte daqueles colaboradores que possuem uma função essencialmente técnica e que são reconhecidos e bem remunerados por seu trabalho.

A cultura do esforço é discutida, por exemplo, por dois dos mais conhecidos consultores americanos, Peter Block e Warren Bennis. Para Block, é necessário deixar de "olhar para os líderes como salvadores e de tratar a liderança como se fosse a resposta". Para Bennis, que partilha com Block a crença de que os líderes não são nem a resposta nem a salvação das empresas, a forte crença que um grupo de pessoas possa ter na missão que se atribuiu na vida profissional pode levá-las a suportar melhor o sofrimento causado por um chefe agressivo, belicoso, arrogante e autoritário. E, nesses casos, afirma Bennis, mesmo o líder pode ser visto como alguém sem muito prestígio, e com sua importância relativizada, ou minimizada, conseqüentemente a missão passará a ser cumprida pelo grupo, o que será suficiente para motivar e mobilizar essas pessoas. "Se você acredita que pode levar um grupo a acreditar que 'vai fazer uma revolução no universo'", conforme disse Steve Jobs ao grupo que criou o Macintosh (citado por Bennis), "torna-se bem menos importante se você vai perder as estribeiras alguma vez, se vai gritar ou espernear".[8]

Nas empresas públicas, estatais ou de economia mista, bem como nos órgãos públicos da administração direta, um caso particular da cultura do esforço é comumente constatado: essas organizações muitas vezes são dirigidas por entes hegemônicos fortemente marcados por motivações e interesses políticos (partidários e/ou ideológicos), que pouco ou nada têm a ver com as motivações econômicas da empresa. Todos sabemos que os cargos de direção dessas organizações são muitas vezes usados como moeda de troca política, sendo ocupados por políticos de carreira, cuja competência como gestores é no mínimo duvidosa e cujos interesses na empresa podem passar bem longe do que é usual numa empresa privada: torná-la competitiva e lucrativa.

Nessas situações, o ente hegemônico pode apresentar crenças e valores fortemente apoiados nessa cultura política – e a empresa, que é por definição uma entidade essencialmente econômica, adquire um caráter bastante evidente de "ferramenta política", dando aos seus ganhos alguma destinação política ou tendo suas posições de destaque ocupadas por correligionários e aliados do grupo que se encontra no poder. Nesses casos em geral se verificam, no ente produtor, abaixo do ente hegemônico – subordinando-se a este e ao seu ideário político, mas apresentando respostas que os caracterizam como culturas próprias –, dois grupos internos distintos, de conteúdo valorativo discrepante entre si e também em relação ao viés político com que atua o ente hegemônico. As culturas desses dois grupos culturais podem ser chamadas, respectivamente, de: cultura técnica e cultura burocrática.

Essas manifestações culturais, ambas pertencentes ao ente produtor, interagem e se interpenetram em algum grau, assim como o fazem em algum grau com o ideário dos gestores estratégicos do ente hegemônico. A cultura técnica envolve um grupo seleto de gestores e profissionais técnicos da empresa (talvez entre 10 por cento e 20 por cento do efetivo), especializados nas áreas de atuação tecnológica em que a empresa opera (processamento de dados, saúde, transporte, educação, energia ou outra). Esses profissionais, que formam uma espécie de *intelligentsia*, ou "reserva de capital intelectual" da organização, estão lotados predominantemente nos escalões médios e superiores da estrutura hierárquica, em geral não têm (ou crêem não ter) maior vocação para a prática política e tendem a se manter afastados, ou pouco envolvidos com a dinâmica da ação política do ente hegemônico.

Por vezes, a mercê de sua expertise técnica ou gerencial, ou de suas qualidades pessoais, um ou outro membro desse segmento é cooptado pelos integrantes do ente hegemônico político, podendo aderir a esse permanentemente ou temporariamente. No entanto, a cultura técnica é, em geral, formada por uma coletividade que prefere não se comprometer muito "com esse ou aquele lado" e que, acostumada à idéia de que gestões políticas vêm e passam, "toca" a empresa nos seus aspectos relacionados à produção, à comercialização etc., até onde os gestores do ente hegemônico o permitem. Essa coletividade desenvolve, portanto, sua própria resposta a esse grupo, por meio de uma forma específica de cultura do esforço.

No estrato logo abaixo desse, em que se situa o grosso do efetivo do ente produtor (dois terços ou mais dos colaboradores da empresa), está uma outra coletividade formada por trabalhadores de escalões inferiores não-gerenciais. Também esse grupo desenvolve sua própria cultura do esforço, distinta daquela do grupo anterior – nesse caso, seu trabalho em geral está impregnado de condutas burocratizadas e burocratizantes típicas das empresas estatais: excessiva quantidade de normas e procedimentos a seguir; uma profusão de formulários e outros documentos a preencher; muitas leis, portarias e outros documentos legais vindos dos órgãos governamentais, que precisam ser assimilados e, portanto, devem ser lidos e debatidos à exaustão. E, além dessas, outras condutas ainda, tais como: uma excessiva ênfase em tarefas em vez de resultados; nepotismo; baixa expectativa de produção; programas motivadores de retenção de quadros (mediante oferecimento de salários, benefícios, gratificações, premiações especiais por tempo de serviço, previdência privada, ao menos em comparação com a iniciativa privada); formas especiais de vínculo empregatício não associadas à natureza do trabalho executado ou dos resultados pretendidos (ausência de meritocracia). Condições como essas conferem à cultura do esforço, no centro dessa coletividade, padrões de conduta que são muito distintos dos que se observam em empresas privadas.

Ecos das motivações políticas observadas no ente hegemônico chegam constantemente às duas coletividades do ente produtor que praticam essas culturas técnica e burocrática. Na verdade, acostumados a conviver com aquelas motivações, os membros de ambos os grupos não são propriamente avessos a essas motivações, aceitando-as e lidando com elas como a população em geral lida com os jogadores de futebol ou artistas da televisão: comentam acontecimentos havidos com eles, acompanham suas trajetórias profissionais e seus projetos (nesse caso, de cunho político, no Congresso, nas Câmaras de Deputados, nos gabinetes de governo), fazem circular informações sobre sua intimidade, comentam rumores e fazem piadinhas sobre essas pessoas. A empresa se transforma, para essa coletividade culturalmente orientada, numa espécie de microcosmo da própria sociedade, com seus anônimos cultuando suas celebridades.

A CULTURA DA RESISTÊNCIA

Na cultura da resistência, o que ocorre é basicamente uma atitude de recusa generalizada dos membros do ente produtor aos ditames dos gestores do ente hegemônico. Resistência não é, entretanto, um termo próprio da antropologia, mas da psicologia ou, mais claramente, da psicanálise, e precisa ser explicado um pouco mais aqui. O conceito foi incorporado ao tratamento psicanalítico por Freud, para designar tudo o que o paciente faz, diz ou demonstra para evitar o acesso do psicanalista aos conteúdos do seu inconsciente.[9]

Embora atitudes ostensivamente opositoras também sejam uma demonstração clara de resistência, dificilmente elas aparecerão, nesses casos, orientadas diretamente ao ente hegemônico, uma vez que o grupo de gestores estratégicos possui a prerrogativa de reagir de forma punitiva, drástica e imediata (demissão, em geral) em relação a quem se comporte contra suas ordens e determinações de maneira ostensiva. A empresa não é um lugar em que tais formas de resistência apareçam, a não ser em casos excepcionais.

De qualquer modo, quando se depara com o que lhe parece ser uma cultura da resistência, convém que o analista da cultura corporativa trate de examinar melhor a situação, antes de concluir precipitadamente que está de fato diante de um fenômeno predominantemente cultural. Em muitos casos, pode tratar-se de um fenômeno de cunho mais político. Na maioria das vezes, o comportamento coletivo de ostensiva oposição à direção da empresa não é regular e habitual, como é típico do comportamento culturalmente orientado, mas, sim induzido por alguma força política (por exemplo, um sindicato) que oferece respaldo aos indivíduos que resistem e que organiza e comanda as manifestações ostensivas de repúdio por parte dos trabalhadores. Não raro, nesses casos, tais manifestações de oposição encaminham-se para um agravamento, transformando-se em paralisações e greves. A questão, portanto, é muito mais bem tratada como um fato político, não cultural.

Abordei esse assunto, aliás, num livro sobre clima organizacional, no qual, em dado ponto, procuro mostrar que nem sempre uma manifestação coletiva do grupo pode ser caracterizada como uma forma de atuação cultural dessa coletividade. Se existe algum grau de articulação política, alguma liderança que envolva, convença e comande os integrantes do grupo, aglutinando-os em torno de uma causa ou um motivo comum, tem-se uma manifestação, de fato, política.[10]

Na prática, essas reações de resistência mais ostensiva – na forma de reclamações, queixas, lamentações e mesmo acusações – amiúde aparecem, mas indiretamente, expressas nas reações à presença de consultores externos, de gerentes que não têm poder suficiente para punir os revoltosos ou dos profissionais de RH (que as culturas corporativas em geral reconhecem como os reais "muros das lamentações" dos colaboradores descontentes).

Pessoalmente, já me deparei, em reuniões em diversas empresas, com situações em que alguma parte do corpo gerencial da empresa bradava contra as decisões dos superiores, mesmo do presidente, declarando-se perseguida ou injustiçada e tentando cooptar os coordenadores da reunião, atraindo-os para sua "causa". Um consultor experiente não se deixará "fisgar" de modo tão infantil por essas iscas que lhe são lançadas – mas isso é uma outra história, que não cabe tratar aqui.

Por outro lado, as resistências veladas, ou camufladas, são muito mais freqüentes como formas de manifestação típicas de uma cultura da resistência. Nesse caso, duas modalidades de resistência tendem a aparecer, a saber: a resistência passiva e a resistência velada.

A RESISTÊNCIA PASSIVA

No primeiro caso, os membros da cultura dão a impressão de aceitar e se conformar com as determinações e imposições vindas do ente hegemônico, respondendo a elas da forma como é esperado que façam. Todavia, seu comportamento tende a ser despido de quaisquer traços de interesse e motivação, sendo comum a apresentação de desempenhos abaixo do previsto, de resultados menores do que os prometidos e de produtividade medíocre. Os membros da cultura, por assim dizer, "fazem corpo mole".

Esse é seu comportamento público. O comportamento privado, no entanto, é feito de conchavos, encontros e comunicações pessoais secretos e carregados de bravatas e intrigas, realizados nos desvãos da empresa, nos corredores, em ambientes mais protegidos. Com o passar do tempo, essa conduta pode até levar ao aparecimento de algum tipo de liderança, "messiânica" ou "suicida", que acabe procurando fazer a aglutinação dos insatisfeitos, transformando a animosidade velada numa forma mais explícita de insurgência. A cultura da empresa, como um todo, tenderá a rejeitar essa forma de agir, a menos que seja uma forma cultural instituída nessa empresa (excepcional, diga-se de passagem) de manifestar belicosidade.

A RESISTÊNCIA VELADA

No segundo caso, os membros da cultura simplesmente recolhem seus comportamentos habituais não aceitos pelo ente hegemônico, levando-os para um nível subterrâneo, transformando-o numa espécie de "cultura da clandestinidade". É como se decidissem que, visto que não podem agir de sua forma, agirão assim às escondidas. Nesse caso, o aparato dramático que se forma pode ser descrito como uma "camuflagem" ou "cortina de fumaça" comportamental, que protege a cultura oprimida, à qual somente os iniciados e os indivíduos de confiança passam a ter acesso: é quase que necessário passar por "momentos de purificação" e atravessar "labirintos secretos", para se chegar à cultura *underground* que se estabeleceu. A perdurar esse estado de proibição sumária por um tempo relativamente longo, rituais e códigos especiais, bem como comportamentos de ocultação razoavelmente sofisticados, poderão se desenvolver como parte dessa cultura subterrânea.

Esta, subjacente ou oculta (e preservada pelos membros do ente produtor), simplesmente não aparece na conduta usual do dia-a-dia dessas pessoas; os indivíduos da cultura passam a agir como se pertencessem a dois mundos distintos, cada qual alimentado por suas próprias crenças e valores, símbolos, condutas, personagens, rituais, lugares e objetos.

Mesmo assim, muitas vezes, essa dissonância entre gesto público e intenção velada é traída nos maneirismos, tons de voz ou frases típicas – verdadeiros lapsos – nas manifestações abertas das pessoas. Observando-se seu discurso verbal e não-verbal, um analista de cultura, ou mesmo um visitante arguto, é razoavelmente capaz de perceber que a submissão dos integrantes da cultura aos ditames do ente hegemônico é falsa – é, na realidade, um disfarce.

Nesses casos, o ente hegemônico tenta impor ao ente produtor seu ideário, apresentando-o como uma nova cultura. Como não se trata disso, não irá suprir as necessidades que se apresentam no tecido cultural vigente – e o conteúdo das mensagens que veiculam o ideário tende a ser em boa parte incompreendido, interpretado de formas variadas pelos receptores dessas mensagens (que também emitem respostas que não são aquelas esperadas pelos gestores do ente hegemônico). O que se estabelece, nessas circunstâncias, é uma espécie de "diálogo de surdos" entre aqueles que representam o ideário e os que representam a cultura real, em que muito pouco do que é dito por uns é entendido pelos outros!

Refletindo sobre isso percebemos que a endocultura (a cultura instalada, da camada 1, Figura 6.2, p.175) tem mecanismos próprios de autoproteção. Em síntese, conseguir que as pessoas mais representativas dessa cultura real se comportem de maneira diferente do que vinham fazendo é mais difícil do que os gestores do ente hegemônico pensavam; e isso explica por que, nas organizações, esse núcleo "duro" da cultura real é mais difícil de mudar, ou mesmo destruir. Esses mecanismos de autoproteção levam à adoção de uma espécie de simulacro, no sentido dado à expressão por Baudrillard: o de uma imagem que remete a outra imagem, sem que haja um referente real na base dessa representação.

Os processos pelos quais esse simulacro se forma entre os representantes da cultura real são:

❖ imitação – as pessoas que apresentam os traços do núcleo cultural continuam a mantê-los, mas aparentemente adotam condutas mecânicas que simulam o novo modo pretendido pelos gestores, isto é, agem como se estivessem seguindo esse novo modelo de conduta, quando, na verdade, não estão.

❖ ocultação – as pessoas camuflam os símbolos, ou atos típicos da cultura instalada, evitando mostrá-los, ou então mostrando-os como atos típicos da nova forma de comportamento pretendida, numa espécie de sincretismo.

❖ discurso – as pessoas, embora não ajam como é ordenado pela nova direção, adotam o jargão e o discurso típicos do ideário propalado.

Há inúmeros exemplos de situações como essa, em particular exemplos históricos. Era essa, basicamente, a conduta dos cristãos primitivos que se reuniam nas catacumbas, numa Roma que os perseguia tenazmente. Era essa, também, a conduta dos escravos nas senzalas brasileiras, durante o ciclo do ouro ou da cana-de-açúcar, em comparação com seu comportamento conformado e dócil no dia-a-dia dos garimpos e dos engenhos.

Um filme que mostra bem esse tipo de cultura de resistência *underground* é o conhecido *Dirty Dancing* (1987), de Emile Ardolino, com Patrick Swayze e Jennifer Grey nos papéis principais. Nesse filme, ambientado em 1963, num hotel de veraneio freqüentado por famílias, os funcionários que entretêm os hóspedes mantêm, na privacidade dos alojamentos afastados da parte principal do hotel, um modo de viver (e de dançar) erótico e sensual, bem diferente do que aparentam em público.

Aliás, essas duas formas de manifestação da cultura da resistência – a resistência passiva e a camuflagem subterrânea da cultura oprimida – não são mutuamente excludentes, podendo aparecer mescladas em diferentes intensidades, conforme o caso.

EMPRESAS LOCAIS, MULTINACIONAIS E GLOBAIS

Reina, nos textos sobre gestão estratégica, uma razoável confusão acerca do que realmente significa ser uma empresa global. Termos como internacional, transnacional, *world class* (de classe mundial) e global muitas vezes são empregados como sinônimos, quando podem estar designando situações empresariais bastante distintas.

Uma boa abordagem sobre o tema é feita por Stephen H. Rhinesmith, que traça uma série de quatro estágios evolutivos que uma empresa ou corporação pode atingir, em sua trajetória pela internacionalização. São estes os estágios:

❖ empresa doméstica;
❖ empresa exportadora;
❖ empresa internacional; e
❖ empresa global

AS MODALIDADES DA CULTURA CORPORATIVA

No primeiro estágio situam-se as empresas domésticas locais, e seus produtos e serviços, que dependem de fornecedores locais, são colocados em mercados locais (com algumas exceções). Nenhuma dessas empresas é estrangeira.

As empresas exportadoras, referentes ao segundo estágio, também são locais, mas operam em outros países, em geral em nível apenas comercial, mediante distribuidores, representantes locais ou *trading companies*. Com o crescimento das operações, podem vir a ter nível de participação mais avançado em alguns países, mediante filiais comerciais. São empresas que podem ser descritas como pré-internacionais.

No terceiro estágio estão as empresas que manufaturam ou elaboram produtos e serviços fora de seu país de origem. Essas operações externas podem, com o tempo, crescer em importância e complexidade, passando a ter grande peso na economia e na política internas dessas corporações.

Nas empresas tipicamente internacionais, multinacionais ou transnacionais (os três termos são usados aqui como sinônimos, embora alguns autores – por exemplo, Bartlett e Ghoshal [1989] – reservem o termo transnacional para designar o que consideram uma empresa global muito "avançada"), verifica-se um intenso intercâmbio entre as unidades dos vários países em que operam. Todavia, elas tendem a apresentar a mesma estrutura de organização e operação historicamente atribuída às empresas que foram, durante muitos anos, chamadas de multinacionais, e que consiste na simples replicação, em cada país, dos modelos de organização, produção, comercialização e gestão estratégica adotados no país de origem.

O quarto estágio, finalmente, é o das empresas realmente globais, que já ultrapassaram o estágio de multinacionais. Nessas, as formas de operar da matriz não são necessariamente reproduzidas em cada operação local, assim como as várias unidades nacionais partilham entre si (e com a matriz) produtos, mercados, processos e recursos. São empresas nas quais deixou de haver um centro único de irradiação e convergência (a matriz, a sede), podendo a corporação localizar a sede em qualquer outro lugar (freqüentemente, um país que ofereça facilidades fiscais e financeiras). O idioma do país de origem (francês, alemão, japonês, holandês etc.) tende a ser substituído pelo inglês, como idioma de trabalho, uma língua que, nos dias de hoje, é considerada, internacionalmente, a verdadeira *língua franca*. Ademais, os executivos estratégicos da organização, nesse quarto estágio, não mais são necessariamente oriundos dos quadros da matriz ou do país de origem da empresa, podendo vir de várias outras partes do mundo. Os programas de expatriação e repatriação são comuns nesses casos.

Na empresa global, também a estrutura de organização e o processo de tomada de decisões tendem a ser bem mais flexíveis que os de uma empresa apenas multina-

A FACE OCULTA DA EMPRESA

cional, que quase sempre opera com base numa estrutura hierarquizada, com as decisões estratégicas centralizadas na sede. As empresas globais, ao contrário, são cada vez mais multicentradas e geridas com base em processos-chave que são válidos para o mundo todo, além de operarem fortemente baseadas em networks, com intensa interatividade entre os diferentes centros decisórios.

Em um estágio "inicial" de "globalização", a empresa tende a apresentar um estilo de gestão próprio e receptivo a contínuas e necessárias adaptações locais, ainda que marcado pela cultura da empresa matriz. As várias unidades nacionais da empresa parecem-se umas com as outras em vários aspectos de gestão, mas conseguem ser diferentes naquilo que é relevante para as operações locais (especificações de produto, estratégias de marketing, procedimentos formais de estruturação etc.).

Em um nível mais "avançado" de "globalização", essa adoção de padrões locais de conduta vai bem além da flexibilização da cultura corporativa da matriz, incluindo originalidades e especificidades substanciais de estrutura e de estratégia de ação, conforme exigido pelas operações locais. As empresas nacionais, nesse caso, parecem-se pouco entre si, interagindo com igual nível de importância.[11]

CULTURA DE RESPOSTA NA EMPRESA INTERNACIONAL

O tópico anterior fornece um cenário apropriado para uma classificação das culturas nas subsidiárias locais de empresas que têm origem nacional específica e operam em pelo menos mais um país além do seu. Essas empresas podem recair nas três categorias de empresas internacionais citadas (excluindo-se as empresas domésticas).

As subsidiárias locais de empresas internacionais devem estar, do ponto de vista de sua cultura, numa destas categorias:

* ideário interventor importado com gestão interventora importada;
* ideário interventor importado com gestão local; ou
* ideário local com gestão local.

IDEÁRIO E GESTÃO LOCAIS × IMPORTADOS

IDEÁRIO IMPORTADO COM GESTÃO IMPORTADA

A primeira variante está presente quando a matriz, sede ou empresa-mãe atua de forma centralizadora, determinando padrões de conduta dos quais a empresa local não pode se afastar. Além disso, os principais gestores da organização local quase sempre vêm de fora, designados pela empresa-mãe para comandarem as operações locais. Esses gestores estrangeiros tendem a participar de planos salariais e benefícios geridos pela própria matriz, mantendo prerrogativas que não são estendidas aos gestores locais (casa para morar, verba de representação, benefícios especiais, viagens periódicas ao país de origem, facilidades extensivas à família etc.). Além disso, são investidos de poder muito superior ao dos gestores locais, que ocupam, quase sempre, apenas posições subordinadas.

Essa variante costuma ocorrer no caso de empresas exportadoras com filiais locais, empresas internacionais com operações recentes em um país estrangeiro, ou, ainda, subsidiárias de multinacionais sediadas em países de baixo desenvolvimento econômico, baixo nível educacional e pouco industrializados, nos quais as possibilidades de recrutamento local de executivos qualificados são reduzidas.

No caso de uma empresa em que tanto o ideário quanto os gestores não são locais, os componentes do ente hegemônico quase sempre se restringem ao grupo dos gestores estrangeiros interventores. Esse grupo tende a ser compacto e fechado, pouco permeável às solicitações e convocações da cultura local, constituindo uma espécie de *cluster* da cultura do país original da empresa. Comumente seus membros não se aculturam, exceto em alguns poucos casos: comunicam-se por meio da língua materna, ou do inglês, trocam confidências e mantêm segredos entre si e se apóiam uns aos outros nas decisões.

Por esse motivo, a coletividade local do ente produtor (fora, portanto, do ente hegemônico) tende a compor dois grupos: o primeiro deles, que mostra comportamento oposto ao do ente hegemônico, é o dos funcionários subordinados locais. São pessoas que não têm acesso algum às decisões, apenas cumprem ordens e, em boa parte das vezes, são totalmente ignoradas, quando não ostensivamente discriminadas, pelos membros do ente hegemônico. Logo, o grupo social dos colaboradores locais tende a se refugiar numa das três formas de cultura de resposta já mencionada: a da aceitação, do esforço ou da resistência.

O segundo grupo em que se divide a coletividade local do ente produtor é intermediário entre aquele primeiro e o ente hegemônico. É formado de funcionários subordinados, que, em geral, pelas tarefas que cumprem, estão mais próximos dos participantes do ente hegemônico, incluindo-se aí uma população de gerentes de nível médio, supervisores, chefes, encarregados, líderes e técnicos, com mais contato com os componentes do ente hegemônico, além daqueles que exercem funções de assessoria pessoal junto aos membros desse grupo (secretárias, motoristas, mensageiros ou garçons designados para atender a diretoria).

Esses indivíduos podem mostrar-se excessivamente obsequiosos e pressurosos em colaborar com o grupo interventor (ente hegemônico), ao mesmo tempo que mostra indiferença em relação ao grupo dos subordinados. Os membros desse grupo intermediário são, por vezes, cooptados pelo grupo de interventores, apenas com objetivo de prestarem auxílio para solucionar alguma situação problemática que tenha se instalado.

A situação que se cria entre o grupo intermediário e os membros do ente hegemônico é bastante similar, guardadas as devidas proporções, àquelas que se verificaram entre colonizadores europeus e colonizados, na África, na Ásia e na América Latina, até meados do século XX.

No que diz respeito aos negócios da empresa, um problema que geralmente ocorre nesses casos é a resistência dos membros do ente hegemônico quanto a aceitar, ou nem sequer tomar conhecimento, os costumes locais utilizados comumente para resolver os problemas, e o descaso com suas especificidades – ou apenas usá-las em benefício próprio –, condições essas que os executivos estrangeiros, cumprindo um ideário externo, podem simplesmente entender como não sendo de sua responsabilidade. Na área da ética empresarial, por exemplo, temos visto casos exemplares que, muitas vezes, resultaram em conseqüências desastrosas, visto que os interventores podem adotar o já conhecido (e cômodo) "princípio do relativismo cultural": "Em Roma, faça como os romanos."

Esse descaso em relação à cultura local, por parte do ente hegemônico, pode também levar ao outro extremo do relativismo cultural. Nesse caso, sem de fato aceitar comodamente que os locais, por ignorância ou corrupção, ajam de um modo que lhes é prejudicial, os estrangeiros podem de fato aferrar-se, de maneira teimosa, aos seus próprios comportamentos culturais, numa espécie de "imperialismo ético" que não leva em conta que se encontram num país estrangeiro, que cultiva hábitos completamente diferentes.

Consideremos, por exemplo, o caso de uma grande companhia norte-americana de produtos para computador que, em 1993, estabeleceu um treinamento sobre assédio sexual em suas unidades situadas na Arábia Saudita. Não é preciso dizer que os organizadores dessas atividades foram obtusos a ponto de não perceber que o treinamento não funcionaria naquela sociedade "com convenções sociais tão estritas conduzindo o relacionamento entre homens e mulheres".[12]

Mesmo no Brasil, onde essa tendência já foi bem mais forte até cerca de trinta anos, o *gap* entre o ente hegemônico estrangeiro e os grupos culturais componentes do ente produtor na sucursal local ainda hoje é presente. Aliás, "no Brasil (...) observa-se uma tendência de manutenção do etnocentrismo nos altos escalões e mesmo em funções especializadas", acredita o professor de administração da Universidade

Federal de Itajubá, Renato Ladeia de Oliveira, ao falar de empresas estrangeiras aqui sediadas. O professor teve experiências interessantes, principalmente trabalhando para empresas de origem japonesa sediadas no Brasil.[13]

IDEÁRIO IMPORTADO COM GESTÃO LOCAL

A variante seguinte é aquela em que o ideário vigente ainda é o interventor, tendo sido importado da matriz praticamente *ipsis literis*. Entretanto, nesse caso, os gestores estratégicos já não são (ao menos em sua maioria) estrangeiros expatriados, e sim executivos locais.

O núcleo principal dos gestores locais, nesse caso, compõe um ente hegemônico comum a qualquer outra empresa, ditando as crenças e valores que irão orientar a estratégia. Todavia, os gestores não são totalmente livres para escolher esse ideário com base em suas próprias convicções (ainda que estejam, como costuma acontecer, bastante "impregnados" com a cultura da empresa-mãe), uma vez que o ideário é imposto a eles e à empresa pela matriz. Esses executivos são, assim, representantes de um ideário que aprenderam na prática profissional, que não é originalmente seu. Nesse caso, ainda, os gestores que eventualmente não tiverem se apropriado desse ideário tenderão a apresentar comportamentos dissimulados de aparente aceitação.

Os poucos gestores estrangeiros, vindos da empresa matriz, que possam ainda compor com os locais o ente hegemônico, tenderão a funcionar mais evidentemente como guardiões desse ideário, para que este não seja, de forma alguma, subvertido pelos gestores locais.

Nesse caso, a grande coletividade restante, no ente produtor, poderá estar organizada em diversos grupos, com ideários próprios e com maior ou menor grau de articulação e coesão internamente, e dispondo de maior ou menor poder para apresentá-lo e buscar sua aceitação. Em outros casos, a coletividade que se situa abaixo do ente hegemônico é formada por um grupo difuso, sem grandes nuanças ou variações de comportamento interno, em razão de não serem os recortes possíveis tão relevantes para o negócio.

Tampouco os gestores locais que representam o ente hegemônico formam, nesse caso, um grupo tão coeso e fechado como na situação anterior. Em vez disso, eles mostram maior permeabilidade em relação à coletividade que está hierarquicamente abaixo, no ente produtor.

Ainda assim, a influência da matriz sobre a unidade local tende a ser forte, mesmo que ela não tenha (ou tenha poucos) representantes "naturais" no ente hegemônico, formado (quase) somente de executivos locais "aculturados".

Nesse caso, a matriz tende a fazer uso de vários mecanismos de gestão, com a finalidade de exercer controle sobre as decisões e ações locais, tais como:

- manipulação da estrutura organizacional formal e da estrutura de delegação de poderes;
- controle e análise crítica periódica dos planos de trabalho postos em ação localmente;
- treinamento dos executivos locais em estilos de *management* preconizados ou ordenados pela matriz;
- reserva de certos temas ou certas competências especiais para serem tratados exclusiva ou prioritariamente pela matriz;
- constantes mensagens enviadas à unidade local, contendo recomendações ou determinações específicas e claras sobre como os colaboradores devem agir em assuntos especialmente importantes para a matriz;
- gestão sobreposta à gestão local, na forma de estrutura matricial de organização (por exemplo, imposição de uma subordinação funcional dos departamentos locais aos respectivos departamentos especializados da matriz, paralelamente à subordinação administrativa daqueles departamentos à direção local);
- exigência de controles mais estritos ou de contrapartidas, quando da alocação de recursos da matriz à unidade local;
- análise e controle constante de objetivos e metas propostos pela matriz;
- monitoração constante dos resultados locais pela matriz;
- pressões e incentivos oferecidos aos colaboradores locais, pela obtenção de resultados substanciosos.[14]

IDEÁRIO E GESTÃO LOCAIS

Finalmente, a terceira variante no caso das empresas internacionais é a da gestão local baseada no ideário local. Nesse caso, a presença do ideário da matriz na vida cotidiana da empresa é absolutamente menos influente que nos dois casos anteriores: praticamente não existem gestores expatriados pela matriz, sendo as posições locais supridas exclusivamente por pessoal local; os expatriados, se existirem, estarão, provavelmente, nessa condição mais a título de treinamento que por outras razões.

Essa terceira opção é própria das empresas que são sucursais de empresas internacionais que já chegaram, ou estão próximas de chegar, à condição de empresa global. Nesses casos, observa-se com clareza, nas atitudes locais, que a empresa defende e pratica o conhecido lema das empresas globais: *Pense globalmente e aja localmente*, orgulhando-se de fazer uma administração *glocal*! O ideário do ente hegemônico da unidade local é fortemente marcado pela presença de conteúdos de interesse da região onde a empresa está instalada, e influenciados pelas idiossincrasias da cultura, da economia, da política e da sociedade local. O conteúdo vindo da matriz é apenas um ingrediente a mais presente no ideário. A coletividade (ente produtor) que se situa abaixo do ente hegemônico pode ser descrita nos mesmos termos que na variante anterior.

CULTURAS EM PROCESSO DE FUSÃO

Requer atenção especial o caso específico em que duas empresas iniciam um processo de fusão, no qual, tomando por base uma operação gradual e simultânea, uma delas adquire o controle acionário da outra, e tornam-se uma só. Por essa razão, preferi tratá-lo separadamente.

BREVE HISTÓRICO DAS "ONDAS" DE FUSÕES

Os historiadores do tema identificaram cinco grandes "ondas" de fusões e incorporações de empresas, especialmente nos Estados Unidos: a primeira ocorreu em fins do século XIX, com as empresas industriais de então estabelecendo fusões horizontais (isto é, buscando concentração num mesmo mercado ou indústria, com as empresas de mesmo ramo unindo-se ou sendo adquiridas umas pelas outras). Em decorrência desses processos, foram criados nos EUA, por essa época, vários monopólios, por exemplo, o da DuPont e o da Standard Oil.

Em fins da década de 1920 verificou-se nova "onda", desta vez de fusões verticais à jusante ou à montante (isto é, nas quais empresas adquiriam o controle acionário de seus clientes ou de seus fornecedores). A legislação americana, que já havia freado a "onda" anterior de fusões, freou também essa.

Na década de 1960 foi a vez da formação de conglomerados, nos quais se vinculavam a um mesmo grupo econômico-financeiro empresas de tamanho, ramo de negócios, tecnologias e mercados diferentes, "estabelecendo-se redes de corporativas de crescimento praticamente descontrolado".

Na década de 1980, surgiram os *takeovers* hostis dos mercenários investidores corporativos, que adquiriam, oportunamente, por meio de empréstimos bancários, empresas que se encontravam em dificuldades, a fim de "retalhá-las" e vender seus ativos "aos pedaços", fazendo dinheiro "com o dinheiro dos outros".

Finalmente, a quinta "onda" das fusões e incorporações ocorrida nos últimos anos, em que os grandes negócios empreendidos por empresas internacionais visam ao crescimento e à liderança global em mercados cada vez mais competitivos.[15] Casos como o da Daimler-Chrysler, na área automobilística; da Novartis e Clariant, nas indústrias química e farmacêutica; da Inbev, na indústria de bebidas ou o da HP-Compaq, na área da informática são apenas alguns exemplos.

MERGERS & ACQUISITIONS

As fusões e incorporações típicas dessa última "onda", envolvendo empresas internacionais, são tidas por um articulista da revista *The Economist* como "especialmente complicadas". Ele se referia, na ocasião, à então recente união entre Daimler-Benz e Chrysler, duas gigantes da indústria automobilística, apontadas como duas companhias "com heranças marcantes e distintas", o que tornava especialmente complexa "a difícil tarefa pós-fusão de integrá-las com sucesso". A propósito, o artigo mostra quanto é importante o *timing* dessa integração cultural, pois "definir uma efetiva sinergia torna-se mais difícil quanto mais tempo tiver decorrido desde a fusão", segundo afirma o texto.[16] De modo geral, penso que o articulista comete um lapso ao falar da integração como uma "tarefa pós-fusão", pois de modo algum ela deveria ter sido feita desse modo, tratava-se, na verdade, de uma tarefa a ser cumprida no período "pré-fusão".

No entanto, objetivamente, em que consiste a complicação das fusões internacionais? Ela, sem dúvida, existe: encontra-se na complexidade das estratégias e dos ideários, sem dúvida, mas, sobretudo, na presença do componente cultural nacional das culturas de cobertura das organizações envolvidas. Sobre esse ponto, o artigo da revista *The Economist* argumenta com propriedade: "Os gerentes intermediários e os engenheiros da Chrysler viram a união como uma venda de sua empresa a estrangeiros, e temeram uma invasão de *rígidas práticas teutônicas* de trabalho em sua própria companhia, até então bastante informal. Portanto, o choque potencial era tanto de culturas corporativas quanto de culturas nacionais" [grifo do autor].[17]

Nesses casos, a importância dos conflitos decorrentes de diferenças culturais entre os países de origem das empresas é grande demais para ser negligenciada. Normalmente, os profissionais das empresas envolvidas numa fusão, quando cada uma delas é de uma nacionalidade, terão grandes dificuldades para suplantar as resistências que aparecerão de parte a parte. E essa incompreensão certamente será ainda mais acentuada, se houver entre os países envolvidos uma história pregressa marcada por hostilidades, por exemplo: França e Alemanha, França e Inglaterra, Japão e China, Peru e Chile, entre outros.

Uma curiosa história relatada por um leitor da revista americana *Training* mostra até que ponto as discrepâncias entre culturas nacionais podem ser sutis e

AS MODALIDADES DA CULTURA CORPORATIVA

invisíveis, nesse tipo de situação. Um cidadão norte-americano que se encontrava na Coréia comprou uma serrinha barata de madeira, mas não conseguiu usá-la: em vez de cortar a madeira de maneira adequada, a serra lascou-a e acabou estragando o trabalho. Aborrecido, o sujeito classificou o produto de "porcaria" e o atirou fora. Pouco tempo depois, numa conversa fortuita, um colega lhe explicou por que a serra não tinha funcionado: as serras coreanas são feitas para serrar no movimento de volta, quando são puxadas e, portanto, são diferentes das serras feitas nos Estados Unidos, que serram no movimento de ida, quando são empurradas.[18]

Mesmo entre empresas de mesma nacionalidade, quando ambas são internacionais ou globais, as fusões apresentam um alto grau de complexidade. Alguns exemplos bem conhecidos estão na história das fusões da Compaq e na formação da Time-Warner.[19]

Em 2000, a revista *The Economist* apontava a Compaq como uma "companhia estremecida, com um futuro incerto". De fato, ela foi posteriormente incorporada pela HP, como se sabe. A empresa, como foi afirmado no artigo, tinha perdido mais dinheiro desde a fusão com a Digital Equipment do que em toda sua história anterior (mais de US$ 2 bilhões!), deixando de ser a líder americana na fabricação de PCs, ultrapassada pela Dell e pela Hewlett-Packard no mercado de varejo.[20]

Quanto à fusão, em 1989, entre a Warner, o mais poderoso estúdio cinematográfico e fonográfico dos EUA na época, e a Time Inc., a maior editora de revistas do país, um dos grandes problemas encontrados foi que as duas empresas nada tinham em comum, além do fato de que havia, em cada um dos lados, pessoas especialmente envaidecidas com seu próprio desempenho, o que ocasionou um choque de grandes proporções entre ambas. Uma fusão, alerta outro artigo da *The Economist*, "pode ser desastrosa na indústria da mídia, com seu estoque desproporcional de egos inflados".[21]

O HEPTÁGONO DOS CONFLITOS NAS FUSÕES DE EMPRESAS

As fusões e incorporações de empresas, mesmo quando bem arquitetadas do ponto de vista econômico-financeiro e organizacional, geram novas empresas de cultura e ideário frágeis, que freqüentemente caminham para o fracasso. A literatura a respeito aponta várias razões pelas quais isso pode vir a acontecer, sendo as mais citadas:
* expectativas pouco realistas dos acionistas das empresas que se unem;
* estratégia construída precipitadamente, mediante um mau planejamento, ou pouca eficiência na execução do que foi planejado;
* ausência de uma mensagem única e comum a todos os *stakeholders*, em particular os colaboradores das empresas envolvidas;

A FACE OCULTA DA EMPRESA

* perda de talentos pelas empresas envolvidas, com freqüência em razão do agravamento na administração desses talentos;
* excessiva ênfase na alavancagem dos negócios, em vez da formulação de objetivos estratégicos a longo prazo;
* recrudescimento de embates políticos internos;
* desatenção completa às possibilidades de choques culturais entre as empresas envolvidas;
* gestão de transição incipiente, ou mesmo inexistente; e
* atenção dos executivos a temas apenas periféricos na união, sem que se dê ênfase às questões centrais.

As questões centrais, nesses casos, envolvem diretamente a *cultura* e o *ideário*. Com freqüência, os autores que tratam do tema reconhecem a presença perturbadora da cultura corporativa nos casos de fusões e incorporações malsucedidas; todavia, poucas vezes eles apontam, de modo claro, estratégias para ultrapassar tais obstáculos. O sociólogo argentino Carlos López Basilio afirma que:

> O processo mais complicado de uma fusão é a somatória de culturas, de diferentes formas de trabalho e de pessoas. Muitas companhias querem impor costumes que não são assimilados pelas pessoas e, por essa simples razão, elas se tornam menos eficientes na hora de produzir.[22]

Quanto ao ideário dos gestores estratégicos das empresas envolvidas, este sequer é mencionado nas fusões, nem mesmo com outro nome. Os autores, invariavelmente, referem-se aos termos cultura e ideário sob um mesmo rótulo, como um só objeto de estudo. Entretanto, é fundamental distingui-los.

Um caso bem conhecido de fusão de grandes empresas em que é marcante a importância de um encontro de ideários é o da união entre a Travelers e o Citicorp, dois gigantes dos serviços financeiros, ocorrida há alguns anos. Um artigo da revista *The Economist* relata que:

> As companhias, em vias de se fundirem, adotaram um estilo "arca de Noé" para a alta administração: tudo aos pares. Assim como os srs. Weill (Sandy Weill, principal gestor da Travelers) e Reed (John Reed, principal gestor do Citicorp), o novo Conselho de Direção foi formado por membros do Citibank e da Travelers, em número igual. Como resultado, *cada decisão tornava-se uma longa discussão filosófica. Isso refletia em parte a personalidade dos dois co-presidentes.* [grifo do autor][23]

208

Se ideário e cultura corporativa são os fatores que, obviamente, podem gerar mais conflitos entre as empresas que se unem, também em outros aspectos, talvez menos visíveis, ou mais fáceis de resolver, outros desajustes também ocorram. Na verdade, possíveis desajustes são constatáveis em nada menos que sete áreas possíveis: *cultura, core competences, ideário, missão em operação, políticas, estratégia* e *sistema de gestão*. Todos esses, em cada empresa que participa de uma fusão, podem entrar em conflito (ver Figura 7.1, a seguir).

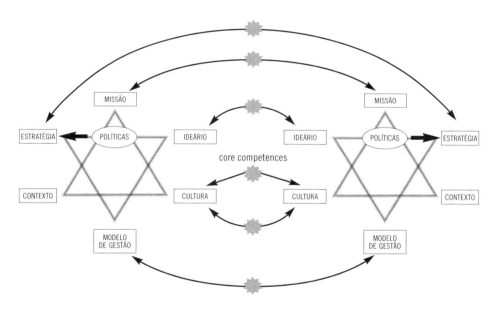

Figura 7.1 – O heptágono da integração em fusões e aquisições

AÇÃO DOS ÓRGÃOS DE RH NAS FUSÕES E INCORPORAÇÕES

O departamento de Recursos Humanos é geralmente o mais indicado para cuidar dos processos de aproximação e integração dos dois primeiros itens dessa relação – cultura corporativa e *core competences* (o "núcleo duro" na endocultura da empresa). Na prática, infelizmente, as empresas muitas vezes se descuidam dessa questão, apesar de alertadas por profissionais da área e consultores em geral. "Talvez o tema mais amplo com que se confrontam os profissionais de RH (numa fusão de empresas) seja a mentalidade ou cultura corporativa", dizem Clemente e Greenspan.[24]

Quando os dirigentes tomam consciência de que a negligenciaram, todavia, grande parte do estrago já estará feito. Nesses casos, é relativamente comum que se designem os profissionais de RH para "juntarem os pedaços" que sobraram – o que, de qualquer forma, será melhor do que nada fazer a respeito.

As pessoas ficam extremamente inseguras numa fusão ou incorporação de empresas, afirma também o consultor e sócio-diretor da Manager Assessoria de RH, Ricardo A. P. Xavier. Ele usa como exemplo o relato de um caso pessoal: em 1976, Ricardo trabalhava no departamento de Recursos Humanos do Supermercado Peg Pag (cerca de oitenta lojas em São Paulo, no Rio e no Paraná), cujo controle acionário era da Companhia Souza Cruz. Quando a empresa decidiu vender a operação ao Grupo Pão de Açúcar, um bom período antecedeu a efetivação do negócio e, nesse tempo, muitos executivos, incluindo ele, ficaram muito inseguros. "Não tínhamos a menor idéia de como seria nosso futuro profissional", afirmou. "Sinceramente, foram seis meses de muita angústia."[25]

No que concerne aos demais itens a serem integrados entre as duas empresas, certamente o departamento de RH terá de ser envolvido, embora seja problemático afirmar que deva ser esse o único setor a administrar a integração de várias áreas.

DIFERENÇAS CULTURAIS ENTRE EMPRESAS

Na integração de culturas de empresas em fusão, a primeira questão básica é saber se as principais discrepâncias entre uma e outra se dão na esfera da cultura de base (o substrato capitalístico) ou na cultura de cobertura (o amálgama de traços culturais vindos de outras fontes). Na cultura de base, as discrepâncias tendem a estar, obviamente, na diferença de "espessura" da camada cultural de uma e outra organização: uma delas pode mostrar cultura capitalística mais "espessa" que a outra (e, quando se trata da aquisição de uma empresa pela outra, é quase inevitável que a empresa adquirente tenha essa camada cultural mais "espessa" que a da empresa adquirida).

Mesmo sem um entendimento racional dessas questões, os dirigentes de uma empresa que adquire o controle acionário de outra tende a captar intuitivamente a diferença e a pôr maior pressão sobre a empresa adquirida, visando imprimir um ritmo mais competitivo às suas operações. Os gestores e profissionais da empresa adquirida, aliás, já esperam por isso.

Sempre haverá, no entanto, discrepâncias entre as culturas das empresas que se fundem, no que concerne ao superestrato cultural. É impossível, porém, fazer previsões acerca de quais discrepâncias serão essas, pois há muitas variáveis envolvidas, que são às vezes percebidas de maneira escancarada, às vezes de maneira apenas sutil.

Pessoalmente, tenho vários casos como esse para contar. Num deles, ocorrido há muitos anos, quando eu ocupava um cargo de direção das áreas técnicas de Recursos Humanos de um grande banco brasileiro, ficamos sabendo, confidencialmente, que outro banco pretendia incorporar o nosso e que as negociações entre os acionistas de ambas as instituições já haviam começado.

Os dois bancos eram claramente diferentes: o "nosso" era uma casa aristocrática, com uma clientela de alto poder aquisitivo, em que as salas da diretoria estavam decoradas com extremo bom gosto, com obras de arte, tapetes persas e outras sofisticações. O outro banco, muito dinâmico, era, entretanto, um banco popular, de clientela simples e de poder aquisitivo relativamente baixo.

A mais óbvia revelação de que os superestratos dos dois bancos eram realmente muito diferentes entre si veio à tona quando nosso diretor administrativo, meu superior imediato, voltou de uma reunião com a diretoria do outro banco. Filho de uma família tradicional e acostumado a um estilo de vida sofisticado, ele tinha uma cabeleira charmosa, numa época em que isso não era tão comum. Ao chegar da reunião, a primeira coisa que ele nos disse, furioso, foi: "Se implicarem de novo com meu cabelo, eu me demito!" Não por essa razão, é claro, mas nos dias que se seguiram as negociações emperraram e logo ficamos sabendo que a incorporação de nosso banco pelo outro não mais aconteceria. O caso nem chegou à imprensa.

Num outro caso acontecido no Brasil, uma empresa farmacêutica nacional foi adquirida por um grupo europeu que, tendo aqui uma operação completamente diferente – uma empresa do ramo metalúrgico –, tentou inadvertidamente reduzir custos fundindo diversas áreas de apoio de ambas as empresas. Evidentemente, a tentativa não deu certo: as duas empresas eram diferentes como água e vinho! A metalúrgica tinha uma administração facilmente identificável como paternalista e autoritária ao mesmo tempo e, com a "integração", sua organização formal, apropriada para uma empresa de seu ramo de negócio, passou a incluir departamentos, unidades e serviços que se destinavam a uma empresa de ramo totalmente diferente. Foi um tremendo erro, que durou, mesmo assim, quase três anos, para sofrimento de todos.

DIFERENÇAS TECNOLÓGICAS

Conflitos entre as duas culturas de cobertura das empresas em fase de fusão comumente são negligenciados e tratados com excessiva simplicidade (até mesmo com ingenuidade), quando envolvem questões de tecnologia: quando se fundem duas empresas de mesmo ramo, em que uma delas detém tecnologia mais avançada que a outra, comumente se imagina que a detentora de melhor tecnologia será beneficiada com a fusão e se encerra o assunto. Na verdade, a cultura incorpora e assimila tecnologias independentemente de seu grau de avanço ou atraso: uma comunidade que use, por exemplo, luz de velas e candeeiros terá, para se adaptar à chegada da luz elétrica, dificuldades equivalentes àquelas que uma comunidade dotada de eletricidade teria para se adaptar à perda desta.

Uma velha e ilustrativa piada contada por Art Sansom, da Newspaper Enterprise Associaton, nos Estados Unidos, ilustra bem essa diferença: em suas reflexões, um homem dizia: "Meu bisavô andava a cavalo, mas não chegava nem perto de trens. Meu avô andava de trem, mas tinha medo de automóvel. Meu pai viajava de carro, mas tinha medo de avião. Eu adoro voar, mas tenho medo de andar a cavalo!"[26] Reconheço que não é uma piada das mais engraçadas, mas ela mostra que tanto podem existir tecnofóbicos que fogem das tecnologias novas quanto tecnofóbicos de "velhas" tecnologias.

Outros pensam que não é importante examinar a questão da tecnologia nas fusões e incorporações, por ser a tecnologia algo "universal", situado "acima das identidades nacionais". Entretanto, nada pode ser mais falso. Um pesquisador francês, fazendo uma palestra no Instituto de Estudos Avançados da Universidade de São Paulo, há mais de uma década, deixou claro que, na corrida espacial entre EUA e URSS, um astronauta soviético russo teria enorme dificuldade para ir ao espaço numa astronave americana, e vice-versa – uma vez que não apenas os procedimentos, mas as tecnologias, eram profundamente diferentes entre si: enquanto os astronautas americanos viajavam em naves basicamente pilotadas de terra, a partir do Centro Espacial de Houston, os soviéticos tinham de ser verdadeiros "operários do espaço".

Quanto à integração de ideários dos entes hegemônicos das empresas que se fundem, penso ser difícil entregar essa tarefa ao departamento de RH ou mesmo a um grupo-tarefa, ou parceria formada pelos titulares dos departamentos de RH de ambas as empresas. Um ideário é um credo pessoal ou grupal que se situa acima de qualquer outro poder, na vida cotidiana da empresa, sendo, portanto, o departamento de RH, sujeito às determinações que emanam dos portadores desse credo. Mesmo nas empresas em que o gestor principal da área de RH usufrui de total confiança de seu presidente e seus diretores (geralmente os membros do ente hegemônico), essa confiança não é suficiente para neutralizar o poder decisório desse grupo: o gestor de RH sempre estará subordinado aos gestores que participam do ente hegemônico.

Além do mais, mesmo na hipótese bastante improvável de que os gestores de RH de ambas as empresas que se fundem tenham níveis hierárquicos de direção e usufruam da absoluta confiança dos respectivos entes hegemônicos, nada garante que o gestor de RH de cada uma das empresas venha a receber o mesmo crédito do ente hegemônico que decide na *outra* empresa! Por causa disso, penso que a integração de ideários, numa fusão, deve ser entregue a um consultor externo especialista no tema e que seja contratado essencialmente para isso, por ambos os entes hegemônicos, de comum acordo.

Quando a união das empresas é um caso de incorporação de uma pela outra, provavelmente o ideário da primeira ou será descartado com a saída dos diretores envolvidos, ou será submetido ao crivo do ideário da segunda. Nesses casos, é preferível que se definam primeiro os gestores que ficam e os que deixam a empresa, antes de se tentar alguma forma de compatibilização dos ideários. Alguns podem pensar que esse é um assunto ocioso, visto que, com a saída dos dirigentes de uma das empresas, seu ideário também ficaria "zerado". As coisas não funcionam exatamente dessa forma, porém, o ideário do ente hegemônico da empresa adquirida não pode ser simplesmente ignorado, por duas razões principais: a primeira razão é que ele poderá ter mobilizado consideravelmente a empresa adquirida, na forma de compromissos dos gestores estratégicos e dos gestores abaixo destes com esse ideário, bem como de ações práticas já empreendidas ou contratadas. Além disso, o fato de alguma realização já ter acontecido ou estar em andamento por conta desse ideário é um sinal claro de que está sendo procedida alguma transformação na cultura corporativa da empresa envolvida. Essa transformação possível, mesmo em fase inicial, não pode ser descartada, por significar uma forte "guinada" nas políticas empresariais que os colaboradores da empresa adquirida terão de seguir: eles terão de fazer um grande esforço para abandonar algumas ações com as quais já estavam se acostumando, a fim de cumprir outras que lhes são inteiramente novas. O que se pode observar nas situações desse tipo, em que o ideário da empresa adquirida é negligenciado, é a forte possibilidade de que parte de suas crenças e seus valores se incorporem a uma cultura de resistência abrigada por gestores e profissionais envolvidos com esse ideário e que permanecerão na empresa.

A integração dos demais aspectos mencionados deve, como foi dito, envolver o departamento de RH, mas não somente este. Geralmente, do mesmo modo que a missão, as políticas da empresa e seu sistema de gestão são vistos como partes integrantes da estratégia geral da empresa (examinaremos isso mais adiante), penso que a integração desses vários itens deve ser feita em conjunto, provavelmente por uma *task-force* bilateral e formada por altos executivos que representem os entes hegemônicos de ambas as empresas envolvidas. Os departamentos de Recursos Humanos de ambas as empresas devem estar representados, é claro.

CAPÍTULO 8

O IDEÁRIO: O QUE ESTÃO PENSANDO OS "HOMENS LÁ EM CIMA"?

O que pode ser é.

Imré Madách (1823–1864), poeta e dramaturgo
húngaro, em *Dispersos.*

GRUPOS INTERNOS, ENTE HEGEMÔNICO E PODER

IDEÁRIO É QUESTÃO DE PODER

Identificar e compreender o ente hegemônico é essencial para se entender como funciona uma empresa. Certa vez cursei uma disciplina ministrada pelas professoras Maria Tereza Leme Fleury e Rosa Maria Fischer, na pós-graduação da Faculdade de Economia e Administração da Universidade de São Paulo, sobre *cultura e poder nas organizações*. Na época, fascinado pelas questões culturais, pouco antes da primeira sessão do curso tive uma sensação de que o termo *poder* não deveria estar ali – meu objetivo era discutir mais sobre a *cultura* das empresas.

Imediatamente, porém, percebi que essa impressão continha um erro: a empresa não pode ser entendida adequadamente vista apenas pela via das relações que se estabelecem sobre o simbólico – sendo a questão do poder crucial e determinante. Saber quem manda, e quanto manda, é fator primordial nesse tipo de estudo.

A propósito, já ouvi dizer, nessa questão cultural, que a empresa é mais ou menos como um bolo de festa em que se errou ao misturar o fermento: numa parte do bolo pode haver passas e nozes, uma outra pode incluir recheio de chocolate, numa outra, ainda, um outro tipo de guloseima pode estar presente. Contudo, a parte do bolo que irá de fato crescer é aquela em que o fermento estava bem misturado e "pegou".

Sinceramente, nada entendo de bolos e esse tipo de descrição nada tem a ver com os bolos que via minha mãe fazer quando criança. Mas entendi a mensagem, com a qual concordo plenamente: há variados ingredientes formando o bolo e que não

A FACE OCULTA DA EMPRESA

estão uniformemente distribuídos; e a parte do bolo que cresce é a que tem fermento. *Os ingredientes são, portanto, os traços culturais; o fermento é o poder.*

QUE É O ENTE HEGEMÔNICO

O *ente hegemônico** é assim chamado por ser o grupo das pessoas que detêm a prerrogativa de tomar as decisões-chave da empresa, sem ter de prestar contas sobre isso. Também já foi dito que, por vezes, em vez de um ente hegemônico, estamos falando, na realidade, de uma só pessoa: o dono, o presidente, o acionista majoritário da empresa.

O termo *hegemonia* (do grego *hegemon* = líder, guia) era utilizado na Grécia antiga, para designar o poder absoluto conferido aos chefes militares.[1] Modernamente, o termo ganhou destaque nos estudos sobre política e ideologia em que o teórico marxista italiano Antonio Gramsci (1891–1937) explica o controle da classe dominante no capitalismo: por meio da existência de sindicatos e outros grupos de pressão, a classe dominante não consegue impor sua vontade simplesmente empregando o poder da coerção, sendo obrigada a negociar e a fazer ajustes em suas idéias, a fim de que sejam aceitas e legitimadas.[2]

No plano das relações internacionais, hegemonia refere-se ao poder que uma potência exerce sobre as demais, seja militar, econômico ou tecnológico.[3] Quando se diz que os EUA são o país hegemônico nos dias de hoje, é esse o sentido que se está dando ao termo. Assim, a idéia da existência de um ente hegemônico na empresa remete imediatamente à idéia de quem detém o poder nessa entidade, ou de quem tem a prerrogativa de escolher os caminhos julgados mais apropriados para levar essa empresa ao sucesso.

GRUPOS OU PÚBLICOS INTERNOS

Temos uma quase irresistível propensão a ver a cultura como algo uniforme, harmônico – e um exemplo disso são os estereótipos nacionais que comumente emprega-

---

* Ao chamar de hegemônico a esse grupo dos dirigentes estratégicos, não me refiro ao termo no sentido político, descrito como uma situação de domínio diplomático ou militar de um Estado-nação, conduzido por um hegemon [um guia ou chefe de exércitos] sobre outros; ou no sentido marxista, de predomínio de uma classe social ou partido político sobre outras(os). Minha intenção é a de utilizá-lo num sentido "micropolítico", para designar a supremacia de um segmento ou grupo interno identificável por critérios objetivos [sobretudo a posição hierárquica e a autoridade formalmente delegada pelos acionistas] sobre os demais grupos da instituição. Antes de optar por esse termo, pensei em empregar outros que fossem mais comuns e menos carregados de significados anteriores, como: superior, principal ou preponderante; mas concluí que ofereciam também seus inconvenientes. Cf. Silvano Belligni. "Hegemonia". In: Norberto Bobbio, Nicola Matteucci & Gianfranco Pasquino. *Dicionário de política.* Brasília: Edunb, 5. ed., 1993, vol. 1, pp. 579-581.

mos: os brasileiros gostam de dar "jeitinhos", os alemães valorizam muito a qualidade, os norte-americanos são individualistas e competitivos, os japoneses obedecem cegamente à hierarquia... Nas empresas, nossa tendência é agir da mesma forma: na empresa X trabalha-se muito, na empresa Y a disputa por poder é feroz etc.

Todavia, nenhuma cultura – e tampouco a cultura de uma empresa – pode ser vista como uma superfície plana, lisa; qualquer uma delas inclui saliências e reentrâncias que a fazem ser irregular em algum grau e em vários pontos da superfície. Em uma coletividade como essa encontram-se diferentes subgrupos, com especificidades e formas particulares de pensar a empresa e lidar com seus problemas. Em qualquer empresa, uma breve análise permitirá que se localizem no mínimo dois ou três desses subgrupos representativos, bastante distintos entre si. Alguns deles se posicionam melhor para defender suas idéias; outros, não; e, assim, suas opiniões sobre a empresa são desconsideradas.

Certamente, em cada cultura observam-se algumas constantes, caso contrário, não se poderia usar esse termo. Cultura é, essencialmente, um comportamento repetitivo comum a todos os membros da coletividade. Todavia, sempre há grupos ou públicos internos no ente produtor que, agrupados, são representativos de alguma variante específica na forma de pensar, sentir e agir dessa coletividade.

Comparadas, as diferentes visões sobre o que é e como deve atuar a coletividade como um todo podem apresentar discrepâncias inconciliáveis. Algumas delas são mais originais, transformadoras, ou mesmo contundentes e revolucionárias, ao passo que outras são mais previsíveis, tradicionais, conservadoras ou reacionárias. Mas, em qualquer um dos casos, o que é importante mesmo é saber de quanto poder cada uma delas dispõe para impor sua visão às demais.

A fim de reforçar suas visões particulares sobre a empresa, alguns desses grupos poderão associar-se, somando seus "cacifes" e aumentando sua capacidade de se impor aos demais. Outros grupos não podem fazer essas manobras de articulação política, porque suas idéias não são compatíveis com nenhum dos demais ideários. De qualquer forma, é sempre constatado que um dos grupos detém maior poder e, portanto, ocupa uma posição dominante.

"Toda sociedade impõe uma ordem resultante de hierarquias complexas e imbricadas", afirma o antropólogo Georges Balandier, do Centro Cultural Pontigny-Cerisy, na França.

> Toda sociedade assegura uma repartição desigual dos bens, do poder e dos signos que representam status. As desigualdades são organizadas num arranjo específico; formam um sistema, mais ou menos reconhecido e mais ou menos aceito ou contestado pelos indivíduos, que determina o modo de estratificação próprio a cada uma das sociedades consideradas.[4]

Pensemos em alguns casos específicos: nas companhias de aviação comercial, o grupo dos pilotos e co-pilotos e o grupo dos comissários de bordo são exemplos de segmentos internos claramente identificáveis, com os primeiros detendo, em geral, maior poder que os segundos. Mesmo no grupo dos pilotos e co-pilotos, em certos casos, podem-se distinguir o subgrupo daqueles que voam em equipamentos mais avançados, de última geração, e o subgrupo dos que pilotam aviões menores.

Em qualquer hospital é possível distinguir o grupo dos médicos e o do pessoal de enfermagem. Pode haver também o grupo dos funcionários das áreas de administração e finanças e, se for esse um hospital especializado (digamos, um hospital para doenças renais), os médicos nefrologistas poderão constituir um grupo à parte. Muitas vezes, aliás, as especialidades médicas (os cirurgiões, os ortopedistas, os cardiologistas etc.) determinam subgrupos internos entre os médicos. É quase certo também que, mesmo nos casos em que o hospital não pertence a uma cooperativa formada pelos médicos (isto é, em que os médicos não constituem o ente hegemônico, que decide sobre os destinos do hospital), se eles se articularem politicamente entre si, poderão adquirir poder suficiente para fazer com que a direção (a direção de uma faculdade, a cúpula diretiva de uma instituição caritativa, os diretores de uma fundação, uma família proprietária etc.) seja obrigada a ouvir as insatisfações e reivindicações do corpo médico.

Um caso de que me lembro refere-se às resistências que Eric Berne (1910–1970), o criador da Análise Transacional, enfrentou, quando foi contratado para levar suas técnicas a grupos de psicoterapia de internos do hospital St. Mary, em São Francisco, em 1962, um reduto de psicanalistas. Obviamente, o corpo de psiquiatras e psicoterapeutas do hospital não recebeu bem o dr. Berne e, em poucas semanas, já havia aglutinado suas forças (seus "cacifes"), pretendendo retirá-lo do quadro dos psicoterapeutas. Isso só não aconteceu graças ao apoio irrestrito dado a Berne pelo diretor da instituição, o dr. Michael T. Khlentzos.[5]

Em qualquer um dos casos, algumas entrevistas ou mesmo observações *in loco* permitirão ver que esses grupos não pensam da mesma forma e até mesmo acreditam em modos diferentes de administrar a empresa. É bom, aliás, que seja assim. Nas devidas proporções, vale para os pequenos grupos, como para as empresas, tanto quanto para as grandes coletividades, como as nações, o que o pensador italiano do pós-modernismo Gianni Vattimo diz sobre as complexidades dos dias de hoje: "Um mundo que não traz mais variedade de interpretações não tem mais poder de reflexão."[6]

GRUPOS INTERNOS E PODER

No caso dos vários grupos internos que compõem uma empresa, porém, é de certa forma inútil perguntar-se quem está com a razão, porque, mesmo que pudéssemos dar uma resposta objetiva a essa questão, de nada adiantaria: a "melhor" maneira de administrar uma empresa é, em última análise, aquela que os detentores do poder pensam que é! Uma piada irônica que todos conhecem no Brasil exemplifica de maneira bastante contundente a importância das idéias e crenças de quem detém o poder: "Parágrafo primeiro: *O chefe sempre tem razão.* Parágrafo segundo: *Nos raros casos em que isso não é verdadeiro, aplica-se o parágrafo primeiro.*"

Em termos simples, uma maneira acertada de se tentar identificar os princípios, valores e outros itens do ideário de uma organização é simplesmente perguntar "quem é que manda aqui" e tratar de entrevistar as pessoas que forem identificadas. As idéias, crenças e valores dos demais grupos não-hegemônicos existentes na empresa não valem muito, portanto, em termos práticos, a menos que os membros do ente hegemônico se disponham a ouvi-los com sincera atenção, o que, convenhamos, poucas vezes ocorre. Como numa empresa não cabe a possibilidade de "revoluções", "golpes de Estado" ou "tomadas do poder pela força", é óbvio que as idéias oriundas de outros grupos que não sejam condizentes com as idéias do ente hegemônico somente poderão ser incorporadas ao ideário se contarem com a benevolência dos membros do ente hegemônico. E, afinal, nas raras vezes em que há dúvidas sobre quem de fato compõe o ente hegemônico da empresa (por exemplo, quando diferentes acionistas disputam legalmente o controle da empresa), os danos à organização causados por essa indefinição podem ser muito grandes.

E, se os representantes do ente hegemônico quiserem mesmo fazer valer seu poder de ação ou de veto, não há como evitá-lo, visto que está com eles a hegemonia. Essa prerrogativa quase inevitavelmente nos leva a lembrar a velha fábula do francês Jean de La Fontaine (1621–1695) sobre o lobo que encontra um cordeiro bebendo água no riacho e, desejando devorá-lo, passa a enumerar pretextos para justificar sua ação.

A existência do ente hegemônico de modo algum significa que essas idéias "marginais", que compõem outros ideários não-hegemônicos, percam-se ou desfaçam-se. Em algumas circunstâncias, pode mesmo acontecer que a situação de "marginalidade" do grupo que professa esse ideário "espúrio" venha a reforçá-lo, em vez de destruí-lo: se tais idéias pertencerem a um grupo não-hegemônico que: (a) seja bastante coeso, (b) tenha forte interesse na boa gestão da empresa e/ou (c) tenha exercido a função de ente hegemônico anteriormente.

GRUPOS INTERNOS – RECORTES POSSÍVEIS

Os recortes profissionais (médicos/enfermeiros ou pilotos/comissários etc.) são, talvez, os mais óbvios, quando se procura definir quais são os subgrupos internos específicos no ente produtor de uma organização empresarial. No entanto, há outros recortes possíveis que precisam ser considerados.

Cada critério adotado para esses recortes nos permitiria encontrar um grupo interno diferente e um ângulo de visão diverso para o exame da cultura dessa empresa. Pode-se pensar, por exemplo, em separar os vários grupos de colaboradores internos da empresa com base em: raça, etnia, gênero, idade, orientação sexual, tempo de trabalho na empresa, área de atuação, local de trabalho, estado civil, parentesco com outros funcionários, nível hierárquico, entre outros mais. Num artigo de 1995, o consultor norte-americano Lawrence M. Baytos sugere que os seis primeiros itens citados constituiriam "dimensões primárias" e os demais, "dimensões secundárias", para se compreender a diversidade social da empresa.

Mas há outra lista de possibilidades para "mapear" os grupos internos significativos nas empresas, desta vez baseada numa proposta do professor Robert Srour:[7]

❖ *profissão* (administradores/engenheiros/psicólogos/economistas etc.)
❖ *nível hierárquico* (gestores seniores/gestores intermediários/gestores juniores/profissionais/operadores etc.)
❖ *gênero* (homens/mulheres etc.)
❖ *faixa etária* (jovens adultos/adultos maduros/pré-aposentados etc.)
❖ *área funcional* (pessoal de produção/administrativo-financeiro/comercial etc.)
❖ *área geográfica* (funcionários da fábrica do ABC/da filial de vendas em São Paulo/da sede etc.)
❖ *orientação política* (correligionários do partido no poder/opositores moderados/opositores radicais etc.)
❖ *orientação religiosa* (católicos/protestantes etc.)
❖ *parentesco e amizade* (membros da família proprietária/amigos da família/profissionais do mercado etc.)
❖ *representação dos acionistas* (diretores representantes do acionista A/do acionista B etc.)

Conforme o caso, alguns desses critérios de mapeamento da diversidade interna poderão ser mais ou menos relevantes. Sobre a importância das diferenças de gênero na cultura de cobertura da empresa, lembro-me de uma organização do ramo metalúrgico que pude estudar há alguns anos e que é um lugar de poucas mulheres, praticamente todas elas trabalhando nos escritórios e apenas uma delas, excepcionalmente, exercendo função gerencial. A única mulher que ingressava "impunemente" no recinto da fábrica era a senhora que servia o cafezinho. Certa vez, corroborando esse forte androcentrismo da empresa, uma estagiária de engenharia que se aventurou por uns meses na fábrica teve de ouvir piadinhas machistas dos operários e engenheiros.

Em outro caso de uma empresa comercial com grande número de unidades à qual prestei consultoria, chamei a atenção da direção para o fato de que, apesar da esmagadora predominância de mulheres nas operações, as formas de decidir eram fortemente androcêntricas, "com mínima atenção dada a comportamentos tradicionalmente femininos", conforme comentado em meu relatório. Sem sucesso algum, defendi a tese de que a empresa estava perdendo boas chances de elevar sua competência instalada por relegar as mulheres a posições apenas secundárias e não permitir que ao menos algumas formas tipicamente "femininas" de agir fossem "injetadas" nos procedimentos de gestão.

Um outro exemplo claro de necessidade de um mapeamento geográfico é o da empresa na qual os funcionários da fábrica A eram privilegiados em comparação com os da fábrica B, recebendo uma série de regalias e benefícios não estendidos a estes últimos. Imediatamente, um estudo da cultura da empresa mostrou que isso se devia a uma fusão realizada alguns anos antes, em que a empresa que operava a fábrica B fora adquirida pela empresa que operava a empresa A.

Analogamente, nas empresas controladas pelo Estado, quase inevitavelmente um mapeamento dos grupos internos irá revelar uma oposição entre um núcleo básico de correligionários do partido que está no poder e que auferem certas vantagens não estendidas aos correligionários dos partidos de oposição. Nas empresas familiares, comumente os parentes e amigos da família proprietária usufruem de um status não estendido a quem não tem esse tipo de vínculo.

O PODER DO ENTE HEGEMÔNICO

Qualquer que seja o resultado obtido com esse mapeamento, é claro que os grupos internos do ente produtor que forem identificados não podem ser explicados ou analisados somente pelos traços culturais que apresentam, em consonância ou dissonância com aqueles da cultura maior em que se inserem. A cultura específica de cada grupo interno terá um valor maior ou menor, conforme o nível de poder associado ao grupo, sendo o valor máximo aquele que é atribuído ao ente hegemônico.

Também o ente hegemônico traz consigo um repertório cultural, uma outra empresa, ou que faz parte de sua formação cultural, seja ela predominantemente política, militar, religiosa, familiar – ou seja, suas crenças, seus valores e comportamentos não brotam do nada! Esses não são, todavia, traços culturais que se diluem inteiramente na cultura da empresa; ou, pelo menos, apenas raramente o são, possivelmente quando os membros do ente hegemônico tiverem ascendido na hierarquia da empresa depois de terem trabalhado naquela organização por vários anos e, mesmo assim, num contexto empresarial relativamente estável durante esse período. Na maioria das vezes, o ente hegemônico mantém-se um tanto acima ou fora da cultura, como se se recusasse a fazer parte dela, como já foi dito anteriormente.

O que, realmente, faz parte da cultura da empresa é a *expectativa da existência e da atuação sobre a cultura, por parte de um ente hegemônico*: em qualquer empresa, assim como é parte da cultura estabelecida no ente produtor a noção de que existe, e têm de existir, um ou mais acionistas que são os proprietários da empresa, da mesma forma deve ficar claro de que há também aqueles que dirigem a empresa em nome desses acionistas.

Provavelmente também é parte da cultura do ente produtor a expectativa de que esse(s) indivíduo(s) contrarie(m) interesses e expectativas internas, vindo a agradar a uns e desagradar a outros, ou de que faça(m) mudanças estratégias, estruturais e outras na empresa. Todas essas formas de agir fazem parte da cultura capitalística estabelecida e estão inteiramente inseridas no imaginário dos colaboradores. Em outras palavras, é parte da cultura capitalística que vem contribuir para compor a cultura corporativa, que esta seja permanentemente pressionada por resultados e por mudanças, por parte de um ente hegemônico.

As observações feitas nos parágrafos anteriores sobre os demais grupos internos e o poder que possam ter não devem, de qualquer modo, dar a impressão de que chegar à situação de ente hegemônico numa empresa seja uma questão de estratégia política, ou que outros grupos internos teriam condições de ascender a essa posição, se fizessem articulações políticas apropriadas. Certamente não é assim. Sendo a empresa uma entidade eminentemente econômica que pertence aos seus acionistas (ver a seção "A empresa e sua cultura", no Capítulo 1), o papel de ente hegemônico (ou de membro do ente hegemônico) é privativo daqueles que detêm o controle acionário da empresa ou de seus representantes. Nas empresas controladas pelo Estado também é assim, ao menos em tese, muito embora nesses casos, sendo o Estado controlado por um ou mais partidos políticos, a direção da empresa tenda a ser entregue a correligionários, aliados políticos ou integrantes desse partido. Nas empresas familiares, se os próprios donos não estiverem pessoalmente ocupando as posições de liderança, eles provavelmente as terão oferecido a pessoas de sua confiança, as quais lhes prestarão contas – o que preserva o caráter estritamente econômico dos critérios usados para o preenchimento das posições no ente hegemônico.

Em suma, pode-se facilmente entender que mesmo aqueles indivíduos ou grupos que detêm razoável poder (de natureza não-econômica) na empresa estarão fora do ente hegemônico, a não ser que estejam aí na qualidade de prepostos dos acionistas, quando estes se dispuserem a lhes delegar seu poder. Fora disso, eles poderão, no máximo, constituir, dentro da empresa, *grupos de pressão*. Em outras palavras, de um ponto de vista estritamente cultural, esses demais grupos internos não-hegemônicos podem ser descritos como variantes mais ou menos próximas do sistema simbólico que caracteriza a organização; de um ponto de vista político, no entanto, eles podem ser vistos, na realidade, como grupos de pressão, com maior ou menor poder de fazer com que seu ideário seja notado pelo ente hegemônico.

GRUPOS DE PRESSÃO

Certas características devem ser apresentadas por um grupo interno numa empresa, para que este possa ser visto como um *grupo de pressão* no contexto interno da empresa: Pasquino mostra que esse tipo de grupo apresenta ao mesmo tempo uma organização formal e uma modalidade de ação para coagir. O autor define pressão como sendo "a atividade de um conjunto de indivíduos que, unidos por motivações comuns, buscam, por meio do uso de sanções ou da ameaça do uso delas, influenciar decisões que são tomadas pelo poder político, seja a fim de mudar a distribuição prevalente de bens, serviços, honras e oportunidades, seja a fim de conservá-la frente às ameaças de intervenção de outros grupos ou do próprio poder político".[8]

Assim, as características de um grupo de pressão, que podem ou não estar presentes em cada um dos grupos mapeados numa empresa, são:

- ❖ a capacidade de apresentar um ideário minimamente diferenciável dos demais grupos internos;
- ❖ motivações ou interesses comuns a serem preservados ou conquistados;
- ❖ algum grau de organização formal como grupo;
- ❖ fontes de poder que possam ser utilizadas para fazer pressão; e
- ❖ modalidades de ação, que incluam sanções ou a ameaça destas, para fazer pressão por seus interesses.

Quando se observa na empresa a presença de um grupo de pressão que não é o próprio ente hegemônico, quase sempre sua existência se deve à interferência interna de alguma força política externa à empresa. Em casos comuns, o sindicato da categoria está acobertando, fazendo a articulação dos empregados na defesa de seus interesses e na construção de uma estratégia de pressão; em outros casos, um grupo interno pode estar sendo suportado pelo partido que está no poder (nas empresas estatais), por integrantes da família que não participam da gestão (nas empresas familiares), por um ou mais acionistas da empresa ou, ainda, pela empresa-mãe (no caso de multinacionais).

PODER E INFLUÊNCIA SOCIAL NA EMPRESA

A noção de ente hegemônico nos remete, portanto, diretamente à noção de poder. Em termos simples, poder é a capacidade ou a possibilidade de agir sobre algo ou alguém, produzindo conseqüências com essa ação.[9] Interessa-nos, aqui, particularmente, o poder social, ou seja, o poder de alguém sobre outra pessoa. Por definição, quando esse poder existe, há uma relação entre indivíduos; por definição também, essa é uma relação assimétrica, em que os indivíduos envolvidos não estão num mesmo plano.[10]

French e Raven definem o poder social como a capacidade potencial que alguém possui de exercer influência social sobre outrem. Por influência social, eles se referem à mudança que a ação (ou a simples presença) de uma pessoa pode produzir na conduta (nas crenças, atitudes, nos comportamentos, emoções etc.) de outras.[11] Esses autores propõem ainda que o poder que se verifica nas situações de influência social pode assumir seis diferentes formas: *coerção, recompensa, legitimidade, especialização, identificação* e *informação*. Resumidamente, cada uma delas pode ser descrita:

* O *poder coercitivo* é a capacidade que alguém tem de *punir* outra pessoa por algo que ela faça ou deixe de fazer.
* O *poder da recompensa* é a prerrogativa de oferecer benefícios ou vantagens a outra pessoa para levá-la a mudar de alguma forma sua conduta.
* O *poder legítimo* está presente quando alguém aceita voluntariamente que é direito do outro influenciar sua conduta, sentindo-se, assim, na obrigação de obedecer. (O poder legítimo pode vir da *estrutura formal* em que esses indivíduos se situam; ou pode ser um *direito adquirido* por alguém de receber um retorno pelo serviço que presta a outrem.)
* O *poder do especialista* é aquele exercido por alguém a quem a outra pessoa atribui conhecimento ou competência superior à sua.
* O *poder da identificação* se estabelece quando alguém se identifica pessoalmente com o agente influenciador, desejando ligar-se a este de alguma forma.

❖ O *poder da informação* é aquele contido numa mensagem persuasiva emitida por alguém (por exemplo, por um médico a seu paciente).[12]

Em qualquer uma de suas formas, para que o poder possa ser exercido na situação de influência social, é necessário que o agente influenciador tenha à sua disposição *recursos* que lhe permitam exercer esse poder. Recursos podem significar várias coisas: riqueza, força, informação, conhecimento, prestígio, legitimidade, popularidade, amizade etc. Além disso, é necessário também, é claro, que o agente influenciador tenha a capacidade de *converter em poder* os recursos de que dispõe.[13]

O exercício do poder e da influência social na empresa concentra-se fortemente em três situações bastante claras – sendo as demais situações possíveis apenas subsidiárias ou secundárias (isto é, elas estão presentes também, mas não de forma predominante):

❖ A primeira dessas situações é aquela em que o *poder é exercido pelos acionistas* da empresa. Diretamente ou por intermédio de representantes, os donos do patrimônio determinam o que de importante acontecerá na empresa, que decisões serão tomadas, que prioridades serão assumidas, quem terá autoridade sobre quais aspectos da vida empresarial etc.
❖ A segunda situação é a do *poder que flui pela hierarquia*. Uma empresa se estrutura em níveis e cargos, que se superpõem e se subordinam uns aos outros, de modo que dificilmente se não se sabe quem dá ordens a quem, ou a quem cada pessoa deve obedecer (mesmo que às vezes haja algumas superposições a esse respeito). O poder decorrente das relações entre posições hierárquicas está em vigência durante todo o tempo na vida diária de qualquer empresa.
❖ A terceira situação comum é a do *poder adquirido por meio do conhecimento e da experiência*. Uma empresa depende fundamentalmente do conhecimento e da experiência de uma parte de seus profissionais sobre produtos, mercados, tecnologias e processos. Entre as pessoas que trabalham numa empresa, aquelas que conseguem entender mais profundamente aspectos do seu funcionamento e oferecem soluções objetivas e eficientes às questões surgidas têm poder superior às outras.

Outros recursos empregados nas empresas para exercer poder e influência social são, como foi dito, secundários, em relação a esses, embora também existam. Outros grupos internos não-hegemônicos do ente produtor, não sendo proprietários da empresa, podem fazer pressão sobre o ente hegemônico e sobre outros grupos internos por meio de: informação, conhecimento, prestígio, popularidade, amizade etc., como relacionado anteriormente. Porém, sendo a empresa uma entidade eminentemente econômica, apenas a propriedade dela, ou a proximidade e a confiança obtida de quem detém a propriedade dela, proporciona a uma ou mais pessoas a prerrogativa de constituir o ente hegemônico.

EXEMPLOS

Gosto muito de um filme de 1991 de István Szabó chamado *Encontro com Vênus*, com Glenn Close e Niels Arestrup nos papéis principais. Logo no início da trama, o maestro húngaro Zoltan Szanto (Arestrup) chega em Paris para reger a ópera Tannhäuser, de Richard Wagner, que será apresentada num famoso teatro e transmitida para 25 países, sob patrocínio de uma importante empresa. Para o principal papel feminino, foi contratada a famosa diva Karin Anderson (Glenn Close).

Recebido no aeroporto pelo diretor-geral da ópera, Jorge Picabia, o maestro Szanto é levado até o teatro, onde conhece os demais membros da administração, os cantores principais, os músicos da orquestra, o coro, os técnicos. As cenas que se seguem mostram uma sucessão de situações que prenunciam graves problemas nos quais o maestro terá de se envolver, pelos embates de poder entre indivíduos e grupos no interior da ópera.

O diretor Jorge Picabia é um ditador, com quem o secretário-geral, Jean Gabor, não se dá bem: os dois apenas se suportam e tentam salvar as aparências de uma relação difícil, em que cada qual tenta boicotar e diminuir a importância do outro aos olhos do maestro. Húngaro como este, Gabor tenta usar a língua materna de ambos para lhe dizer coisas particulares, tentando trazê-lo para seu lado. Aliás, em húngaro ele grosseiramente tenta convencer o maestro de que as mulheres que compõem o elenco da ópera seriam "fáceis" de conquistar.

Entre os músicos reina grande insatisfação: eles acham que trabalham muito e ganham pouco. Entre os componentes do coro a situação não é diferente: o presidente do sindicato dos cantores, Jany Toushkau, reivindica mudanças nos horários dos ensaios que favoreçam os membros do coro. Ao mesmo tempo, alguns cantores líricos que se encontram ali tentando uma oportunidade, procuram cooptar o maestro para que lhes dê um papel mais destacado. Uma jovem cantora do coro, por exemplo, tenta, abertamente, seduzir o maestro visando obter um dos papéis principais.

A famosa Karin Anderson nem sequer chegou a Paris ainda, pois o diretor-geral Picabia, que é seu amigo, arbitrariamente deu-lhe uma semana a mais de folga, sem levar em conta o que o maestro poderia estar planejando. O secretário Gabor, aliás, questiona energicamente a decisão de Picabia. Mais adiante, ao chegar, Karin Anderson irá tratar o maestro como um rival desprezível.

O alemão Von Schneider, cantor que fará o papel de Tannhäuser, a despeito de sua magnífica voz, é um sujeito mal-educado e egocêntrico, com quem a convivência é especialmente difícil para todos. Homossexuais assumidos, o coreógrafo e um dos cantores têm um caso que, mais adiante, acabará causando um mal-estar no elenco...

Em resumo, o filme mostra, por trás de uma música maravilhosa e da preparação de artistas talentosos para um magnífico espetáculo, um terrível emaranhado de relações de poder e influência social carregadas de egocentrismo, ciumeiras, desejos mesquinhos, caprichos pessoais, atitudes desleais e trapaças, nas quais o pobre maestro Szanto vê-se enredado – relações essas que se desenrolam mediante as mais diversas formas de poder (coerção, recompensa, legitimidade, identificação, especialização, informação), exercidas pelo emprego de recursos também os mais variados: amizades suspeitas, uso do prestígio pessoal, informação privilegiada, posição hierárquica, sedução, pressão do sindicato, boicotes e até mesmo a exibição narcisista de grandes talentos pessoais...

Nessa área de atividade – arte, entretenimento –, os "egos inflados" e a ambição freqüentemente levam a relacionamentos carregados de política (uso de poder e influência pessoal). Brian Grazer, um produtor americano de cinema e TV, lembra que construiu sua carreira a partir de um conselho que recebeu de Jules Stein e Lew Wasserman, da MCA. Em 1975, Grazer, então funcionário da Warner Bros., teve a chance de conversar com esses dois homens, que lhe disseram: "Para se dar bem no *entertainment*, você precisa de 'alavancagem'"; e explicaram: "Como você não tem dinheiro, *pedigree* ou relacionamentos valiosos, vai ter de contar apenas com sua mente, terá de se alavancar pela criatividade."[14] Por "alavancagem", Stein e Wasserman estavam querendo dizer, obviamente, recursos passíveis de conversão em poder; ao falar em "criatividade", estavam se referindo a talento pessoal.

COMO SE FORMA O IDEÁRIO

O IDEÁRIO TORNANDO-SE CULTURA

Cito aqui uma expressão da lingüista brasileira Norma Discini (expressão precisa e ao mesmo tempo eufônica), ao afirmar que o ideário do ente hegemônico é um conjunto de "saberes, quereres, poderes e deveres".[15] O ideário é um composto de conhecimentos, crenças e valores que os membros do ente hegemônico sabem que existem, desejam pôr em prática, têm poder suficiente para usar e crêem ser necessário, ou mesmo obrigatório, que utilizem na gestão da empresa. O ideário reúne, assim, percepções, conclusões, conceitos, normas éticas e sentimentos das pessoas que compõem o ente hegemônico, os quais irão orientar suas decisões e ações em relação à empresa.

Esses ingredientes do ideário não participam diretamente da cultura, como foi dito anteriormente. Tampouco eles se traduzem diretamente nas estratégias que a empresa utilizará – embora seja, claramente, esse conteúdo do ideário o ponto inicial para a construção de uma estratégia corporativa. Não sendo parte integrante da cultura, o ideário é, mesmo assim, um rico manancial de novas condutas que, dependendo de como sejam assimiladas pela comunidade que compõe o ente produtor da empresa, são perfeitamente passíveis de se *tornar cultura* – incorporando-se à cultura de cobertura ou superestrato cultural, abordada mais atrás.

Um ideário, todavia, somente se transformará em cultura quando os pensamentos, as crenças e os valores que o compõem passarem a ser identificados como parte integrante do arsenal de *condutas rotineiras* da comunidade empresarial. Não obstante, quando isso vier a ocorrer, é quase certo que um novo ideário, provavelmente trazido por um novo ente hegemônico, já terá tomado o lugar do anterior, que deixou de ser o ideário.

Para se transformar em cultura, o ideário deverá ser primeiramente *propalado* ou divulgado, tornando-se um discurso público interno, exercitado cada vez mais com o máximo de naturalidade pelos membros do ente produtor; por meio desse exercício, o ideário propalado passará a ser cada vez mais assimilado pelos membros da cultura como um discurso próprio e, então, será lentamente posto em prática. Ao converter-se em prática usual e coletiva, relativamente automática, não mais pensada, mas exercida "naturalmente", ele se tornará cultura.

Ademais, o ideário não é, ainda, como tal, o conteúdo que formará uma estratégia, embora a ligação entre ambos seja óbvia (ver Figura 8.1, na p. seguinte). Antes, porém, de se transformar em estratégia da empresa, o ideário terá de gerar políticas, algo que examinaremos em seguida.

ORIGENS DO IDEÁRIO

O ideário é um conjunto de crenças e valores relevantes mantidos por um indivíduo ou um grupo de poucos indivíduos. Esses valores e crenças são alimentados por contribuições vindas de cinco fontes básicas:

⁕ as idéias, as crenças e os valores originados na própria vida pessoal dos membros do ente hegemônico;
⁕ as idéias, as crenças e os valores tipicamente defendidos no ramo de negócio em que a empresa está;

O IDEÁRIO: O QUE ESTÃO PENSANDO OS "HOMENS LÁ EM CIMA"?

Figura 8.1 – As fontes do ideário do ente hegemônico

- os mandamentos que chegam à empresa a partir da empresa-mãe;
- as crenças, os valores e o senso comum produzidos no contexto local da própria empresa; e, finalmente,
- as propostas e os conceitos oriundos da produção teórica sobre o *management*.

IDÉIAS, CRENÇAS E VALORES PESSOAIS

A primeira dessas fontes é aquilo que já existia no *psiquismo dos gestores* que compõem o ente hegemônico, antes que viessem a participar deste. Esses gestores são seres humanos, com suas próprias histórias de vida, as quais modelaram suas personalidades; têm, portanto, suas idéias, suas crenças e seus valores pessoais. As histórias pessoais dos membros do ente hegemônico nunca são idênticas, e aquilo que cada qual viveu em sua vida particular, o modo como aprendeu a reagir a diferentes situações e os modelos mentais parentais que tiveram certamente são fatores determinantes do conteúdo de suas respectivas vidas mentais.

Há casos, por exemplo, em que membros do ente hegemônico nasceram e cresceram em famílias abastadas, estudaram em ótimos colégios e cursaram boas universidades custeadas pelos pais, viajaram para o exterior e tiveram ricas oportunidades de aprendizagem em ambientes sociais repletos de estímulos culturais. Em outros casos, podemos estar falando de indivíduos que tiveram de lutar para sustentar-se desde muito cedo, praticamente sem poder usufruir adequadamente da infância, mas sendo obrigados a tomar decisões adultas importantes quando eram ainda jovens demais para isso. Em ambos os casos, essas experiências de vida influenciaram a formação do psiquismo de cada um desses indivíduos, tornando-se referência primordial para aquilo que ele pensa, crê e sente na vida adulta.

Aqui estão, por exemplo, resumidamente, as "11 regras simples" professadas e divulgadas por David Packard (1912–1996), um dos fundadores da Hewlett-Packard, em uma convenção, em 1958, quando ainda estava ativo na direção da empresa. No conjunto, elas revelam um claro valor de Packard, que prezava especialmente o bom relacionamento com as pessoas:

1. Penso primeiro no outro.
2. Reforço seu sentimento de importância.
3. Respeito sua individualidade.
4. Ofereço reconhecimento sincero.
5. Elimino toda reprovação ou crítica.
6. Recuso-me a tentar mudar as pessoas.
7. Procuro entender o outro.
8. Procuro entender qual foi a primeira impressão.
9. Cuido dos pequenos detalhes.
10. Desenvolvo um interesse genuíno pelas pessoas.
11. Persevero. Simplesmente persevero.[16]

O RAMO DE NEGÓCIO DA EMPRESA

Uma segunda fonte relevante para a construção do conteúdo de um ideário é o ramo de negócio da empresa. Pela própria especificidade de cada setor de atividade, é óbvio que as idéias dos dirigentes de um banco comercial sobre como dirigir uma empresa serão diferentes daquelas dos dirigentes de uma metalúrgica. Isso se deve ao fato de que bancos comerciais e metalúrgicas são ramos de negócio marcadamente diferentes, em termos financeiros, mercadológicos, legais e operacionais.

Mesmo quando duas empresas pertencem a segmentos próximos, o ideário de cada uma receberá contribuições diferentes daquelas da outra empresa. Por exemplo, uma cadeia de lojas de departamentos (digamos, Lojas Americanas) e uma rede de supermercados (digamos, Carrefour) terão ideários diferentes, se não por outras razões, pelo fato de que, em cada caso, compra-se diferente, vende-se diferente, cobra-se diferente, anuncia-se diferente – faz-se diferente, numa e noutra empresa, a maior parte das atividades de gestão, dadas as especificidades dos respectivos negócios.

Poderíamos dizer que esse desdobramento das fontes do ideário é desnecessário, visto que tanto essa quanto as demais fontes de conteúdos do ideário já estariam contidas na primeira citada: afinal, se um sujeito passou anos de sua vida trabalhando num dado tipo de negócio – digamos, venda de imóveis –, certamente terá incorporado às próprias idéias muitas das idiossincrasias desse ramo.

Essa objeção, no entanto, não é pertinente por duas razões principais: a primeira é que o ideário poucas vezes é um ideário de um só indivíduo, sendo freqüentemente um compósito das idéias, crenças e valores, acordadas ou não, propostas por um grupo de pessoas, que podem ser indivíduos bastante diferentes entre si.

Nem sempre um indivíduo, por maior poder que detenha, terá condições de fazer valer exclusivamente sua visão de mundo, ao se colocar na direção de uma organização que já possui uma história e um repertório cultural. Essa situação pode ser observada quando o cardeal Joseph Ratzinger ascendeu ao posto de Sumo Pontífice da Igreja Católica Apostólica Romana, com o nome de Bento XVI: o cardeal Ratzinger tem um histórico de teólogo brilhante e conservador, inflexível nas questões de fé e avesso a comportamentos excessivamente "liberais" dos tempos atuais. Mas muitos têm especulado sobre se, na condição de papa, Bento XVI seguirá a linha, duramente conservadora, que defendeu enquanto cardeal. Ele mudará sua linha de atuação? Ele poderá mudá-la, se pretender fazê-lo?

A questão ainda em aberto continua sendo, é claro, até que ponto alguém, por mais maduro e cônscio de suas responsabilidades, conseguiria, ao se tornar o comandante de uma grande e complexa organização, abrir mão de seus próprios valores por aqueles da organização.

AS DETERMINAÇÕES DA EMPRESA-MÃE

A terceira fonte de conteúdo para o ideário, quando existe, são as determinações vindas da organização-mãe, da sede ou matriz. A questão colocada no parágrafo anterior novamente se aplica aqui: sendo um preposto da organização maior que detém o poder sobre essa empresa, um membro do ente hegemônico terá de defender os valores e conceitos dessa organização. Talvez ele tenha dificuldade em fazer isso, se esses preceitos forem muito discrepantes dos seus. Por causa disso, os dirigentes das sucursais e unidades de negócios subsidiárias de grandes empresas, quase sempre, são escolhidos levando-se em conta não apenas o perfil profissional dos candidatos, mas também suas possibilidades de afinamento com aquilo que é a filosofia de atuação da empresa-mãe.

Nas grandes empresas familiares essa questão se torna, talvez, mais complexa, porque a organização-mãe em questão está fortemente impregnada pela cultura da família proprietária (quando não é a própria família que ocupa o conselho de direção). Como uma cultura familiar sempre inclui conceitos, crenças e valores que são bem diferentes daqueles de uma típica empresa capitalista, inevitavelmente acontece um choque entre os dois sistemas de crença, nem sempre fáceis de conciliar e resolver.

Seja como for, as unidades locais das empresas nacionais (e principalmente das empresas internacionais) raramente são deixadas livres para tomarem suas próprias decisões sobre como agir no contexto local. Ao contrário, a empresa-mãe sempre envia instruções bastante expressas para serem seguidas localmente, as quais com freqüência não se coadunam exatamente (ou até mesmo colidem) com as especificidades do contexto local, levando os administradores da unidade filiada a se perguntarem: "Como farei para implantar isto *aqui*?"

O CONTEXTO LOCAL

A quarta fonte da qual se alimenta o ideário do ente hegemônico são justamente as especificidades do contexto local: duas empresas, uma situada em São Paulo, Brasil, e outra em Miami, Flórida (EUA), certamente exigirão que seus dirigentes pensem de maneiras diferentes sobre os negócios locais. Isso acontecerá mesmo que se trate de empresas de mesmo ramo, de porte aproximadamente igual, com portfólios de produtos aproximadamente semelhantes e atuando em mercados parecidos. A razão disso é que inúmeros aspectos do contexto local condicionam o modo de agir de cada uma. Nem é preciso ir muito longe para constatá-lo: mesmo duas agências urbanas de um mesmo banco comercial situadas em São Paulo, uma no Jardim Paulista e outra no Jardim Maria Ângela, farão solicitações bastante distintas aos ideários de seus respectivos gerentes, dadas as diferentes condições típicas de cada bairro, ainda que os procedimentos operacionais do banco sejam os mesmos em ambos os casos.

A PRODUÇÃO TEÓRICA EM *MANAGEMENT*

Finalmente, a quinta e última fonte de conteúdo para o ideário dos executivos (não necessariamente a menos importante) é a produção teórica na área conceitual do *management*. A produção de conceitos, técnicas e idéias sobre gestão é fruto de uma vigorosa indústria, muito especialmente nos EUA, país em que se concentra a quase totalidade dessa produção. Milhares de professores de administração e disciplinas correlatas, muitos deles altamente especializados, inúmeras empresas de consultoria e uma grande quantidade de autores de livros e conferencistas locais e internacionais anualmente produzem novas propostas (ou aperfeiçoam propostas antigas) sobre como as empresas, ou partes específicas delas, devem ser gerenciadas.

Esse conhecimento teórico, veiculado na forma de textos variados, artigos, filmes para treinamento, *cases*, *games* e exercícios, uma vez produzido, rapidamente começa a circular pelo mundo, na forma de livros, entrevistas, matérias de jornais e revistas especializadas, CDs, relatórios técnicos, palestras, cursos e seminários, ações de consultores especializados e mediante outros suportes e formatos. Para se ter uma idéia do volume e do poder dessa indústria, basta citar que, segundo declarou há alguns anos, numa entrevista à revista *Fortune*, o consultor Michael Hammer (co-autor do famoso livro *Reengineering the Corporation*, de 1993), haveria não menos de 31 mil conferencistas circulando pelo mundo naquela época, cada um deles fazendo apresentações de apenas algumas horas mediante honorários mínimos de US$ 10 mil por sessão.

"Os gurus desempenham o papel de uma espécie de conselheiros de príncipes da era da informação", comentam os escritores americanos John Micklethwait e Adrian Wooldridge. Para isso, eles estão assiduamente viajando de um país para outro, realizando palestras e workshops, dando entrevistas e publicando artigos e livros sobre suas teses, como é facilmente observável.

A maioria desses profissionais é inegavelmente talentosa e experiente, ou não estaria fazendo o que faz. Howard Schultz, *chairman* da Starbucks, fala elogiosamente de um dos mais antigos e conhecidos entre eles, ao responder à pergunta de um jornalista: Qual foi o melhor conselho que você já recebeu? "Warren Bennis é um dos mais respeitados estudiosos da liderança", disse Schultz.

> Certo dia em que a estrela da sorte estava do meu lado fui ouvir Warren falar num evento. Fiquei tão impressionado pelo que ele disse, que o convidei para ser nosso consultor. Isso foi no final dos anos 1980, muito antes de sermos uma empresa de capital aberto. Ao longo dos anos Warren tem sido um valioso conselheiro e mentor, além de ter-se tornado um amigo de confiança.[17]

A MISTURA DOS CONTEÚDOS DAS VÁRIAS FONTES NO IDEÁRIO

Se o ideário do ente hegemônico é formado por idéias, crenças e valores originários principalmente das cinco fontes mencionadas, vale a pena inquirir, nesse ponto, quais dessas fontes produzem quais tipos de contribuição ao ideário.

Parece claro que boa parte das crenças e dos valores que se destacam no ideário – de um indivíduo ou um ente hegemônico – é produto das crenças e dos valores que povoam o psiquismo desses dirigentes. Um exemplo hipotético: um alto executivo que tenha lutado muito para vencer na vida talvez dê um altíssimo valor ao trabalho árduo, que faz parte de sua história; por outro lado, um executivo que tenha passado a infância e a juventude sendo elogiado por sua inteligência superior poderá achar que deve cercar-se de pessoas inteligentes – ou, talvez, ao contrário, de pessoas pouco inteligentes, para que a sua inteligência privilegiada não seja ameaçada (a forma como a mente produz crenças, e quais crenças produz, com base nas experiências pessoais de vida é um tema mais afeito à psicoterapia, que não cabe discutir aqui).

O contexto local, especificamente os aspectos culturais, pode ser igualmente fonte de crenças e valores. Muito do que acreditamos ser verdadeiro está, sem dúvida, preso ao que acreditamos ser genuíno no grupo social de que fazemos parte. Por exemplo, apesar do grande progresso que as mulheres conseguiram fazer em busca de igualdade social e econômica, sabemos que as empresas são ainda ambientes fortemente machistas e preconceituosos. Essa característica está presente em algum grau, sem dúvida, no imaginário de muitos gestores de empresas.

Aliás, o professor e consultor holandês Geert Hofstede, citado no Capítulo 1, tem feito estudos interessantes comparando identidades nacionais de muitos países com base em cinco aspectos, os quais ele denomina, respectivamente:

* PDI (Power Distance Index = índice de distância do poder), em que focaliza o grau de desigualdade social entre as camadas da população;
* IDV (Individualism = individualismo), focalizando o grau em que a sociedade reforça as realizações individuais *versus* coletivas e o relacionamento interpessoal;
* MAS (Masculinity = masculinidade), focalizando o grau em que a sociedade reforça o modelo profissional, de realização e de exercício do poder tradicionalmente masculino;
* UAI (Uncertainty Avoidance Index = índice de evitação de incertezas), que se caracteriza pelo nível de tolerância à incerteza e à ambigüidade dentro da sociedade; e
* LTO (Long-Term Orientation = orientação de longo prazo), que foca o grau em que a sociedade valoriza a manutenção de valores tradicionais, de longo prazo.

Evitando discutir sobre se essas categorias dão conta das complexidades de uma cultura nacional, e sem voltar ao tema da especificidade das culturas examinado no primeiro capítulo, a proposta de Hofstede permite insights interessantes sobre quais desses traços, comparativamente a outros povos, tendem a ser mais ou menos presentes numa população local. O site de Hofstede oferece índices, nesses cinco fatores, para nada menos que 55 diferentes países.[18]

O IDEÁRIO: O QUE ESTÃO PENSANDO OS "HOMENS LÁ EM CIMA"?

Na classificação do autor, por exemplo, o Brasil apresenta um nível de IDV (individualismo) levemente mais elevado que o nível médio dos países latino-americanos (38 para 21 pontos). No fator UAI (evitação de incertezas), todavia, o Brasil, como todos os países com pelo menos 50 por cento da população de orientação religiosa católica, tende a pontuar baixo (somente dois países em 23 com essa orientação – Irlanda e Filipinas – não pontuam tão baixo).[19] Mesmo não sendo um tema central neste texto, a proposta de Hofstede nos permite constatar que, de fato, nossas crenças e nossos valores estão, de forma inconsciente, atrelados à cultura local.

As três outras fontes de que o ideário se alimenta (o ramo de negócio da empresa, os mandamentos da empresa-mãe e a produção teórica sobre o *management*) fornecem, sem dúvida, mais idéias do que propriamente as crenças e os valores ao ideário. Isso não significa que tais idéias não sirvam para, de certa forma, moldar os dirigentes. No que diz respeito, digamos, ao ramo de negócio da empresa, o modo de pensar dos empresários de uma dada área de atividade, ao longo dos anos, tende a se repetir (numa espécie de *imprinting* cultural) no modo de pensar, agir e falar de pessoas que devotaram toda sua vida a esse ramo.

Um exemplo simples é o do fazendeiro comum, que provavelmente desenvolve um modo de vida simples e dedicado às coisas do campo, muito parecido com a rotina de outros fazendeiros, seus vizinhos. (É verdade que, em tais casos, é bem provável que também a história de vida dessas pessoas, desde a infância, tenha algum peso: com freqüência um fazendeiro pensa como fazendeiro não porque se acostumou a isso depois que se tornou fazendeiro, mas porque seu pai, que pensava basicamente do mesmo modo, serviu-lhe de modelo.)

O mesmo acontece com aqueles que abraçam culturas relacionadas às suas profissões: mesmo um médico que não faz parte de uma geração de médicos na família e, portanto, não teve essa influência cultural, provavelmente começará a apreender os comportamentos típicos dos médicos já nos primeiros anos de faculdade, vindo a aperfeiçoar esses hábitos ao longo dos anos.

Em um de seus livros, Claude Lévi-Strauss narra uma história que corrobora essas observações: diz ele que, em 1947, voltando dos EUA para a França de navio, às vezes conversava, no convés, com um regente de orquestra francês que acabara de dar alguns concertos em Nova York. Conta o antropólogo belga:

> Um dia ele me disse que, ao longo de sua carreira, observara que o temperamento dos músicos geralmente afina com o timbre de seus instrumentos e o modo de tocá-los e, para se dar bem com a sua orquestra, o maestro deve levar isso em conta. Assim, acrescentou

| 235

o maestro, em qualquer país em que estivesse ele podia prever que o oboísta seria fechado e suscetível e o trombonista, expansivo, bem-humorado e jovial...[20]

QUANDO UM IDEÁRIO É SUBSTITUÍDO POR OUTRO

Foi dito que um ideário pode não ser o conjunto das idéias, crenças e valores de um grupo, mas sim de *um único indivíduo*, nesse caso geralmente um líder forte, centralizador e autoritário, por vezes carismático. Nesses casos, como também já foi dito, tende a se formar abaixo desse indivíduo, no ente produtor da empresa, uma cultura de resposta (ver Capítulo 7).

Mas o que acontece quando esse líder, detentor isolado do ideário, é substituído por outro indivíduo? Certamente, nesse caso, o novo gestor hegemônico terá dificuldades para afirmar suas próprias (novas) posições, frente às expectativas que a cultura de resposta do ente produtor terá desenvolvido em relação às idéias, às crenças e aos valores do gestor anterior. Isso ocorre, freqüentemente, nos casos de aposentadoria ou saída do presidente ou, nas empresas familiares, quando o patriarca entrega o comando do negócio a um de seus filhos.

As organizações familiares talvez sejam aquelas nas quais esse tipo de situação parece mais traumático e crucial para os destinos da empresa. Todavia, ela pode ser encontrada amiúde também nas empresas estatais, internacionais ou locais, quando a troca do gestor hegemônico leva também à troca do ideário. Numa empresa estatal, isso se dá mais muitas vezes na troca dos quadros de direção em decorrência de mudanças políticas, quando outro partido assume o governo; nas empresas internacionais, quando a organização muda de mãos, num *merger* ou *takeover* entre megaempresas; nas empresas locais, também na mudança de controle acionário ou na substituição do executivo principal.

A literatura sobre gestão apresenta inúmeros exemplos de tais situações. A revista *Fortune*, por exemplo, é pródiga em relatar casos desse tipo, em que a mudança de ideário é inevitável. É exemplar a esse respeito o caso do advogado James H. Blanchard, que tinha apenas 28 anos quando seu pai, presidente do Columbus Bank & Trust, do estado da Geórgia (EUA), morreu, em 1969, e os acionistas e diretores pediram ao filho que assumisse o lugar. O desafio não era fácil, porque, nos dez anos anteriores, a administração do pai de Blanchard tinha simplesmente triplicado os ativos do banco. O que se poderia esperar do filho, nessas circunstâncias? A revista relata que, no entanto, ao assumir a direção, Blanchard realizou uma excelente gestão como sucessor do pai.[21]

As empresas privadas, porém, quando da mudança do gestor hegemônico por alguém novo e vindo de fora, tendem, como uma das primeiras medidas tomadas, a

O IDEÁRIO: O QUE ESTÃO PENSANDO OS "HOMENS LÁ EM CIMA"?

desbaratar o ente hegemônico anterior, "cortando as cabeças" dos seus principais representantes. Nas empresas públicas e nos órgãos governamentais, bem como em outras instituições em que as pessoas não podem ser facilmente demitidas ou afastadas, essas deposições geralmente não levam à demissão dos membros da direção, embora signifiquem seu afastamento para outras posições mais neutras, em relação ao ente hegemônico.

A FORMAÇÃO DAS CRENÇAS E DOS VALORES DO IDEÁRIO

O ideário é, às vezes, referido como uma espécie de cultura oficial ou cultura ideal, como já foi dito anteriormente, embora não se trate exatamente de cultura. Ao chamar o ideário de cultura oficial, apenas se dá ênfase ao fato de que ele é uma proposta de mudança cultural, que emana de quem tem autoridade para fazê-la e tenta implementá-la na organização. Por sua vez, a denominação cultura ideal leva em conta, subjacente a essa expressão, a idéia de que se trata, no caso, de uma "cultura" que existe apenas no plano das idéias ou no imaginário dos dirigentes e traduz aquilo a que os dirigentes aspiram ou desejam construir.

Dado esse plano "ideal" do ideário, é preciso discorrer um pouco, agora, sobre o que são e como se definem as idéias, as crenças e os valores que o compõem:

CRENÇAS E VALORES

Crenças e valores são conteúdos mentais tanto de pessoas quanto de grupos. Pertencem ambos a uma mesma categoria e são fortemente aparentados. Porém, não significam a mesma coisa. As crenças são convicções baseadas em fé, não fundamentadas por verificações objetivas (quando temos fé, em geral achamos que não precisamos de comprovações empíricas para justificá-la). O mesmo não ocorre com os valores, que são crenças que já passaram pelo crivo das reflexões do indivíduo, tendo ele as considerado especialmente importantes para si, em comparação com outras.

Crenças ou valores estão a todo momento sendo colocados em xeque na vida das pessoas: estas se vêem, com freqüência, diante de situações nas quais têm necessidade de responder ao menos a alguma destas quatro perguntas bem pessoais:

❖ Prefiro fazer isso a fazer outra coisa? (Quero fazê-lo?)
❖ Posso fazer isso? (Tenho como fazê-lo?)

A FACE OCULTA DA EMPRESA

❖ É isso que devo fazer? (Sou obrigado a isso?)
❖ Sei o suficiente sobre isso para fazê-lo? (Entendo o porquê disso?)

Estava me referindo justamente a essas quatro questões, quando tomei por empréstimo e apliquei ao ideário a frase da lingüista Norma Discini: o ideário é um conjunto de "saberes, quereres, poderes e deveres"[22] [não necessariamente nessa ordem].

Podemos analisar essa seqüência de questionamentos por meio de um caso prático:

Q (quero?) – Um indivíduo constata que não se sente bem em seu emprego atual e percebe que quer sair dali para outro.
P (posso?) – Ele se pergunta se tem os meios (tempo, recursos financeiros ou outros) para cumprir essa escolha e mudar de emprego.
D (devo?) – Em seguida, ele se pergunta se existe algum impedimento de ordem legal ou moral que o impeça de exercer esse direito – se isso lhe trará algum constrangimento ou se terá de responder com responsabilidade por alguma conseqüência daquilo que fizer.
S (sei?) – Finalmente, ele se pergunta se está suficientemente informado de tudo o que deve saber para tomar essa decisão de forma lúcida e consciente.

CRENÇAS

Essa série de quatro questionamentos de uma ação, tomados nessa ordem, ajuda-nos a entender a diferença básica entre uma crença e um valor: a crença é íntima, visceral; é primitiva e não depende do exercício do pensamento para existir. De fato, ter uma crença muitas vezes significa até mesmo recusar-se a pensar; de algum modo, esse ato "atrapalhará" a crença, que, muitas vezes, não apresenta uma razão, ou um significado, plausível.

Na prática, muitas vezes vemos essa forma cega (deliberadamente cega) de comportamento principalmente em jovens e em indivíduos imaturos, que desejam algo simplesmente "porque querem"; e alguém que tente argumentar com eles ou lhes apontar "o outro lado" da situação tende a ser rejeitado com veemência, por estar "estragando tudo". Pais, por exemplo, muitas vezes, sentem-se impotentes para lidar com as escolhas dos filhos adolescentes, que não querem ouvi-los sobre a inadequação de seus desejos.

As crenças estão, assim, apoiadas em sentimentos sumários, de apego ou rejeição a um dado objeto, em geral sem que tenha havido alguma ponderação a respeito. Elas são geradas pelas respostas positivas a apenas duas daquelas quatro perguntas citadas anteriormente – as duas primeiras: Quero? (Acho "legal" fazer? É bom? Estou com vontade?) e Posso? (Tenho dinheiro para isso? Posso fazer quando quiser?).

VALORES

Qualquer ato que ultrapasse essas questões esbarrará nas duas outras, que são mais complicadas de responder, porque exigem que o indivíduo passe a ponderar ou pensar sobre seu ato. Nesse caso, já estamos no terreno dos valores, não mais das simples crenças. Um valor está presente quando o indivíduo pondera sobre aquilo que quer fazer, o que implica responder, sobre seu ato, às duas perguntas restantes: Devo? (Existem implicações para isso? E depois, o que pode acontecer? Vou ter de responder pelos efeitos desse meu ato?) e Sei? (Estou bem informado sobre o que vou fazer? Sei tudo o que deveria saber a respeito? Entendo bem as implicações de agir e de não agir assim?)

O valor implica, então, necessariamente, o exercício da consciência. A consciência é o produto de uma inquirição das duas primeiras pelas duas últimas, entre aquelas quatro entidades representadas nas questões anteriores: o querer e o poder são inquiridos ou questionados pelo dever e pelo saber. Ter consciência quer dizer, de fato, ser capaz de dar ao nosso senso de responsabilidade (o dever) e ao conhecimento que temos sobre o mundo (o saber) a primazia e o controle sobre nossos sentimentos mais básicos (o querer) e sobre os limites que nossos atos poderão ter (o poder).

Quando esse questionamento acontece e o que queremos e podemos "sobrevive", nosso desejo sai muito fortalecido, porque temos condições de assumi-lo inteira e publicamente, embora possamos sentir uma certa frustração, ou pena de nós mesmos, quando o dever e o saber taxativamente proíbem o querer e o poder. Em contrapartida, quando o querer e o poder não ouvem o dever e o saber e atuam mesmo desobedecendo a estes últimos, o preço pago posteriormente por um ato insensato, cometido somente porque parecia "legal" e "dava pra fazer", pode ser até tragicamente alto!

A formação de valores ou, se preferir, a transformação de crenças em valores, é um processo educativo e individual. Indivíduos são capazes de uma vida mais plena, mais saudável e mais feliz, se considerarem aquilo que devem ou não fazer e aquilo sobre o qual sabem ou não o suficiente, antes de fazer o que lhes "der na telha", somente porque gostam e tem meios para isso.*

---

* Essas considerações não devem levar o leitor a pensar que crença e fé são atributos apenas dos ignorantes. Particularmente, a fé é uma qualidade importante nas pessoas e não será necessariamente destruída quando o indivíduo puser-se a considerar racionalmente o que significa de fato esse objeto no qual tem fé. Na verdade, ao fazê-lo, é mais provável que ele venha a reforçar sua fé, por perceber que, mais importante do que não ter encontrado argumentos racionais para mantê-la é o fato de não ter encontrado argumentos racionais para deixá-la! A fé convive muito bem e se alimenta positivamente da crítica intelectual, quando se trata de uma fé em algo que nos integra e nos faz ser melhores homens. Somente a fé no mal e no fútil precisa da ignorância para sobreviver.

VALORES, SEGUNDO A PROPOSTA DA "CLARIFICAÇÃO DE VALORES"

A diferenciação aqui adotada entre crença e valor é baseada numa abordagem derivada da psicologia humanista e conhecida por VC – Values Clarification (Clarificação de Valores). Essa proposta surgiu no início dos anos 1970, feita pelos educadores americanos Simon, Howe e Kirschenbaum, tendo obtido, então, razoável popularidade.[23] Era propósito da VC, mediante jogos e exercícios práticos, levar estudantes a obterem maior consciência de seus próprios valores pessoais, ao passarem suas crenças pessoais sistematicamente por um crivo de reflexão e debate. A técnica inspirava-se em idéias da filosofia grega, de que o processo educativo depende fundamentalmente do desenvolvimento da capacidade do indivíduo de pensar e questionar a realidade. Idéias emprestadas ao filósofo e educador francês Jean-Jacques Rousseau (1712–1778) sobre a educação moral centrada na pessoa humana foram também incorporadas às propostas da VC.[24] Um dos seus cultores, o humanista americano Louis E. Rath, definiu certa vez um valor como uma área para a qual somos sensíveis, que seja capaz de atender a sete critérios:

1. Algo é um valor para nós, se o estimamos e cuidamos, evitando perdê-lo. Aquilo a que não damos importância ou prioridade, postergando-o e colocando depois de outras prioridades, não pode ser considerado valor.
2. Reafirmamos um valor apresentando-o publicamente como sendo nosso valor, mesmo quando outros se colocam contra nós por causa disso.
3. Escolhemos um valor. Um valor não pode ser-nos imposto por ninguém, isto é, somos nós que atribuímos valor a algo.
4. O processo de definir algo como valoroso para nós passa também pela nossa capacidade de avaliar as conseqüências de escolhê-lo. Um valor pressupõe escolha consciente.
5. Valor pressupõe, ainda, ausência de pressão nessa escolha, mesmo que pressão amorosa e velada; um valor deve ser objeto de escolha inteiramente livre.
6. Um valor tem de ser praticado: as pessoas põem em ação aquilo que valorizam.
7. Por fim, a prática do valor tem de estar presente ao longo da vida, de modo que esse valor deve ser facilmente percebido pelos outros em nossa trajetória. Um valor transforma-se num padrão de conduta constantemente reapresentado.

Com base nesses critérios, imaginemos o que tem de acontecer para que um executivo declare ser um valor para ele, por exemplo, o interesse pela qualidade, ou pela prestação de um serviço excelente ao cliente, ou ainda pela participação ativa dos colaboradores nas decisões. Para que esse valor realmente exista, ele terá de resistir a esses sete crivos propostos por Rath. Esse gestor deverá: prezar essa idéia; reafirmá-la publicamente para que todos saibam que ele pensa assim; tê-la escolhido voluntariamente; entender bem as conseqüências de agir desse modo; poder agir sem ser pressionado; agir abertamente da maneira escolhida; e fazê-lo constantemente, ao longo de sua trajetória profissional.

Certas crenças, quando submetidas a esse crivo, não resistem à tentativa de clarificá-las e dar-lhes a condição de valor. Por exemplo, um indivíduo que beba ou fume poderia dizer que o faz porque isso lhe dá prazer. Todavia, se ele se submeter à prova dos sete critérios de Rath, verá que é impossível assumir o alcoolismo ou o tabagismo como um valor, visto que essa conduta não passará pelos critérios: (3) ser uma escolha não imposta; (4) ter suas conseqüências avaliadas e (5) ser escolhido sem pressão. Em ambos os casos (bebida ou fumo), o indivíduo terá de admitir que faz isso por vício e não é livre para deixá-lo quando quiser (critério 3); um exame sério das conseqüências constatará o enorme risco que o indivíduo corre por fumar ou beber demais (critério 4); e uma reflexão sobre a aquisição do vício mostrará, provavelmente, que foi uma escolha determinada pela pressão do grupo social, no qual o indivíduo desejava ser aceito (critério 5).

O CRITÉRIO DA REFUTABILIDADE

Há uma diferença essencial entre um valor e as crenças de indivíduos que adotam posturas fanáticas, de ordem política ou religiosa. O radicalismo dessas pessoas pode ter a aparência inicial de um corajoso exercício de um nobre valor, mas não conseguirá resistir, de fato, à prova dos sete critérios de Rath. O que acontece com freqüência, quando alguém procura justificar racionalmente sua crença fanática, não é a avaliação dela mediante os sete critérios conscientizadores, mas o inverso disso – a avaliação dos critérios conscientizadores mediante a crença: o indivíduo não está procurando argumentos que possam levá-lo a refutá-la, mas somente argumentos que possam levá-lo a reforçá-la. E, nesse caso, ele os encontrará.

Essa questão foi levantada pelo filósofo da ciência britânico (nascido em Viena, Áustria) *sir* Karl Popper (1902–1994), numa época em que o marxismo e a psicanálise, então muito admirados no mundo ocidental, eram vistos como "ciências". Popper, intrigado com essa colocação, perguntou-se o que deveria uma tese ou idéia demonstrar para que pudesse ser realmente considerada uma ciência.

Sua resposta foi que o critério capaz de determinar o que é especificamente científico é a refutabilidade: uma proposta teórica somente pode ser considerada científica se puder ser posta à prova e, eventualmente, refutada, caso não resista a essa prova. Em suma, uma idéia ou afirmação precisa correr o risco de ser considerada

A FACE OCULTA DA EMPRESA

falsa, para que, se (ou, enquanto) isso não acontecer, seja vista como verdadeira, trate-se do amor de João por Maria, da devoção de Pedro à sua religião ou do apego de Antonio à sua empresa ou ao seu trabalho. Enquanto isso não ocorre, qualquer desses personagens poderá, quando muito, receber o benefício da dúvida.

Tomemos o exemplo hipotético de um presidente que assume a empresa e decide que a participação de mercado da empresa está abaixo de sua capacidade. Teria ele razão? Essa empresa poderia mesmo ter maior participação de mercado nas condições em que opera? Há duas maneiras de tentar prová-lo: uma é buscar evidências de que a hipótese está correta e a participação de mercado está realmente abaixo do possível; a outra é buscar evidências de que a hipótese está incorreta e a participação de mercado está dentro do possível.

O primeiro caminho é inadequado, como afirma Popper. Segui-lo nos levará inevitavelmente a uma *self-fulfiling prophecy* (uma profecia que se realiza pelo simples fato de ter sido formulada): se procurar evidências de baixa participação da empresa no mercado, o presidente certamente encontrará. O segundo caminho é mais salutar: buscar evidências de que a participação de mercado *não* está abaixo do possível permitirá ao presidente, depois de usar todos os meios possíveis para refutar sua hipótese, aceitá-la com convicção. É o caminho que Popper provavelmente sugeriria.

O PENSAR E A REFLEXÃO SOBRE O PENSAR

Conclui-se que é saudável colocar suas crenças constantemente sob questionamento, para que se reforcem e se transformem em verdadeiros valores. E, se elas não resistirem a esse questionamento... Bem, nesse caso saberemos que não valia mesmo a pena mantê-las! Esse processo não é o mesmo que apenas "pensar" naquilo que cremos, pois essa será uma tática pobre para fortalecê-las e, além do mais, poderá ser somente uma tática condenável para justificá-las e mantê-las – pelo que estaremos apenas trapaceando conosco mesmos. "Pensar" naquilo que cremos pode ser, portanto, nada mais que um modo de transformar nossas crenças em "crenças bem justificadas".

Para nos livrar desse auto-engano, teremos de pensar nessas crenças e, então, avaliar aquilo que pensamos sobre elas, quando elas terão chance de deixar de ser apenas crenças, evoluindo para o estágio de valor. Hitler e seus generais nazistas, que tinham crenças arraigadas sobre a superioridade da raça ariana, procuraram apenas formas de pensar que isso era verdadeiro – e as encontraram!

Em suma, quem somente pensa pode conservar uma crença falsa; mas, com quem pensa e então pensa naquilo que pensou, isso não acontecerá, porque, nesse caso, estará questionando a teoria que criou. ("Pensar", nesse caso, significa "duvidar da crença", "questioná-la", somente a mantendo se não houver sua refutação.)

Esse processo pode levar, ainda, à constatação de que existem valores ideais universais, que devem ser buscados por nós, independentemente da sociedade em que possam ser exercidos. Se um homem trata de pensar naquilo que está pensando, acabará chegando a esses valores, porque irá inevitavelmente separando e deixando de lado as crenças que não resistem ao processo, mantendo aquelas que podem transformar-se em valores universais e que estarão acima de qualquer sociedade em particular.

PRINCÍPIOS

Alguns chamam de princípios a esses valores máximos que independem da cultura local. O termo cabe perfeitamente, embora princípio seja um vocábulo que está caindo em desuso. Princípio consiste num valor inicial, primordial, ao qual tudo acaba sendo remetido: teríamos, então, os princípios como pilares fundamentais sobre os quais repousariam tudo o que pensamos ou valorizamos.

Essa idéia que vem dos filósofos gregos (Platão, Aristóteles) dificilmente resiste às investidas da ciência, nos dias de hoje: a cada nova descoberta ou nova teoria, nos mais variados campos do saber, o que vemos é a fronteira do inicial ou primordial afastar-se para ainda mais longe, mostrando que talvez seja impossível chegar aos "princípios". Pensemos no Big Bang, por exemplo: há 10 ou 20 bilhões de anos, houve uma explosão que espalhou poeira cósmica por todo o espaço, dando origem ao universo. Esse foi o princípio do universo, não?

Mas espere um pouco? Que poeira cósmica? Que espaço? Pelo simples fato de formularmos essas perguntas, já estamos empurrando para mais longe do que era essa fronteira científica. É isso que acontece com o saber, hoje em dia, levando à obsolescência do conceito de *princípio*.

Fazer esse tipo de reflexão sobre a realidade que nos cerca irá nos ajudar a abandonar o maniqueísmo inicial com que comumente pensamos, levando-nos a maior aceitação da diversidade que nos cerca: compreenderemos cada vez melhor que as decisões que tomamos na vida geralmente são bem mais complexas do que uma simples escolha entre duas opções: isso ou aquilo, preto ou branco.

OS OBJETOS DE NOSSAS CRENÇAS E NOSSOS VALORES

Nossas crenças e nossos valores podem estar dirigidos para diversos tipos de objeto: bens (dinheiro, carro, jóias); atividades (trabalho, lazer, estudo); papéis sociais (pai ou mãe, filho, irmão); espaços (cidade natal, país); sentimentos em relação aos outros (solidariedade, amizade, amor); escolhas (casamento, divórcio, nascimento dos filhos); épocas da vida (infância, adolescência, adultez, velhice); qualidades pessoais (elegância, asseio, perfeccionismo) e outros. Os objetos sobre os quais desenvolvemos nossas crenças e nossos valores são aqueles que estão mais presentes em nossa vida.

Também conseguimos identificar nossas próprias crenças e nossos valores pelo seu oposto: vemos que gostamos da discrição, ao percebermos que nos irritam as pessoas pouco discretas; notamos que o trabalho bem cuidado é importante para nós, quando constatamos nossa própria irritação com desempenhos desmazelados.

Muitos objetos podem, também, funcionar como complementos ou símbolos uns dos outros, em nosso sistema de crenças e valores: por exemplo, detestamos a louça por lavar acumulada na pia da cozinha, ou o chão do banheiro todo molhado, porque isso nos sugere descaso e desorganização, o contrário de nosso valor – organização e arrumação.

Portanto, é inadequado, na maioria das vezes, apontar para um só objeto ou situação, quando nos referimos a nossas crenças e nossos valores. Em geral, estamos tratando, de fato, de uma ampla classe de objetos que mantêm certa afinidade entre si, como que ligados numa rede invisível: por exemplo, nosso apego ao trabalho responsável expressa-se tanto ao vermos um motorista guiando irresponsavelmente pelas ruas como ao vermos crianças tirando boas notas na escola por terem estudado a matéria, como ainda ao compararmos, na empresa, o trabalho de colegas aplicados e de alto desempenho com outros que não ligam a mínima para o que fazem e apresentam baixo desempenho.

Sobre quais objetos desenvolveremos essas crenças e esses valores, e quais "redes simbólicas" eles formarão são processos individuais que acontecem na mente de cada um de nós, dadas nossas experiências de vida e nossa vivência de episódios pessoais que envolvem esses objetos. E é importante que tais episódios, associados a tais objetos, nos tenham emocionado quando ocorreram, tenham "acendido" nossas emoções e nossos sentimentos, a fim de se tornarem tão significativos para nós.

Ou seja, crenças e valores sempre ocupam um campo simbólico relativamente elástico; e afirmar que uma crença ou um valor refere-se delimitadamente a um objeto específico (por exemplo, sexo), é dar a essa questão uma interpretação pobre, reducionista: para uns, sexo tem tudo a ver com amor; para outros, amor nada tem a ver com sexo, que pode perfeitamente ser o sexo pago; para outros, ainda, sexo inclui fetiches ou fantasias; enquanto outros vêem sexo associado a sérias questões morais relacionadas com o casamento. Seria muito inadequado enquadrar todas essas pessoas numa mesma categoria – a das pessoas que apreciam sexo.

AS CRENÇAS COLETIVAS

Nesses parágrafos anteriores ocupei-me com um discurso sobre crenças e valores individuais. Mas precisamos atentar agora para a existência de crenças e valores coletivos, que são partilhados por todo um grupo social. Nesse caso, o que temos é necessariamente crença, e não, valor (ao menos de acordo com o significado dado a cada termo neste texto): se o valor é consciente e a crença é primitiva e automática, então uma cultura não tem, de fato, valores, mas crenças – muito embora os indivíduos pertencentes a essa cultura possam perfeitamente ter as crenças coletivas da cultura como valor pessoal.

Imaginemos, por exemplo, que uma empresa tenha como uma de suas *core competences* o apego à alta qualidade do produto: todos ali se orgulham dessa alta qualidade, que fazem questão de alardear e de apontar em cada produto ou serviço que apresentam aos clientes. Nessa empresa, um produto que não tivesse o nível de qualidade desejado jamais seria oferecido ao mercado; quando um cliente reclama da qualidade, reuniões muito sérias acontecem na empresa, como se uma catástrofe tivesse ocorrido; os integrantes do ente produtor que se destacam como indivíduos extremamente comprometidos com a qualidade são olhados por todos como heróis; nenhum outro aspecto, nem o tempo de fabricação ou de entrega do produto, nem mesmo o preço é visto como prioritário numa venda, em comparação com a qualidade do produto. Nessas condições, qualquer novo profissional que ingresse nessa empresa estará sendo, desde logo, fortemente pressionado a se ajustar a esse padrão de conduta e a cuidar criteriosamente da qualidade.

Mas digamos que um dos gestores dessa empresa venha a achar que, numa dada situação específica, a alta qualidade não é o aspecto mais importante, e sim a urgência da entrega ou alguma outra situação. Nesse caso, tão logo ele manifeste abertamente sua visão, provavelmente será criticado e visto como um "herege". No entanto, esse gestor poderá estar exercendo, nesse episódio, sua mais legítima capacidade de pensar, fazendo uso de uma consciência crítica individual, que lhe permite "elevar-se acima da cultura". Essa consciência será ainda mais aguda, se ele estiver perfeitamente ciente de que está contrariando a cultura e agindo contra ela. (Contrariamente, mesmo na hipótese de que o gestor perceba que é preciso, num dado caso, dar a máxima prioridade à qualidade, ele poderá estar igualmente exercendo sua capacidade de pensar e alçando-se acima da cultura, desde que o faça tendo consciência de que está agindo como a cultura pede.)

As convicções coletivas que são partilhadas por todos os participantes da cultura, portanto, não podem ser valores, mas apenas crenças. Se os valores de alguém (um empreendedor que inicia um novo negócio, por exemplo) são "comprados" (aceitos) por uma coletividade que passa a se comportar de acordo com esses valores, essa coletividade os está aceitando em nível de crença, não de valor, muito embora membros individuais da coletividade possam pessoalmente tomá-los como seus próprios valores pessoais.

Todavia, são pobres e simples as culturas em que os indivíduos permanecem agindo apenas em função de crenças tornadas automáticas, sem pensar sobre elas e questioná-las. Em contrapartida, são ricas e complexas as culturas nas quais os indivíduos têm a chance de duvidar, experimentar e questionar os padrões vigentes. Quando o fazem, novas opções simbólicas e práticas decorrem desses questionamentos e, como resultado disso, a cultura tende a evoluir, aumentando a complexidade cultural.

O SENSO COMUM

Valores tendem a ser melhores que meras crenças para se enxergar o mundo como ele é (ou, ao menos, como as pessoas mais esclarecidas pensam que ele é), uma vez que crenças não são pensadas, como foi dito, mas apenas assumidas como verdades não questionáveis. Em grande parte, nossas crenças, tão insuficientemente explicadas, não passam de expressões do senso comum. Senso comum é como se designa o saber popular, não é comprovado por evidências empíricas, e muitas vezes é distorcido na sua própria circulação. Uma boa fonte de contato com o senso comum são os provérbios ou ditos populares.

O senso comum é formado de idéias ou impressões soltas, fragmentárias e desencontradas, que vagam um tanto à deriva, de forma não-sistematizada e sem concatenação entre si. Ele forma uma espécie de *pool* de idéias banais de uso comum, um agregado de verdades aparentes, modas, cacoetes, clichês e estereótipos que grande parte da população partilha. O pensador marxista italiano Antonio Gramsci (1891–1937) definiu o senso comum como "os aspectos difusos, não-coordenados, de uma forma geral de pensar, comuns a um dado período e um dado contexto popular".[25]

Mesmo assim, o senso comum ainda contém "um núcleo saudável de bom senso" que, segundo argumenta Gramsci, "merece ser tornado mais unitário e coerente".[26] Senso comum e bom senso são conceitos histórica e socialmente situados: "O 'bom senso' é análogo à 'filosofia', no sentido de ser inerentemente coerente e crítico", e "filosofia é crítica e é o substituto da religião e do 'senso comum'. Neste sentido, ela coincide com o 'bom senso' e se opõe ao 'senso comum'".[27]

O ideário do gestor principal ou do ente hegemônico da empresa contém, na prática, muito de bom senso e valores, mas contém também certa dose de senso comum. Grande parte do discurso que se faz em gestão é, na realidade, uma repetição de certa arenga, formada por frases que são apropriações mais ou menos soltas de *buzzwords*, conceitos e idéias colhidos em livros, artigos, palestras e seminários, sem maior profundidade. Uma empresa, sem dúvida, se beneficiaria muito das diretivas que recebesse de um ente hegemônico que, manifestamente, viesse a propor conteúdos para a gestão que ultrapassassem o nível banal do senso comum.

IDEÁRIO E CULTURA REAL

A TENSÃO PERMANENTE ENTRE IDEÁRIO E CULTURA

Por definição, entre esse constructo teórico intelectual de uma cultura ideal da empresa, chamada ideário do ente hegemônico, e a cultura real brotada da sucessão de acontecimentos que foram impactando a empresa ao longo do tempo, o diálogo tende a ser difícil e truncado, além de marcado por momentos de confusão e de interpenetração de uma na outra e seguidas reinterpretações de comportamentos e iniciativas, ora predominando a cultura, ora o ideário.

A cultura propriamente dita, real e historicamente estabelecida, independe do motivo de lucro que move os dirigentes, sendo inevitável que venha a ser, cedo ou tarde, "descoberta" pelos gestores do ente hegemônico como um obstáculo às finalidades econômicas da empresa (isto é, percebida como um entrave presente em comportamentos e referências ocasionais, em situações de insucesso em alguns negócios específicos, em projetos que não dão certo, em esquemas de trabalho que não saem como previsto etc.). Será inevitável também que, tendo-a percebido assim, os dirigentes da empresa tentem esclarecer e domesticar essa cultura real, alinhando-a à "cultura ideal" de seu ideário. Em tese, portanto, conforme o caso, determinados traços culturais, simbólicos ou comportamentais existentes na empresa devem ser estimulados, ao passo que outros precisam ser extintos ou mudados.

Na prática, essa tentativa de integrar ideário e cultura é realizada por mera tentativa e erro, por meio de preleções, treinamentos, campanhas de propaganda internas, admissões, demissões e reestruturações. Porém, também na prática, as chances de esses esforços resultarem positivos são reduzidas. Por quê? Porque é bastante problemática a tarefa que se propõem os administradores das empresas de aproximar os conceitos que trazem de fora sobre como a empresa deve ser gerida e o modo como a cultura disponível internamente orienta os comportamentos dos indivíduos que trabalham para essa empresa. Assim, frente ao fracasso dessa tentativa de integração, eles comumente elaboram alguma "teoria do fracasso" da atual cultura, bem como uma "teoria do sucesso" da nova "cultura", que irão servir de base para alavancar um programa de "mudança cultural".

A cultura real, cultura "para consumo interno", é geralmente considerada incômoda e pouco atraente pelos dirigentes. Estes tendem a não reconhecer a legitimidade ou a validade dos traços culturais internos formados com base em acontecimentos reais ocorridos no passado, porque os eventos e as situações que estão na origem das histórias relatadas e dos comportamentos observados não são ações iniciadas por esses dirigentes nem estavam sob seu controle. Sendo a gestão da empresa uma atividade essencialmente de iniciativa e controle, há a forte tendência de quem a pratica vir a ignorar aquilo sobre o que não consiga agir ou que não possa controlar.

Existe, portanto, um inerente conflito entre ideário e cultura, na dinâmica da empresa, conflito que é determinado pela própria cultura capitalística que forma o substrato dessa cultura (a Figura 8.2, a seguir, apresenta essa idéia).

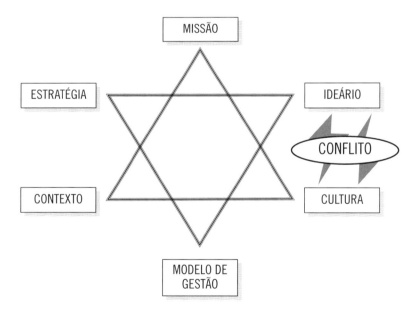

Figura 8.2 – O conflito entre ideário e cultura

IDEÁRIO DE COMBATE E IDEÁRIO PERSUASIVO

Gramsci chamava de revolução passiva a ação não-ostensiva e não drasticamente destrutiva do ente hegemônico – aquela em que o ente hegemônico "empreende processos de renovação pelo alto, autoritários e ditatoriais, ao mesmo tempo reprimin-

O IDEÁRIO: O QUE ESTÃO PENSANDO OS "HOMENS LÁ EM CIMA"?

do ou excluindo os demais grupos. O fordismo, por exemplo, pode ser encarado, na história da administração, como uma forma de revolução passiva".[28]

Nem sempre um novo ideário é aplicado na empresa de maneira contundente, agressiva e ostensiva, visando à destruição da cultura. Essa forma de atuar, que é típica das situações de *turnaround* ou "saneamento financeiro" da empresa, geralmente não implanta nesta um ideário definitivo, mas provisório, que vigorará por um tempo, até que a turbulência que se abate sobre a organização tenha sido debelada.

Na maioria das vezes, o novo ideário é estabelecido mediante uma "revolução passiva", para usar a expressão de Gramsci: os gestores do novo ente hegemônico chegam à empresa com propostas conciliadoras e otimistas, levantando o moral da coletividade da empresa e pedindo a colaboração de todos. Isso não significa que suas mensagens sejam falsas ou camufladas, absolutamente; mas tampouco significa que essa suavidade venha a perdurar por muito tempo. Com freqüência, esse discurso conciliatório e aglutinador é seguido de medidas duras de corte de despesas, programas, unidades e pessoas e, não raro, um recrudescimento do próprio discurso se segue à adoção de tais medidas.

Chamo ao ideário proposto em cada uma dessas abordagens, respectivamente, de ideário de combate e ideário persuasivo. A adoção de um ou de outro não depende apenas das crenças e dos valores do gestor ou do ente hegemônico que assume o controle da situação, mas igualmente da própria situação – de sua gravidade, da urgência das medidas a serem tomadas, dos riscos mais ou menos iminentes que a empresa está correndo. Em geral, entretanto, há certa sintonia entre as crenças e os valores do ente hegemônico e a necessidade de medidas duras: gestores acostumados a exercer atuação mais dura tendem a ser chamados a atuar quando a situação assim o exige; e, igualmente, gestores mais conciliadores são convocados, quando a situação permite.

Independentemente de sua ação sobre estruturas, cargos, unidades operacionais, processos, finanças etc., o ideário de combate é claramente mais direto que o ideário persuasivo no ataque à cultura real estabelecida. Para isso, ele faz uso basicamente de três mecanismos efetivos de ação destrutiva sobre a cultura, a saber:

- ❖ a substituição de indivíduos representativos da cultura real;
- ❖ mudanças drásticas na comunicação visual e na propaganda institucional; e
- ❖ a eliminação, descaracterização ou substituição de objetos simbólicos mais representativos da história e da cultura anteriores.

Tais ações se dirigem mais precisamente à destruição da cultura de cobertura na empresa, que é, nesse processo, por princípio, fragmentada e tornada muito mais

| 249

"rala" do que era antes (ver Figura 2.2, p. 58). Quando os gestores anteriores da empresa conseguem fazer uma síntese satisfatória entre a cultura de cobertura e a cultura de base, essa ação destrutiva tende a ser muito mais notada e muito mais lamentada pela coletividade interna.

Quanto à cultura de base ou ao substrato capitalístico, o que ocorre nesse caso é invariavelmente um adensamento, tornando-se essa parcela da cultura mais "espessa" (ver Figura 2.2) e passando a ser mais aguda e intensa a aplicação dos "dogmas" capitalistas ao dia-a-dia da empresa.

O IDEÁRIO PROPALADO OU DISCURSO PÚBLICO

Em seus discursos, as empresas muito freqüentemente alardeiam uma cultura que não praticam:

> Uma função-chave de determinada formação discursiva, nessa visão, não é somente seu papel inclusivo, mas também seu papel excludente: formações discursivas fornecem regras de justificação para o que conta como (por exemplo) conhecimento num contexto específico e, ao mesmo tempo, estipulam o que não conta como conhecimento nesse contexto.[29]

Ou, traduzindo em miúdos, como afirma o professor Renato Guimarães Ferreira (Eaesp-FGV): "Hoje, o discurso organizacional é recheado de palavras bonitas, mas vazias."[30]

Também é verdade que, com grande freqüência, os discursos usados pelas empresas para traduzir seus ideários, suas missões, visões, estratégias e programas de trabalho assemelham-se muito, tornando difícil entender a diferença entre elas e suas especificidades. Como em qualquer outra área de atuação, existe, em geral, um discurso estabelecido que deve ser devidamente assimilado e cumprido – o que freqüentemente é feito sem que isso tenha a ver diretamente com aquilo que é praticado.

A paródia mais óbvia de um discurso estabelecido e praticado "no vazio" é a famosa piada do jogador de futebol dando uma entrevista ao repórter (o humorista Chico Anísio satirizava muito bem esse discurso, nas falas de seu famoso personagem, o jogador Coalhada): "Futebol é uma caixinha de surpresas. No vestiário vamos ver o que o professor vai nos dizer, para a gente reverter esse resultado. O grupo está unido. O gol deles saiu por uma falha de nossa defesa, mas com certeza isso não vai mais acontecer." Vazada num discurso tão estereotipado, a entrevista do atleta vale exclusivamente como um ato declaratório de que o atleta (*um* atleta, não *um* dado atleta) está ali. O conteúdo dito é apenas *pro forma*.

O IDEÁRIO: O QUE ESTÃO PENSANDO OS "HOMENS LÁ EM CIMA"?

Essencialmente, não é diferente o discurso que com freqüência se obtém dos dirigentes das empresas. Por exemplo, quando uma nova administração assume a direção de uma empresa, embora possa sugerir algumas ações diferentes daquelas que propunha a administração anterior, os discursos de ambas são, em boa parte, super-postos e coincidentes. Por exemplo, é quase certo que esses gestores irão igualmente falar sobre: respeito ao cliente, participação do empregado, adoção de tecnologia de ponta, enxugamento das gorduras, busca de resultados, cultivo da excelência ou atenção ao social.

Para constatarmos a obviedade e a generalidade dessas declarações, conside-remos alguns trechos – colhidos ao acaso –, extraídos de diferentes entrevistas dadas por altos executivos e publicadas em diferentes edições de uma conhecida revista de administração e negócios brasileira:

> Qualquer substituição é um processo de ruptura para uma empresa. Pode ser muito positivo em situações em que seja necessário sacudir uma organização lenta ou se adaptar a um novo ambiente. No entanto, quando isso acontece repetidas vezes, num curto espaço de tempo, a estabilidade acaba.

> Queremos crescer, mas num nível que possamos administrar. Nossa participação de mercado é muito pequena, mas há muito terreno pela frente.

> Antes nós ditávamos as regras, os fornecedores ficavam fora do processo e os contratos eram de curto prazo. Agora trabalhamos em parceria, integrados em todo o projeto, e o relacionamento tem de ser duradouro.

> Se você quer comunicar precisamente as características de seu produto ou serviço, você tem de usar um canal de alcance limitado, não pode atingir muita gente. Se você quer atingir muita gente, tem de abrir mão dos detalhes.

Constata-se, assim, uma versão própria do senso comum no discurso executivo e gerencial. Nem sempre é fácil encontrar nesse discurso um momento de efetiva originalidade ou especificidade, a não ser quando o conteúdo apresentado é formado de números e cifras. Todavia, em geral, esse tipo de conteúdo é prudentemente mantido fora do discurso público da empresa.

A esse discurso estudado com cuidado para transmitir uma mensagem positiva da empresa, valorizando seus aspectos bons e ocultando os negativos, dou o nome de discurso público ou ideário propalado. Trata-se de um discurso que é feito com a finalidade principal de valorizar a imagem da empresa, salientando suas características

| 251

favoráveis e omitindo, cuidadosamente, os aspectos críticos. O termo propalado, para designar essa versão do ideário, é apropriado, porque não se trata apenas da divulgação ou da publicização da "boa cultura". O verbo propalar, do latim tardio *propalare*, tem o sentido específico de tornar algo público, com finalidades comerciais, a fim de vender o que está sendo divulgado.

O geógrafo e professor Milton Santos chamava de "mitologia" a essas peças (o que elas realmente são), lamentando que fossem tão comuns no mundo atual: "Ao longo dos séculos, as mitologias eram produzidas pelos povos. Hoje, não. Três ou quatro marqueteiros se juntam, produzem uma mitologia e vendem."[31]

Mas, na verdade, o ideário propalado quase nunca é apenas uma sórdida mentira sobre a empresa, que seus dirigentes tratam de apresentar em público, para enganar os *stakeholders*. Claro, que, por vezes, se observam casos de produtos, serviços ou (principalmente) candidatos políticos apresentados ao grande público com qualidades que de fato não têm, em casos grosseiros de "propaganda enganosa". Na maioria das vezes, porém, o ideário propalado diz algumas coisas reais na empresa, embora não diga tudo o que é real, e embora nem tudo o que diga é real. Esse discurso público contém também muito daquilo que os dirigentes da empresa têm a intenção de tornar real por meio de medidas práticas, além conter também certa dose de *wishful thinking* (aquilo que os dirigentes da empresa gostariam que fosse real) (ver Figura 8.3 a seguir).

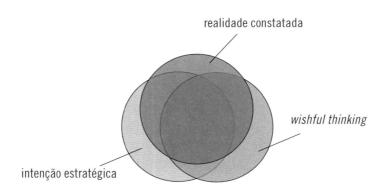

Figura 8.3 – O ideário propalado ou discurso público

Assim, quando um presidente entrevistado diz, por exemplo, que sua empresa está atendendo seus clientes melhor do que o fazia há seis meses, e que isso é fruto do treinamento que ele aprovou para os atendentes, poderá estar comunicando três tipos diferentes de mensagem: (a) algo que realmente *ocorre* (fato); (b) algo que ele *espera que ocorra*, pelas medidas que tomou (intenção); e (c) algo que ele *quer ver ocorrendo* (*wishful thinking*). Muitas vezes, a mensagem funde as três coisas.

O ideário propalado é, portanto, um produto do marketing da cultura e do ideário, vistos como um produto a ser "vendido" pela empresa, ao grande público. O endomarketing é apenas uma das suas variantes, destinada a públicos internos da empresa. Quando a cultura e/ou o ideário da empresa são assim filtrados, mediante técnicas de propaganda, transformam-se no que é mais apropriado chamar de identidade da empresa: o ideário propalado é uma forma de traduzir cultura + ideário em identidade, glamourizando os fatos e as imagens sobre a empresa.

A produção da identidade empresarial é uma próspera indústria, que emprega diversos prestadores de serviços: agências de publicidade, empresas de comunicação empresarial e de relações públicas, entre outras. Peças publicitárias; entrevistas dos dirigentes na imprensa, no rádio, na TV ou em revistas; reportagens e notícias veiculadas sobre a empresa; participações da empresa em concursos de qualidade ou desempenho; patrocínio de atividades culturais ou sociais; declarações, pronunciamentos e comentários dos dirigentes em encontros e reuniões de negócios; palestras de gestores em congressos e seminários são alguns dos elementos que divulgam e ajudam a vender a imagem de uma empresa. O próximo capítulo completará o estudo do ideário, relacionando-o às políticas e à estratégia da empresa.

CAPÍTULO 9

POLÍTICAS, ESTRATÉGIA E MODELO DE GESTÃO DA EMPRESA

É possível que não existam senão falsos caminhos. Porém, é preciso encontrar o falso caminho que lhe convém.

Samuel Beckett (1906–1989), escritor irlandês, Prêmio Nobel de Literatura de 1969.

POLÍTICAS

POLÍTICAS: "PONTES" ENTRE O IDEÁRIO E A ESTRATÉGIA

A Figura 9.1 (ver p. seguinte) mostra que o ideário é o ponto de partida para a estratégia da empresa. Todavia, salientei, anteriormente, que esse caminho não é percorrido num único passo, mas que são as políticas uma estação intermediária entre ideário e estratégia. A Figura 9.1, a seguir, ilustra essa idéia.

A formulação de uma estratégia se faz de escolhas, decisões: "Se a situação for esta, fazemos assim; se for aquela, fazemos de outro modo..." Essa definição de possíveis caminhos que a empresa trilhará ao cumprir sua estratégia é uma séria operação intelectual, que tem efeitos vitais para a sobrevivência da empresa a longo, médio e, até mesmo, curto prazo. A ação estratégica propriamente dita deve ser cuidadosamente planejada, isto é, antecedida do trabalho intelectual.

Mas há, ainda, uma questão anterior a ser respondida: de que maneira o conjunto de crenças e valores que estão presentes na mente dos gestores do ente hegemônico poderá se converter num plano racional e objetivo de ação, orientado por um raciocínio lógico? Como crenças e valores contribuirão para a implementação da estratégia?

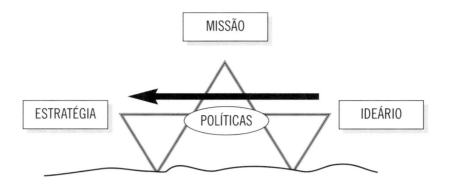

Figura 9.1 – Do ideário à estratégia, via políticas

Por serem expressões do imaginário pessoal associadas a sentimentos e atitudes (e com razoável dose de carga afetiva), as crenças e os valores precisam ser primeiramente transformados em políticas, antes da elaboração do planejamento estratégico.

Políticas são diretrizes balizadoras e orientadoras, guias para o pensamento dos gestores da empresa – que presumivelmente os ajudarão em situações de decisão e ação, principalmente quando a escolha sobre o que fazer ou não em casos específicos não estiver totalmente clara. Ao formular políticas, a empresa estará delimitando melhor a faixa de possibilidades dentro da qual os colaboradores poderão agir, seja numa área de atuação específica, seja na empresa como um todo.

A experiência mostra que podemos distinguir três tipos de políticas nas empresas:

* As macropolíticas – Trata-se, neste caso, dos enunciados da missão e da visão de futuro da empresa. Esses enunciados são exatamente isso: políticas amplas, que se destinam a orientar a vida da empresa como um todo, no presente e no futuro. Essas macropolíticas já foram mencionadas anteriormente, e o serão novamente ao analisarmos o processo estratégico.
* As políticas estratégicas – São políticas orientadoras da estratégia como um todo, procedentes diretamente das crenças e dos valores do ente hegemônico. Podem tratar de variados temas, por exemplo:

  ✓ ética ao fazer negócios;
  ✓ governança corporativa (relações entre gestão e controle acionário);

POLÍTICAS, ESTRATÉGIA E MODELO DE GESTÃO DA EMPRESA

✓ imagem externa da empresa;
✓ portfolio de produtos ou serviços;
✓ relações da empresa com a sociedade;
✓ distribuição de dividendos;
✓ endividamento e capitalização;
✓ atuação internacional; e
✓ parcerias e alianças estratégicas.

As políticas estratégicas são aquelas que serão úteis na formulação da estratégia corporativa.

❖ As micropolíticas – São as políticas derivadas das opções estratégicas escolhidas pela empresa. Não são, portanto, políticas que conduzem à estratégia, mas políticas que decorrem desta. Em vez de servirem de "pontes" entre o ideário e a estratégia, as micropolíticas são de fato "pontes" entre a estratégia e o modelo de gestão da empresa (ver Figura 9.1, p. anterior), uma vez que irão orientar os gestores sobre eventuais "furos" existentes no modelo atual, a serem preenchidos a fim de que a atuação da organização favoreça, em vez de dificultar, a realização da estratégia.

Uma política sempre propõe algumas regras básicas a serem seguidas por todos na empresa, condicionando a conduta das pessoas, de preferência sem tolhê-las excessivamente. É fundamental que uma política não deixe margem a interpretações pessoais, caso contrário, não será de grande ajuda.

Um exemplo brincalhão de como *não* deve ser uma política é lembrado pelo escritor Carlos Heitor Cony, num artigo em que cita uma passagem de *As viagens de Gulliver*, de Jonathan Swift (1667–1745), famoso escritor satírico irlandês:

> Swift conta que Gulliver ficou espantado quando viu dois reinos liliputianos se destruindo há 800 anos e quis saber o motivo da guerra, qual o motivo daquele conflito de vontades. Perguntou ao rei do qual era prisioneiro e soldado: "Por que vocês brigam há 800 anos?" O rei respondeu que o povo inimigo quebrava os ovos pela parte mais fina, enquanto ele e seu povo quebravam os ovos pela parte mais grossa. Gulliver perguntou se não havia uma lei que determinasse o lado pelo qual os ovos deviam ser quebrados. O rei explicou: "Evidente que há. A lei diz textualmente que os ovos devem ser quebrados pelo lado certo."[1]

A parábola mostra que não será de utilidade uma regra, lei ou política que possa ser interpretada como tendo um dado sentido e ao mesmo tempo o sentido oposto!

| 257

Portanto, tentaremos evitar esse tipo de falha em nossas políticas. Ainda à guisa de exemplo, consideremos um velho dilema das áreas de produção das empresas industriais: a opção *make or buy*: "Fabricaremos nós mesmos ou o adquiriremos de terceiros?" Digamos que, frente a essas alternativas, a diretriz escolhida venha a ser: "Fabricaremos somente quando não houver uma opção de compra mais vantajosa." Essa formulação (que pode ser vista como uma política) certamente torna mais fácil ao gestor tomar uma decisão numa situação concreta, do que se ele dispusesse, como orientação, apenas de uma vaga formulação de uma crença ou um valor: "É melhor ser prudente"; ou "Não podemos onerar desnecessariamente a empresa".

Se não houver uma política ("Fabricaremos somente quando não houver uma opção de compra mais vantajosa") que traduza um valor ("É melhor ser prudente") de uma forma mais precisa, poderá ser bastante complicado para um gestor, numa situação prática, decidir se estaria ou não agindo de acordo com tal valor. (A rigor, essa política também poderia ser mais bem formulada, se informasse também o que está sendo chamado, afinal, de "opção de compra mais vantajosa".)

A política é uma regra heurística, não um algoritmo. Isto é, ela não irá apontar ao gestor uma solução automática para cada caso, mas exigirá dele discernimento, ponderação e julgamento. No caso anterior, por exemplo, como já foi dito, o gestor teria de responder em que circunstâncias ele deveria considerar que uma opção de compra é mais vantajosa que outra, ou quais seriam os critérios para se fazer tal julgamento.

Uma paródia dessas situações pode ser encontrada nos filmes de ação ou de guerra, quando, às vezes, o mocinho se vê às voltas com a tarefa de desativar uma bomba sem saber se corta o fio azul ou o vermelho. Nessas ocasiões, se ele pudesse se orientar por alguma "política" (por exemplo, "Sempre corte o fio azul"), sua tarefa seria facilitada (supondo-se, é claro, que na totalidade dos casos o correto seria mesmo cortar o fio azul). Ou seja, a política tem de ser eficaz – estar de acordo com a realidade. Se a política dissesse, por exemplo, "Corte o fio de cor mais feia", certamente não seria de grande valor, porque deixaria o decisor na mesma situação em que estaria se não houvesse a política.

Mas, supondo-se, agora, que o sujeito encontrasse não apenas dois, mas um feixe de muitos fios azuis e vermelhos; então, a política "Sempre corte o fio azul" já não seria tão eficaz, porque o deixaria exposto a um julgamento demasiado complicado. Nessa hipótese, o decisor provavelmente aspiraria por uma política que lhe dissesse algo como: "Sempre corte o terceiro fio azul mais externo, contando a partir de onde há o sinal 'x', no sentido anti-horário." Essa política seria perfeita para sanar essa situação, mas infelizmente não serviria para nenhuma outra, supondo-se que o número, as cores e as posições dos fios se alterassem de bomba para bomba.

Essa brincadeira serve ao propósito de nos mostrar uma regra válida para escrever políticas (ou seja, uma política para estabelecer políticas, ou uma metapolítica: as políticas devem ser apropriadas quanto à amplitude dos casos que englobam e ao discernimento que exigem do decisor – o que, no fundo, aliás, acaba sendo a mesma coisa!). Explicando melhor:

Quanto à amplitude, a política não pode ser excessivamente estrita e detalhada, ou não cobrirá muitos casos aos quais deveria aplicar-se; ela tampouco pode ser ampla demais, pois nesse caso dará a impressão de se aplicar a casos que fogem ao escopo da própria política, confundindo o decisor. Quanto ao discernimento do decisor, a política nem deve ser detalhada demais, para não automatizar a decisão, nem tão ampla que a impossibilite.

O falecido governador e senador por São Paulo André Franco Montoro (1916–1999), segundo contou certa vez um de seus alunos, tinha um excelente exemplo sobre essa natureza flexível das políticas, que costumava usar em suas aulas na Faculdade de Direito.

À entrada de um prédio uma placa avisa: "Proibida a entrada de cães." Chega ao prédio um sujeito trazendo um urso pela coleira e o porteiro o impede de entrar. O sujeito reclama que não há regra impedindo-o de entrar com o urso, mas o porteiro lhe mostra a placa, explicando: "Aí está a regra. Ela fala em cães, é verdade. Mas o intuito é evitar a entrada de animais que façam sujeira, barulho ou assustem os moradores. Seu urso se enquadra nessa categoria e, portanto, o senhor não pode entrar."

Logo depois, aparece ali outro sujeito trazendo um cão pela coleira e o porteiro, surpreendentemente, não só permite a entrada do animal, como ajuda o homem a tomar o elevador. Um circunstante o questiona: "Por que o deixou entrar? A placa proíbe a entrada de cães e ele trazia um cão." Novamente o porteiro reinterpreta a regra exposta na placa: "Sim, ela fala em cães, mas este que acaba de entrar não é de fato um cão. Esse homem é cego e o cão é seu guia. Portanto, a placa não proíbe sua entrada."

A historinha é primorosa para mostrar a natureza das políticas empresariais: elas são regras básicas de certa amplitude e exigem certo grau de discernimento por parte do decisor: o enunciado da placa não poderia ser interpretado ao pé da letra. Se o fosse, a norma seria inadequada para ambos os visitantes, permitindo o ingresso daquele a quem deveria proibir e proibindo o daquele outro a quem deveria permitir.

Uma boa política deve apresentar, também, os atributos de conformidade e aplicabilidade. Conformidade refere-se, neste caso, ao grau de identificação da política com a cultura vigente na empresa (quanto mais conforme, mais fácil de entender, aprender e assimilar); aplicabilidade refere-se à possibilidade de imediata utilização da política (quanto mais fácil e rapidamente aplicável, melhor).

A idéia defendida aqui é de que a política é uma formulação intermediária entre o ideário e a estratégia – ou, em outros termos, de que se constrói uma estratégia mais facilmente com base em uma ou mais diretrizes políticas derivadas de crenças e valores do que diretamente desse conjunto, mesmo que o ideário esteja, de qualquer modo, na origem da estratégia. As políticas são, portanto, como "pontes" estendidas entre a ainda grande imponderabilidade de crenças e valores e a concretude objetiva e racional de metas e alvos que compõem a estratégia.

crenças e valores → políticas → estratégia

Ainda assim, nem todas as políticas são geradoras obrigatórias de opções estratégicas, da mesma forma que nem todas as formulações estratégicas dependem da existência de políticas para serem formuladas. Há também políticas que vigoram nos escalões menores da empresa e que são decorrentes de uma estratégia mais ampla, bem como há outras decorrentes de políticas formuladas e assumidas em níveis mais altos, que se "derramam" em cascata pelos escalões hierárquicos da empresa.

O termo política pode designar várias coisas, a maioria delas apresentada e debatida inicialmente na famosa *Política*, de Aristóteles (384–322 a.C.). O sentido do termo que nos interessa aqui é aquele que atribui a uma política a função de "descrever a forma de Estado ideal", ou de "determinar a forma do melhor Estado possível em relação a determinadas circunstâncias".[2] Levando esse conceito para o âmbito das empresas, percebe-se que formular políticas significa simplesmente descrever a melhor forma de gerir a organização nas circunstâncias dadas.

Nem sempre as políticas aparecem com esse nome nas organizações. Elas freqüentemente se apresentam camufladas por outros nomes, entre os quais os mais comuns são: princípios, filosofia ou valores. Quase toda vez que tomo conhecimento de um desses termos no discurso sobre a gestão estratégica de uma empresa penso que os gestores *não* devem estar se referindo ao ideário, tal como o entendemos aqui, mas sim a algo que está um passo adiante do ideário, infelizmente sem que este tenha sido devidamente mapeado.

Competências é outro termo que comumente se usa, sem se pensar que se trata, de fato, de políticas. Com freqüência encontramos nas empresas uma lista de sete, dez ou quinze competências, apresentadas a todos os gestores para serem, obrigatoriamente, incluídas por estes na lista de suas responsabilidades perante a organização. Não há muito mais a dizer sobre as competências, além do que já foi discutido no Capítulo 5, exceto pelo fato de que competências gerenciais (mas não as *core competences*) são políticas que também pretendem traduzir o ideário dos gestores do ente hegemônico da empresa.

POLÍTICAS E ESTRATÉGIA *VERSUS* CULTURA REAL

Foi dito que o ideário colide, necessariamente, com a cultura real vigente na empresa. Também já foi dito que o ideário gera políticas, que são, entre outras finalidades, estações antecipatórias para a formulação de estratégias. Ora, se concluímos que o ideário colide com a cultura e se admitimos que o ideário gera políticas e estratégias, obviamente temos de admitir que políticas e estratégias colidem com a cultura real tanto quanto o ideário.

Essa é a razão por que este livro havia inicialmente recebido o subtítulo: "Por que estratégia e cultura corporativa inevitavelmente colidem". Ao escolhê-lo, parti do pressuposto de que, embora de fato seja o ideário que colide com a cultura, não se deveria dizê-lo no subtítulo, porque a maioria dos leitores não estaria ainda familiarizada com a noção de ideário, embora estivesse com a de estratégia.

Sobre as políticas e a estratégia, sua colisão com a cultura é ainda mais óbvia do que a do ideário com a cultura, porque, enquanto o ideário é formado por crenças e valores, que incluem sentimentos e percepções intuitivas das pessoas e apresenta, portanto, certa invisibilidade ou intangibilidade, as políticas e a estratégia são constructos bem mais afirmativos e peremptórios, que apontam direções e caminhos racionalmente escolhidos, antes de serem publicados pelo ente hegemônico. Há, entre eles e a cultura, um desnível que traduz as dificuldades inerentes de se harmonizar intenção e ação, desejo e assertividade.

Essa dificuldade ocorre também nos novos programas que a empresa instala ou projetos que desenvolve, e que têm a racionalidade própria das estratégias e políticas, embora possam pertencer ao modelo de gestão: quando a empresa resolve implantar uma organização por processos, certificar-se pela ISO 9000, introduzir um sistema de gestão eletrônico ou adotar um plano de remuneração por reconhecimento, vai esbarrar inexoravelmente nos ditames intangíveis da cultura corporativa. Talvez seja a área de Recursos Humanos a que mais claramente sofre com esse tipo de dificuldade, uma vez que esta é, quase sempre, um setor da empresa pródigo em introduzir novos projetos e programas. Mesmo nas iniciativas mais simples, essa resistência, típica da cultura, tende a aparecer. Vejamos um exemplo:

Numa empresa do ramo farmacêutico, um dos traços de cultura bastante forte e normalmente considerado positivo é o nível de produtividade das pessoas: o relacionamento entre elas tende a ser especialmente sério e circunspecto e sempre voltado para a realização do trabalho. As amizades entre os participantes do ente produtor geralmente não são mais do que superficiais e esporádicas.

Constatando essa característica do grupo, o departamento de Recursos Humanos, crendo que os colaboradores da empresa deveriam se aproximar, concluiu que a solução estava em lhes proporcionar alguma forma de lazer comum. A resposta adotada foi contratar professores de dança de salão, para darem aulas aos colaboradores após o expediente.

As inscrições, no entanto, foram em menor número do que o esperado (o gerente de RH acreditava que todo mundo iria querer participar). Duas turmas iniciaram as aulas, em dias alternados da semana, e, apesar da competência e do entusiasmo dos professores, as sessões funcionaram apenas por um breve tempo, para, em seguida, começarem a escassear, até cessarem por completo. Era como se os poucos colaboradores que de início se interessaram pela iniciativa tivessem rapidamente se desencantado.

O gerente de RH e seus colaboradores que coordenaram o trabalho concluíram que não era esse tipo de lazer que as pessoas queriam, e que deveriam escolher alguma outra coisa para colocar no lugar das aulas de dança. Em nenhum momento eles pensaram na possibilidade de que talvez a cultura da empresa propusesse que as pessoas deveriam ter um outro tipo de relacionamento entre si, dedicado mais ao trabalho do que ao lazer.

ESTRATÉGIA

O QUE É A ESTRATÉGIA?

Uma estratégia é definida por Michael Porter como um conjunto de "ações ofensivas ou defensivas para criar uma posição defensável em uma indústria, visando enfrentar com sucesso as cinco forças competitivas (a concorrência dentro da própria indústria, a ameaça de ingresso de novos concorrentes, a ameaça de produtos ou serviços substitutos, o poder de negociação dos clientes e o poder de negociação dos fornecedores) e assim obter melhor retorno sobre o investimento para a empresa".[3]

Se essa posição defensável na indústria é o que a empresa busca, então a estratégia corporativa é, em última análise, o modo de se pôr a missão idealizada em ação no contexto que se apresenta. Como o ideário deve ser, no fundo, uma formulação que leve em conta tanto a missão em operação quanto o contexto, também a estratégia deve ser uma forma de mostrar um ideário-em-ação, pela expressão dos comportamentos da empresa frente ao mercado, a seus concorrentes etc. (seu contexto, enfim).

A estratégia decorre e se corporifica, como já vimos, do ideário, tendo as políticas de permeio. É por meio da estratégia e das políticas que o ideário confronta-se

POLÍTICAS, ESTRATÉGIA E MODELO DE GESTÃO DA EMPRESA

com a cultura, visto que tanto uma como as outras o exprimem. Nesse confronto, se as medidas estratégicas não estiverem razoavelmente em consonância com o que a cultura permite pôr em prática, certamente os gestores terão maior dificuldade em manter a estratégia ativa. Por isso, há consultorias que insistem em passar as medidas estratégicas propostas pela empresa pelo crivo da sua cultura, perguntando-se se existe compatibilidade entre ambas. Caso não exista, elas em geral aconselham uma alteração da estratégia, o que é provavelmente bem mais fácil que alterar a cultura.

Stanley Davis, professor, escritor, conferencista e titular da consultoria americana Boston Consulting Group (BCG), sugere um método para analisar as compatibilidades e incompatibilidades da estratégia com a cultura:

> Uma abordagem que considero muito útil consiste em construir uma matriz simples para avaliar o risco cultural (da estratégia). Quando uma empresa vai implementar uma estratégia, ela escolhe certa quantidade de ações específicas. As ações que contrariarem a realidade cultural encontrarão resistência; as ações mais compatíveis com a cultura do dia-a-dia serão mais prontamente aceitas. Além disso, embora cada passo da série vise implementar a estratégia, alguns são mais importantes que outros.[4]

O grau de risco cultural, portanto, depende de respostas a duas importantes questões:

1. Até que ponto cada ação é importante para o sucesso da estratégia?
2. Até que ponto cada ação é compatível com a cultura do dia-a-dia?

"As respostas a essas questões (classificadas em alto / médio / baixo) podem ser dispostas numa matriz 3x3..."[5] A matriz de Davis é apresentada na Figura 9.2, a seguir.

Casos de fracasso de uma estratégia por não levar em conta a cultura local são facilmente encontrados nos "pacotes" governamentais para reduzir a inflação e "sanear a economia". Talvez os mais famosos, no Brasil, nos últimos anos, tenham sido o Plano Cruzado, do ministro Funaro, e o Plano Collor I. Nos dois casos, as medidas preconizadas pareciam irrepreensíveis do ponto de vista técnico e mereceram elogios de todos. Pouco a pouco foi possível perceber, no entanto, que a situação não se encaminhava exatamente do modo como se previra, que algo – em ambos os casos a inarredável e intangível "cultura" vigente – estava impedindo que fossem bem-sucedidos.

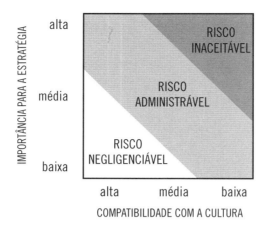

Figura 9.2 – Matriz para avaliação da estratégia frente à cultura (cf. Stanley M. Davis, *Managing Corporate Culture*. Cambridge, Mass. (EUA): Ballinger Publishing Co., 1984, p.77, op.cit.)

ORIGEM DA ESTRATÉGIA

Uma empresa precisa ter clara definição dos resultados que pretende obter, de quais recursos dispõe para obtê-los e de como agirá sobre os mesmos para atingir seus propósitos. Além disso, ela deve ser capaz de perceber, ainda que minimamente, as ações de seus concorrentes e outros obstáculos que poderão impedir ou dificultar o alcance desses propósitos. Finalmente, ela deve ser capaz de perceber, o mais cedo possível, mudanças que ocorram ao redor e tendências que estejam vigorando no contexto e que poderão resultar na inviabilização, total ou parcial, de seus planos, exigindo alterações de rumo. Para poder cumprir essas exigências, a empresa deve contar com um adequado sistema de coleta, tratamento, interpretação e aplicação de informações ao seu plano de ação. Isso é o que se espera de uma estratégia.

Estratégia é um termo derivado do grego *strategia* e significava, originalmente, a arte militar de preparar a movimentação e as operações das tropas para as batalhas. *Strategós* é o nome que se dava ao general comandante das tropas. A estratégia surge, portanto, da guerra e, ao usarmos essa expressão em administração, estamos aproximando as duas disciplinas: gestão e guerra. A mesma raiz produziu o termo estratagema (ardil, manha para burlar o inimigo). Espera-se, portanto, dos estrategistas, que tenham esperteza, astúcia para enganar o adversário.

Associado a esse termo está outro: tática, do grego *taktiké* (a arte de movimentar as tropas durante a batalha). Portanto, como estratégia, também tática é um termo oriundo da guerra e, dada a proximidade dos dois conceitos, às vezes pode ser difícil diferenciar um do outro. Entretanto, *strategia* refere-se à movimentação das tropas de modo geral, enquanto *taktiké* refere-se a cada movimento feito com as tropas.

A estratégia é, assim, um conjunto inteligentemente encadeado de diversas ações táticas. A propósito, nos exércitos romanos, *tacticus* era o nome dado ao oficial que dispunha as tropas em ordem para a batalha, antes de esta iniciar-se. Além de tudo, o termo grego *taktiké* é praticamente um sinônimo de *techné* (técnica, arte, ofício). Entende-se, assim, que ser um *tacticus* ou aplicar uma tática exige técnica, competência – não é uma atividade para qualquer um!

A estratégia não é uma prerrogativa das empresas; ela pode ser vista em outras situações organizacionais e, até, nas concepções dos próprios indivíduos sobre como devem proceder numa dada situação. Por exemplo, os dirigentes de um clube de futebol poderão montar uma estratégia para conseguir o título do campeonato daquele ano, estratégia essa que incluiria variadas ações táticas, tais como: contratar um ou dois jogadores com nível de seleção; reforçar mais a defesa; equipar melhor o departamento médico; fazer uma temporada de preparação física e técnica num lugar retirado, previamente ao início do campeonato; realizar alguns jogos amistosos contra adversários "de peso"; contratar um profissional para prestar auxílio psicológico aos jogadores; dar "carta branca" ao técnico para armar o time etc.

No nível do trabalho do treinador, este também poderá montar sua estratégia para lidar com o grupo de jogadores, assim como poderá montar uma estratégia para vencer um dado jogo, contra um adversário específico. Um jovem jogador também pode montar sua própria estratégia para vir a ser titular do time, ou para ser vendido a um time do exterior, que oferece melhor remuneração.

Enfim, a idéia da estratégia não se restringe a um dado nível de abrangência. Em qualquer nível de ação pode-se falar em estratégia e, nesse caso, o nível abaixo, subordinado a este, será o nível das táticas que a vão compor.

UM EXEMPLO

Um exemplo de estratégia individual bem-sucedida para enfrentar uma situação complexa, mas bem definida, foi a adotada em 1974, no Zaire, pelo famoso boxeador americano Muhammad Ali, para vencer a luta contra o campeão mundial invicto dos pesos pesados na época, George Foreman. O relato que faço aqui está documentado no filme *Quando éramos reis* (de Leon Gast, 1996), vencedor do Oscar de melhor documentário do ano.

Ali e Foreman estavam no Zaire (hoje República Democrática do Congo), cujo ditador, Mobutu Sese Seko (Joseph Désiré Mobutu, 1930–1997), tinha contratado a luta ao empresário Don King por US$ 10 milhões. Poucos dias antes da data marcada, entretanto, num treinamento comum, Foreman teve o supercílio acidentalmente aberto e a luta teve de ser adiada por um mês e meio. Depois de muita discussão sobre o que fazer, optou-se por manter a realização da luta no país, com os lutadores e suas equipes preparando-se durante esse tempo adicional. Provavelmente, foi nessa ocasião que Muhammad Ali montou, em segredo, sua estratégia para vencer Foreman, um lutador invicto, que tinha vencido todas as suas disputas por nocaute, a maioria nos primeiros assaltos, e era bem mais jovem (24 anos contra os 30 anos de Ali), mais forte, mais duro e implacável.

Enquanto Foreman manteve-se recolhido no seu hotel durante esse intervalo, Muhammad Ali saiu para conquistar o povo do Zaire. Treinava correndo pelas ruas, entrando em lugares miseráveis, onde brincava com as pessoas e fingia lutar com as crianças. Falava muito e dizia que aquele era o seu povo. Aprendeu uma frase na língua nativa local, que passou a usar e que serviu como um bordão durante a própria luta, gritada por 100 mil pessoas no estádio, naquela noite: "Ali, buma ye!" ("Ali, mate-o!")

Durante esse mês de preparação, Ali alardeou aos quatro cantos a estratégia que usaria para vencer Foreman: dançaria em volta dele até deixá-lo tonto, pegando-o com golpes rápidos e ágeis, sem que Foreman tivesse tempo de reagir. Gabava-se de ser o único peso pesado capaz dessa mobilidade. E foi tão eficiente na divulgação dessa forma de lutar que sua própria equipe acreditou nela, vendo-a como a única chance de Ali sair vivo do ringue! O próprio Foreman passou a treinar fazendo seus *sparrings* girarem o tempo todo em volta dele no ringue, antecipando a conduta do adversário.

No dia da luta, Ali subiu ao tablado e, já na apresentação, com os lutadores frente a frente, começou a dizer a Foreman não se sabe bem o quê. A câmera o mostra falando a um Foreman calado, com a fisionomia extremamente dura, mas não se consegue entender o que estaria Ali dizendo ao campeão. Iniciada a luta, Ali de fato começou a girar em volta do campeão, mas apenas para fazer algo completamente inédito entre lutadores dessa categoria: em apenas três minutos do primeiro *round*, aplicou no rosto do adversário, nada menos que 12 vezes, um golpe rapidíssimo, composto de uma seqüência de esquerda e direita, cujo principal efeito não é machucar fisicamente, mas mostrar ao adversário que ele é incompetentemente lento e incapaz de reagir. O escritor Norman Mailer (1923–2008) relata a luta no documentário de Gast e explica que esse tipo de golpe é considerado uma grande ofensa por um profissional do gabarito daqueles que estavam sobre o ringue, e que havia pelo menos dois anos ninguém se atrevia a usá-lo contra Foreman.

O resultado disso foi o completo enfurecimento de Foreman, que veio para o segundo *round* com o propósito de trucidar o adversário. E começou a bater no adversário; mas Ali, surpreendendo a todos, não fugiu nem dançou, como prometera. Encostou-se nas cordas e protegeu-se, enquanto Foreman batia sem parar, com golpes fortíssimos, mas na maior parte inócuos para derrubar Ali. No entanto, Ali aproveitava todas as aproximações para dizer a Foreman que ele batia fraco, que estava decepcionado com ele, que pensava que ele fosse mais forte que aquilo.

O descontrole de Foreman logo atingiu o grau máximo. Nos intervalos, Ali, de pé no centro do ringue, levantava os punhos e gritava para a platéia: "Ali, buma ye!", ouvindo de volta um impressionante coro gritando em uníssono: "Ali, buma ye!"

Por volta do sexto assalto, Foreman estava exausto. Seus socos já não faziam qualquer efeito e, perceptivelmente, seus braços pesavam como chumbo. Ali sabia disso, é claro: ele havia se preparado, em segredo, para estabelecer essa situação. Quando teve a certeza de que o outro se tornara inofensivo, partiu para a luta aberta. Foreman não tinha condições de prosseguir e desabou no tablado no oitavo assalto.

Gosto de usar esse exemplo de estratégia com meus alunos de pós-graduação em administração. Projeto para eles esse trecho-chave do filme e em seguida faço-lhes algumas perguntas. É infalível: todos, sem exceção até hoje, saem da aula dizendo que, agora sim, sabem o que é realmente uma estratégia.

UM MODELO PARA A FORMULAÇÃO DA ESTRATÉGIA

Para que o leitor tenha em mente quais passos devem ser dados na formulação de uma estratégia, apresento um modelo desse processo (ver Figura 9.3, na próxima página). Ele é adaptado de um modelo apresentado pelo professor Adalberto Fischmann (FEA-USP), um especialista no tema, num seminário para altos executivos de uma empresa sediada em São Paulo. O professor Fischmann aborda a estratégia como uma representação, predominantemente qualitativa, do caminho que a organização deve seguir. A gestão em nível estratégico da empresa, além das decisões mais qualitativas que quantitativas, tem como características a interferência no todo da organização e a tomada de decisões com implicações a longo prazo.[6]

É preciso ainda distinguir entre planejamento estratégico e administração estratégica: esta última engloba aquele. Para Schendel e Hofer, "administração estratégica é um processo que lida com as atividades empresariais da organização, com o crescimento e a renovação organizacionais e, mais particularmente, com o desenvolvimento e a utilização da estratégia que deverá guiar as operações da organização".[7]

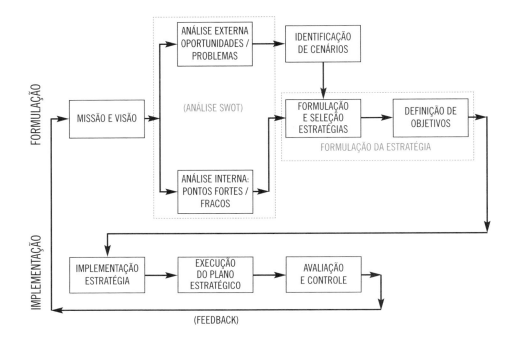

Figura 9.3 – Modelo de estratégia (adaptação de A. Fischmann)

Fischmann mostra que o planejamento no nível estratégico orienta as ações da empresa no todo, é feito a longo prazo e é predominantemente qualitativo; busca, sobretudo, a eficácia mais que a eficiência e deve orientar programas, projetos e atividades não episódicos, mas de natureza continuada. Quanto à administração estratégica, ela é basicamente o processo de planejar (elaborar os planos estratégicos), organizar (coadunar a estrutura da empresa com a estratégia), dirigir (pelo desenvolvimento dos gestores, levar as decisões administrativas e operacionais a se sintonizar com as estratégias) e controlar (estabelecer e usar ferramentas que avaliem e corrijam, quando necessário, as ações estratégicas) a atuação da empresa em nível estratégico. Além disso, a administração estratégica orienta as ações subordinadas, nos níveis administrativo e operacional e procura harmonizar eficiência e eficácia.[8]

Um bom número de consultores e acadêmicos interessados no tema tem formulado excelentes modelos de estratégia – o que apresento, a seguir, é apenas um deles. A rigor, não é importante defender aqui um dado modelo, muito embora eu considere este um dos mais claros e funcionais. A função deste capítulo é apenas destacar o que é uma estratégia, visando inseri-la como uma das etapas do modelo que chamei de Estrela de Seis Pontas. A Figura 9.3 (ver p. anterior) sugere que a estratégia é uma conseqüência do ideário e faz a ligação entre a missão em operação e o contexto da empresa.

O diagrama a seguir, da Figura 9.4, revela algo que, com denominações diferentes, está presente na maioria dos modelos do mesmo tipo: uma seqüência de seis etapas, no processo de pensar e realizar a estratégia da empresa. São eles:

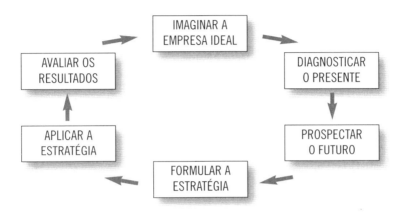

Figura 9.4 – O processo nos modelos de planejamento estratégico

O modelo de estratégia dado na Figura 9.3 (ver p. anterior) apresenta uma etapa inicial na qual se imagina uma empresa ideal, com seus enunciados de missão e visão. Na etapa seguinte, que é um diagnóstico do presente, duas etapas são postas sob o rótulo: análise SWOT. Em seguida, faz-se uma prospecção, buscando identificar cenários futuros em que a empresa virá a operar. Formula-se, então, a estratégia propriamente dita (ver, no modelo, a formulação e a seleção de estratégias e a definição de objetivos). A aplicação dessa estratégia é dada pelas fases de: implementação da estratégia e elaboração do plano estratégico. Finalmente, há uma etapa de avaliação de resultados, identificada como "avaliação e controle".

A ESTRATÉGIA INTEGRADA NO MODELO DO HEXAGRAMA

A estratégia é, de certo modo, um ponto focal do processo que se desenvolve em torno da Estrela de Seis Pontas. Como uma das "pontas" do modelo, a estratégia acaba sendo uma forma de reunir as contribuições de todas as cinco "pontas" restantes. (Essa idéia está expressa na Figura 9.5, a seguir.) Vejamos:

A FACE OCULTA DA EMPRESA

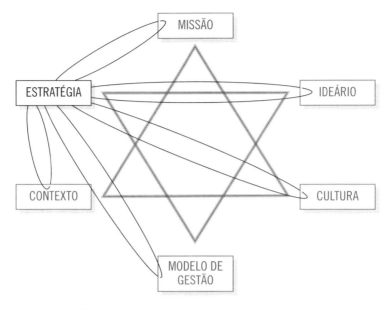

Figura 9.5 – "Enlaces" da estratégia com as demais "pontas" do hexagrama

1. A estratégia é uma explicitação, em termos operativos, do ideário do ente hegemônico da empresa.
2. A elaboração da estratégia começa pela definição (além da visão de futuro), da missão em operação da empresa.
3. Ao prospectar o presente e o futuro, como parte da elaboração da estratégia, a empresa vai buscar informações diretamente no contexto desta.
4. Ainda ao prospectar o presente, boa parte das informações a serem recolhidas refere-se ao funcionamento interno da empresa, remetendo necessariamente ao seu modelo de gestão.
5. Finalmente, a empresa precisa passar as ações estratégicas que irá implementar pelo crivo da cultura corporativa, para decidir se o risco de fracasso na implementação de cada uma dessas ações é negligenciável, administrável ou inaceitável.

É interessante notar que a formulação de uma missão e de uma visão de futuro aparece como a primeira parte do processo estratégico. No modelo da Estrela de Seis Pontas, vemos a missão separada da estratégia, enquanto a visão nem aparece ali como item. No entanto, a maioria dos estudiosos da gestão concorda que missão e visão são aspectos tão essenciais na formulação da estratégia que deveriam ser incorporados a esse processo – ao que não tenho objeção. Vale dizer, também, que a missão que aparece no hexagrama é, de fato, a missão idealizada da empresa, enquanto essa missão que faz parte do plano estratégico tende a estar mais próxima da missão em operação.

O professor Fischmann apresenta a missão como a razão de ser da empresa, que reflete seus valores e orienta sua estratégia. Essa missão precisa ser um enunciado relativamente estável e não ser alterada com freqüência. Isso não quer dizer que a missão nunca deva ser alterada, é claro – ela muda também, de acordo com novas exigências impostas pelo contexto. Henry Luce, que fundou, em 1929, a famosa revista americana de negócios *Fortune*, registrou, na época, nas páginas da própria publicação, uma frase que deveria mostrar como a revista "era diferente das concorrentes". A frase era: *It will contain no advice on how to run your business.* (Não conterá conselhos sobre como você deve dirigir seu negócio, tradução livre). Essa advertência tinha um propósito: na época, era justamente isso que faziam as revistas de negócios mais baratas e de conteúdo banal; e Luce queria que a sua fosse uma revista de alto nível. Com o passar do tempo, seus sucessores deixaram totalmente de lado esse princípio, pois, hoje, a expectativa é justamente oposta a essa: ter as recomendações de uma prestigiosa revista de negócios como a *Fortune* é algo que os dirigentes de empresas esperam![9]

Quanto à visão de futuro da empresa, Fischmann a entende como uma declaração do entendimento que se tem sobre o lugar que a empresa quer chegar e sobre como pretende alcançá-lo. Essa visão deve ser apresentada à empresa pelos gestores estratégicos mais como um desafio do que como um macroobjetivo. Na nomenclatura que adotei ao explicar o hexagrama, essa visão de futuro corresponde ao que chamei de visão-objeto em oposição à visão-capacidade. Quando as pessoas têm essa visão de futuro, adverte o professor Fischmann, não é necessário determinar em detalhe tudo o que deve ser feito na organização, pois a própria visão orienta as ações das pessoas em nível estratégico.[10]

METAMODELOS PARA MISSÃO E VISÃO

A ESTRUTURA DO ENUNCIADO DA MISSÃO

Quando, pela reflexão de seus principais decisores, uma organização formula sua missão, o que ela está fazendo de mais evidente é propor uma autodefinição: dizer a que veio, justificar sua existência. Sendo uma entidade de caráter lucrativo, supõe-se que a iniciativa de formular a missão contribuirá para que a empresa alcance melhores resultados ou atinja a meta a que se propôs. Se o enunciado da missão vier a melhorar o foco sobre as operações, provavelmente esse efeito positivo ocorrerá.

A FACE OCULTA DA EMPRESA

Alguns defendem que, mesmo sendo o resultado financeiro uma vital intenção estratégica da empresa, o tema deveria ficar fora do enunciado da missão: a empresa não deveria encarar o lucro como um fim. Esse tema já foi examinado em outro capítulo. Para os que pensam que o resultado financeiro não deve constar do enunciado da missão, esta deveria apontar para outro alvo que estivesse além do ganho econômico-financeiro da empresa. Nesse caso, o lucro seria entendido apenas como meio de oferecer à sociedade uma contribuição relevante. Outros, porém, não pensam assim. Não é minha intenção aferrar-me aqui à defesa de nenhum lado, embora também pense que o lucro não deve ser visto como fim, mas como um meio.

Na prática, vemos que os enunciados da missão de uma empresa podem incluir quatro componentes, que relaciono a seguir (não defendo que seja assim, apenas constato o que tenho observado):

* o resultado econômico (RE);
* o ramo de negócio (RN);
* a contribuição à sociedade; (CS) e
* aspectos da estratégia (ET) que a empresa utiliza(rá).

Esses quatro componentes estão organizados, no enunciado da missão, em três níveis de intenção dos gestores da empresa, que se hierarquizam desta forma:

* uma intenção imediata (o que fazemos);
* uma intenção mediata (o que conseguimos com o que fazemos); e
* uma intenção final (o que construímos com o que conseguimos).

Na prática, na redação do enunciado, nem as três intenções hierarquizadas precisam aparecer nessa ordem, nem os quatro componentes precisam estar presentes. Por vezes o enunciado da missão embaralha bastante os três níveis de intenção, sendo necessário, para esclarecer qual componente corresponde a qual intenção, analisar a construção sintática do enunciado. Comumente vemos ainda enunciados de missões que apresentam apenas três, ou mesmo dois, dos quatro componentes.

ALGUNS EXEMPLOS

Examinemos, para fins de análise, este enunciado hipotético da missão de um banco. Três dos quatro componentes estão claramente identificados no enunciado (falta a menção à estratégia):

272 |

(CS) Promover a melhoria contínua da qualidade de vida na sociedade, (RN) intermediando recursos e negócios financeiros de qualquer natureza, (RE) com rentabilidade compatível com os investimentos feitos pelos acionistas.

Nesse exemplo:

- ❖ A intenção final é CS, que aparece claramente como foco principal do enunciado.
- ❖ A intenção imediata é RN. O verbo intermediando, no gerúndio, mostra que RN é um meio para se chegar a um fim.
- ❖ A intenção mediata é RE. A preposição *com* iniciando essa parte do enunciado limita e condiciona o que está dito em RN.

Uma redação mais condensada e mais clara desse enunciado poderia ser:

Intermediar recursos e negócios financeiros (RN – intenção imediata), desde que tragam rentabilidade compatível com os investimentos (RE – intenção mediata), para melhorar continuamente a qualidade de vida na sociedade (CS – intenção final).

Apresento agora o enunciado da missão de uma conhecida empresa brasileira, conforme anúncio publicitário em jornal:[11]

Tornar as pessoas sadias e felizes (CS – intenção final) através da excelência na prestação de serviços, nas áreas médico-hospitalar e social (RN – intenção mediata), sob forma de planos de saúde comprometidos com a comunidade (ET – intenção imediata).

Nesse caso, também estão presentes as três intenções, correspondendo a três dos quatro componentes (o enunciado não faz referência ao resultado econômico – RE).

Um terceiro exemplo, um pouco mais complexo, foi formulado por uma empresa de distribuição de energia elétrica. Neste caso, para facilitar meus comentários a respeito, numerei as várias partes do enunciado:

(1) Fornecer energia e serviços (2) que agreguem valor e conforto aos clientes, (3) contribuindo para o desenvolvimento da comunidade, (4) otimizando o uso de recursos e (5) garantindo a satisfação dos acionistas (6) e colaboradores.

Comentários:

(1) Refere-se ao RN. É a intenção imediata da empresa.

(2) Refere-se à CS. É a intenção mediata, a ser obtida pelo exercício da primeira.

(3) Também refere-se à CS. Aqui, porém, trata-se de uma intenção final: o desenvolvimento da comunidade será construído pelo valor e o conforto levados aos clientes.

(4) Aqui há dúvidas sobre se o enunciado está se referindo aos recursos internos da empresa ou aos recursos ambientais explorados por ela, embora o texto faça mais sentido se estiver se referindo aos recursos ambientais, neste caso, ele é parte de (3), uma das intenções finais.

(5) Refere-se à CE. É outra intenção final.

(6) Leia-se o que está subentendido: (garantindo a satisfação dos) colaboradores. É mais uma intenção final. É curioso que a empresa considere que uma de suas mais importantes finalidades seja atender aos seus colaboradores, mas é o que está dito.

UM METAMODELO PARA O ENUNCIADO DA MISSÃO

Os exemplos acima mostram um metamodelo (um modelo para construir modelos) ou estrutura básica, para o enunciado da missão de uma empresa. Esse metamodelo foi concebido com base nas seguintes premissas:

- ❖ O enunciado da missão geralmente contém até quatro componentes (RN – ramo de negócio, RE – resultado econômico, ET – aspectos da estratégia e CS – contribuição social da empresa), que se hierarquizam em três intenções (imediata, mediata e final).
- ❖ A ordem em que as orações aparecem no enunciado da missão não reflete essa hierarquia de intenções.

O SENTIDO DA VISÃO

Adotou-se como procedimento usual entre os gestores das empresas no nível estratégico que, ao declarar uma missão, enuncia-se também uma visão. Neste caso, porém, a questão é um pouco mais complicada, porque não há unanimidade entre os executivos em geral sobre o que realmente significa uma visão da empresa. Na prática, há três diferentes significados para o termo visão:

1. Visão (ou visão de futuro) como uma descrição do que a empresa se tornará no futuro, num horizonte de cinco a dez anos – uma espécie de "missão futura", formulada de

acordo com as idéias dos gestores sobre como e para onde a empresa deverá crescer e em que condições, diferentes das atuais, ela, então, encontrará no contexto.

2. Visão como um conjunto de enunciados sobre os modos de se chegar à missão; ou então, um conjunto dos aspectos do contexto que deverão ser levados em conta para conseguir atender à missão que se enunciou.

3. Visão como uma explicitação da missão – uma espécie de explicação mais elaborada e em maior detalhe da missão, permitindo obter uma compreensão mais exata dela.

Penso que a primeira acepção é a mais adequada e é a que deve ser denominada visão de uma empresa. Para as duas outras acepções, a gestão estratégica já oferece outras ferramentas úteis: a definição 2 de visão descreve mais propriamente partes tanto do ideário quanto da estratégia da empresa, ao passo que a definição 3 restringe de modo inconveniente o escopo da missão, quando esta, ao contrário, deveria ser um balizamento amplo para iniciativas criativas em todos na organização.

Ao aceitar a definição 1 para o termo visão, de qualquer modo, fica claro que não estamos falando da visão-capacidade, e sim da visão-objeto, como já salientei.

UM MODELO PARA A FORMULAÇÃO DA VISÃO DE FUTURO

A visão de futuro é uma descrição da empresa ideal, peculiar e única que os dirigentes da organização desejam ter e projetam no futuro; ela é, em outras palavras, uma descrição da identidade desejada, que será, por um lado, estimulada pelas decisões e ações dos gestores e, por outro, viabilizada pela obtenção dos resultados previstos com tais ações.

A redação do enunciado da visão de futuro pressupõe que os gestores respondam, basicamente, a quatro questões, quanto ao modo como gostariam de ser identificados no futuro:

1. Que *tipo de agente econômico* queremos que reconheçam em nós?
2. Que *qualidades* deveremos apresentar para sermos assim reconhecidos?
3. Em que *áreas de atuação* mostraremos essas qualidades?
4. Em que *âmbito* as mostraremos?

Ao formular essas quatro perguntas, estamos sugerindo um modelo bastante simples para se analisar o enunciado de uma visão, que o exame de um bom número de exemplos práticos nos aponta. A maneira de elaborar ou analisar a visão pode ser representada por uma tabela com quatro colunas, como a apresentada a seguir. Nos casos práticos analisados, vê-se que nem sempre todas as quatro perguntas são respondidas pelo enunciado da visão de futuro.

AGENTE ECONÔMICO	QUALIDADES	ÁREA DE ATUAÇÃO	ÂMBITO

Alguns exemplos de visão de futuro divulgados pelas respectivas empresas podem ser utilizados para testar esse modelo. Vejamos:

VISÃO DE FUTURO DE UMA MONTADORA DE AUTOMÓVEIS EUROPÉIA

Ser o produtor de autos de baixo custo nº 1 da Europa.

AGENTE ECONÔMICO	QUALIDADES	ÁREA DE ATUAÇÃO	ÂMBITO
?	baixo custo	produção de autos	Europa

VISÃO DE FUTURO DE UMA FABRICANTE DE COSMÉTICOS

Ser reconhecida por colaboradores, parceiros, clientes e segmento em que atua como uma das mais importantes referências mundiais em beleza e (por)que suas ações para preservação da vida estabeleçam uma forte identificação com a sociedade.

AGENTE ECONÔMICO	QUALIDADES	ÁREA DE ATUAÇÃO	ÂMBITO
colaboradores, parceiros, clientes, segmento em que atua	uma das mais importantes referências	produtos de beleza	mundial

VISÃO DE FUTURO DE UM BANCO NACIONAL

Ser o banco líder em performance, reconhecidamente sólido e confiável, destacando-se pelo uso agressivo de marketing, tecnologia avançada e por equipes capacitadas, comprometidas com a qualidade total e a satisfação dos clientes.

AGENTE ECONÔMICO	QUALIDADES	ÁREA DE ATUAÇÃO	ÂMBITO
clientes?	líder em performance, uso agressivo de marketing, tecnologia avançada, equipes capacitadas e comprometidas	banco	?

AINDA A ESTRATÉGIA

A ANÁLISE SWOT

O próximo passo na configuração da estratégia é fazer as análises interna e externa da organização: é necessário saber em que aspectos a empresa está bem e em quais está vulnerável. Existem várias técnicas para proceder a isso, sendo a mais conhecida delas a análise SWOT.

A sigla SWOT é formada pelas iniciais dos termos em inglês *strengths*, *weaknesses*, *opportunities* e *threats* (respectivamente: forças, fraquezas, oportunidades e ameaças). Na análise interna, procura-se determinar quais são os *pontos fortes* e *fracos* da empresa em relação aos seus concorrentes (em que aspectos a empresa está melhor ou pior, de modo geral, em relação aos competidores). Na análise externa, a intenção é formular outra lista de aspectos presentes no contexto, nos quais a organização possa ver ou *oportunidades* (condições propícias para sucesso e avanço) ou ameaças (condições que possam levá-la a enfrentar dificuldades no futuro próximo).

A análise SWOT, utilizada por grande número de consultores e professores que ensinam estratégia, foi primeiramente proposta por quatro autores americanos, em 1969.[12] Sabe-se que, entre inúmeras aplicações, a técnica foi usada com sucesso pelo Conselho de Expansão da General Electric Co., na década de 1980, para a formulação de seus planos estratégicos.[13] Os pontos fortes, na análise interna, são identificados mediante perguntas tais como as apresentadas a seguir, que os gestores devem se fazer:

❖ Que vantagens temos sobre os concorrentes?
❖ O que fazemos realmente bem?
❖ A quais recursos relevantes temos acesso privilegiado?
❖ O que outros apontam como sendo nossos pontos fortes?

Para a análise dos pontos fracos da empresa, as principais perguntas são:

❖ Em que precisamos melhorar?
❖ O que fazemos com deficiências?
❖ Que tipos de situação é conveniente evitarmos?

Na análise externa, encontram-se as oportunidades mediante perguntas deste tipo:

❖ Quais oportunidades temos pela frente?
❖ Quais tendências temos acompanhado melhor?

Neste caso, é importante procurar por mudanças no contexto, que possam beneficiar a empresa, em termos de: tecnologia, mercado, política econômica, padrões de comportamento social, perfis demográficos, estilos de vida etc.

Finalmente, encontram-se as ameaças externas à empresa mediante perguntas como estas:

❖ Que obstáculos temos enfrentado?
❖ O que nossos competidores estão fazendo?
❖ Que transformações estão exigindo revisões nas especificações dos produtos e serviços que oferecemos?
❖ Existem tecnologias em desenvolvimento que ameaçam nossa atual posição?
❖ Enfrentamos dívidas ou sérios problemas de caixa?[14]

PROSPECÇÃO DO FUTURO

Até este ponto o trabalho de formular a estratégia consistiu nos seguintes primeiros passos (ver Figura 9.6, p. 280):

(1) Identificamos como nossa empresa é no presente e construímos mentalmente uma empresa ideal para o futuro.
(2) Diagnosticamos aspectos internos e externos, na rotina de nossa empresa, que podem alavancá-la ou ameaçá-la.

Na próxima etapa, deveremos fazer alguma prospecção do futuro: precisamos começar a pensar em que contexto a empresa estará nos próximos anos – por mais imponderáveis que possam ser essas mudanças – a fim de termos alguma base de comparação para as opções estratégicas que iremos formular. Também essa atividade pode ser realizada mediante o emprego de várias técnicas. Uma das mais conhecidas e praticadas é a metodologia da formulação de cenários.

Os homens prospectam o futuro há milênios. No antigo Egito, isso era feito principalmente consultando-se os sacerdotes; na Grécia clássica, as pitonisas, os oráculos, como o de Delfos; na Idade Média, bruxos, magos e alquimistas também faziam especulações sobre o futuro, consultando os astros ou utilizando outros métodos.

Em meados do século XX, a partir do pós-guerra, o *forecasting* começou a se tornar uma disciplina mais profissionalizada, fazendo uso de recursos matemáticos, métodos estatísticos e técnicas de computação; e os especialistas em planejamento começaram a se afastar dos métodos meramente intuitivos e dos exercícios de previsão apenas especulativos.

Cenários foram utilizados com essa finalidade primeiramente pelo físico e futurologista americano Herman Kahn (1922–1983), nos anos 1950, na Rand Corporation. Seus primeiros cenários haviam sido construídos com base nos conceitos sobre estratégia militar, para o governo americano. Kahn intensificou esses estudos sobre cenários ao fundar o Hudson Institute, em meados dos anos 1960. Suas idéias de então foram popularizadas num livro famoso na época, *The Year 2000*, do qual é co-autor com Anthony J. Wiener. Nesse livro, o termo cenário aparece pela primeira vez com o significado que lhe é aqui atribuído.

Nos anos 1970, o uso de cenários no planejamento empresarial ganhou ainda uma nova dimensão, pelo trabalho do executivo francês Pierre Wack, que o aplicou ao planejamento mundial da empresa Royal Dutch Shell – quando essa empresa percebeu que os métodos de planejamento baseados em abordagens convencionais já não proporcionavam os bons resultados de antes, principalmente no tocante ao mercado de petróleo.

Tendo trabalhado sob a orientação de Wack, o inglês Peter Schwartz adotou para o método dos cenários um ângulo mais economicista e negocial, adaptando-o para uso na formulação de estratégias de negócios. Em sociedade com o próprio Wack, Schwartz criou uma organização à qual deu o nome de Global Business Network (GBN), para disseminar suas técnicas.

No método para formulação de cenários da GBN, o interessado, depois de vários passos preparatórios, seleciona duas variáveis-chave para constituírem eixos perpendiculares que se cruzarão, permitindo, nas quatro possibilidades de combinação dessas variáveis, identificar quatro cenários possíveis. Um exemplo sucinto disso é apresentado na Figura 9.6, a seguir.

Figura 9.6 – Exemplo de cenário (método GBN) para uma empresa distribuidora de energia elétrica

Nesse exemplo, que foi elaborado durante um seminário com altos dirigentes de uma empresa de distribuição de energia elétrica, as duas variáveis escolhidas como principais foram: o rigor da legislação ambiental (eixo horizontal) e o nível de intervenção estatal como modelo de gestão para as empresas do ramo no país (eixo vertical).

Conforme as combinações possíveis entre essas duas variáveis, quatro cenários emergem:

* No cenário 1, a empresa teria suas operações fortemente restringidas pelas imposições tanto de uma legislação ambiental rigorosa, quanto de um excessivo controle regulatório governamental.
* Na hipótese de realizar-se o cenário 4, o oposto sucederia: a competição com as demais empresas do ramo no mercado seria bastante aberta, permitindo razoável, ou mesmo ampla, liberdade por parte de cada concorrente. Estaria configurado, praticamente, um quadro de competição livre pelo mercado.
* Os cenários 2 e 3, finalmente, mostram condições intermediárias entre os cenários 1 e 4.

Formulados esses cenários, a empresa deve passar à definição dos passos seguintes de sua estratégia. Embora, geralmente, um ou outro desses cenários possíveis seja mais provável, é necessário que a organização formule opções de ação estratégica

POLÍTICAS, ESTRATÉGIA E MODELO DE GESTÃO DA EMPRESA

para todos eles, embora avance mais com aquelas opções para aqueles mais passíveis de acontecer.

Seja como for, os dirigentes da empresa deveriam, daí por diante, exercer sua visão (visão-capacidade) e fazer um atento acompanhamento dos desdobramentos dos fatos no contexto, a fim de perceber a evolução mais provável desses cenários e ir assim efetuando correções adequadas em seus planos estratégicos.

A seleção desses cenários possíveis leva a empresa automaticamente a ter de responder a algumas questões cruciais. Uma delas é a constatação de que a empresa é mais vulnerável a determinados cenários que a outros – isto é, ela poderá encontrar-se numa situação mais favorável ou mais desfavorável no futuro próximo ou mais distante, conforme vá se configurando, ao longo do tempo, este ou aquele cenário. Essa maior ou menor vulnerabilidade decorrerá da constatação de que, pela confirmação de determinado cenário, a empresa avaliará em que medida seus pontos fortes ou fracos foram mais afetados e poderá verificar se terá pela frente mais oportunidades que ameaças. Daí a necessidade de que ela monitore, no contexto, a evolução das principais variáveis envolvidas em cada cenário.

É parte da técnica da GBN que, para cada cenário, os gestores sugiram uma agenda estratégica mínima, na qual ações possíveis (ou intenções de ação) são então relacionadas. Essas intenções de ação poderão transformar-se, mais adiante, em políticas ou em objetivos, o que dependerá das mudanças que venham a ocorrer no contexto e de até que ponto este ou aquele cenário esteja se configurando. Essas intenções de ação ficam sendo mantidas, até então, como uma espécie de "estoque de reserva" de políticas e objetivos.

Exemplos de intenções de ação presentes em agendas estratégicas mínimas para atender aos quatro cenários apresentados na Figura 9.6 (independentemente dos cenários que seriam atendidos com cada uma delas) são:

- fazer negociações políticas visando influenciar positivamente as decisões políticas no setor;
- monitorar o desenvolvimento de novas tecnologias significativas para a composição futura da matriz energética nacional;
- aperfeiçoar sistemas de atendimento e de prestação de serviços ao consumidor de energia elétrica;
- desenvolver programas efetivos de redução de custos e melhoria da eficiência e da eficácia dos processos;
- desenvolver novas ações de comercialização, assim como um programa efetivo de marketing e relações com o mercado;

A FACE OCULTA DA EMPRESA

* desenvolver alianças estratégicas com empresas de outros segmentos potencialmente agregadores de valor às operações;
* fazer investimentos estratégicos que revitalizem as operações;
* alienar ativos pouco rentáveis; e
* desenvolver ações que tragam impacto positivo sobre o meio ambiente e a sociedade.

FORMULAÇÃO DA ESTRATÉGIA

Tendo definido a empresa ideal pretendida (missão e visão de futuro – etapa 1), diagnosticado o presente (análise SWOT – etapa 2) e prognosticado o futuro (cenários – etapa 3), os gestores da empresa irão, em seguida, formular a estratégia propriamente dita (ver Figura 9.3, p. 268).

Nessa etapa selecionam-se, nas agendas estratégicas disponíveis para os quatro cenários, as intenções de ação que deverão ser desde logo transformadas em políticas ou objetivos. Essas intenções de ação serão destacadas da agenda estratégica inicial, passando a ser vistas como prioritárias e sendo agora renomeadas como opções estratégicas.

As opções estratégicas poderão cobrir quaisquer dos quatro cenários criados anteriormente. Aliás, é conveniente mesmo formulá-las para todos eles, deixando "em estoque" aquelas opções estratégicas que não serão imediatamente transformadas em políticas ou objetivos (uma vez que os respectivos cenários não parecem estar se configurando). Caso, ao longo do tempo, a monitoração mostre que o contexto afasta-se definitivamente desses cenários, as opções estratégicas correspondentes serão simplesmente arquivadas ou descartadas.

As opções estratégicas que seguem sendo válidas devem ser confrontadas com as políticas estratégicas propostas anteriormente e que foram inspiradas nas crenças e nos valores do ideário. Por princípio, serão também descartadas ou substituídas as opções estratégicas que contrariarem essas políticas vindas do ideário, mantendo-se apenas aquelas que se coadunam com elas.

A monitoração do contexto terá de ser uma atividade permanentemente cumprida pela empresa. Essa monitoração é uma ação-chave para indicar aos gestores quais cenários previstos, ou quais combinações deles, estão se desenhando. Com base nesse delineamento é que a empresa irá elaborar, modificar ou descartar objetivos, metas e planos de ação.

Esses termos (objetivos, metas, planos) podem ter variados significados nas empresas. Mais importante do que defender esta ou aquela acepção é chegar a um consenso sobre *um único* significado a ser atribuído a cada um deles, de modo que todos os gestores da empresa possam entender e chamar cada termo por um só nome. Na minha opinião, creio que uma boa proposta conceitual para esses termos é a que foi apresentada pelo falecido consultor brasileiro João Lang, ainda na década de 1970, segundo a qual:

* *objetivos* são condições a serem obtidas e mantidas por longo tempo, sem prazo definido;
* *metas* são resultados mensuráveis a serem atingidos em prazos estabelecidos; e
* *planos de ação* são ações, projetos, programas ou conjuntos de ações empreendidos para atingir as metas.

Nessa proposta, os objetivos hierarquizam-se, descendo em "cascata" pela estrutura da organização e gerando novos objetivos em escalões menores. Cada gestor terá, assim, alguns objetivos que lhe cabem cumprir. Ao mesmo tempo, no nível de cada um desses detentores de objetivos, cada objetivo gerará suas próprias metas e estas, seus próprios planos de ação, criados com a finalidade de atingi-las.

Especificamente nos escalões estratégicos da organização, os pontos fortes e fracos detectados na análise interna e as oportunidades e ameaças encontrados na análise externa serão também vistos como pontos de partida para a formulação de ainda outros objetivos e, principalmente, metas e planos de ação.

IMPLEMENTAÇÃO E AVALIAÇÃO DA ESTRATÉGIA

As três etapas seguintes do modelo estratégico (Figura 9.3, p. 268) correspondem, como é fácil notar, às duas últimas etapas do processo sugerido na Figura 9.4 (p. 269). Essas etapas por si só se explicam e não precisam ser detalhadas aqui: o plano estratégico é agora posto em prática e, sendo acompanhado detidamente, será corrigido sempre que isso for necessário. Na Figura 9.3 (p. 268), o último quadro do diagrama menciona, sintomaticamente, a expressão "avaliação e controle". Peça-chave do processo, o controle deve ser entendido aqui não apenas como um mecanismo de constatação de eventuais desvios no cumprimento do plano em andamento, em comparação com o plano que havia sido decidido, mas, sobretudo, como a adoção de medidas corretivas para pôr o plano no alinhamento pretendido. Não haverá controle, de fato, se se fizer apenas a constatação do desvio, sem a correção do sistema.

O MODELO DE GESTÃO

A implementação da estratégia logo revelará que ajustes precisarão ser feitos na organização, a fim de que esta possa dar ao cumprimento da estratégia o devido apoio. Surge nesse ponto a necessidade de cuidar do *modelo de gestão* da empresa.

Modelo de gestão também é uma expressão com muitos significados. Em linhas gerais, trata-se de um esquema ou desenho que se faz dos processos, operações, funções e unidades que a empresa entende como necessários e suficientes para apoiar a obtenção de seus resultados, o cumprimento de sua missão e seu encaminhamento rumo à sua visão de futuro.

Na prática, a gama de atividades que podem estar contidas num modelo de gestão, ou a forma de dispor ou organizar essas atividades, ou ainda, o grau de autonomia dado às unidades que as desempenham, pode ser bastante variada, de empresa para empresa e em épocas distintas dentro de uma mesma organização.

Em suma, não há um formato padronizado de modelo de gestão que possa ser generalizado; ele deve ter, simplesmente, o formato que melhor apóia a empresa no cumprimento de sua estratégia, por mais vaga que possa ser essa afirmação. "Como saber se a gestão da empresa está no rumo certo em relação aos objetivos traçados?", pergunta-se, como muitos de nós, uma consultora brasileira especializada no tema. "Muitos falam, alguns escrevem mas o 'pulo do gato' é difícil de ser ensinado", diz ela.[15]

Tentando encontrar algum ponto comum, fiz um levantamento do que se entende por esse modelo de gestão – e o que constatei foi, justamente, essa ampla variedade de conteúdos e significados: alguns modelos de gestão abrangem a estratégia da empresa, obrigatoriamente; outros, entretanto, consideram que o modelo de gestão deve ser justamente o sistema a ser criado para apoiar a estratégia (é essa a acepção básica dada à expressão, neste livro). Em alguns casos, o modelo de gestão enfatiza a necessidade de se empregarem ferramentas de *management*, entre as quais são sugeridas tanto o Balanced ScoreCard (BSC) quanto os sistemas eletrônicos de gestão de processos. Há casos, ainda, em que a expressão *modelo de organização* designa uma forma de departamentalizar a empresa, apresentando-se as atribuições que cabem a cada órgão interno ou unidade; em outros modelos de gestão, a estrutura organizacional deve ser considerada à parte do modelo.

As variações vão ainda mais longe: há modelos de gestão que se concentram, de fato, no gerenciamento de pessoas, enfatizando o uso de diversas ferramentas consagradas pelo uso nos departamentos de Recursos Humanos (planos salariais, estabelecimento de competências gerenciais, programas de treinamento, processos seletivos, planos de comunicação interna, ferramentas de pesquisa e administração do clima interno, processos de administração do desempenho etc.); em outros casos, propõe-se que essas complexidades da gestão de pessoas sejam tratadas à parte.

Esse largo sortimento de opções pede uma nova reflexão: comumente define-se hoje a gestão como um processo que se dá basicamente em quatro tempos: *planejamento*, *organização*, *direção* e *controle*. Embora essa formulação seja amiúde chamada de clássica, ela é, na verdade, uma simplificação de um processo que originalmente tinha uma quantidade bem maior de itens, e que, aparentemente, foi descrito pela primeira vez nos anos 1930, pelo americano Luther Gulick (1865–1918), um dirigente esportivo que estudava muito a administração. O processo original ficou conhecido pela sigla PODSCORB, formada pelas iniciais dos passos propostos por Gulick: *Planning*, *Organizing*, *Staffing*, *Directing*, *Coordinating*, *Reporting* e *Budgeting* (respectivamente: planejar, organizar, suprir de pessoas, dirigir, coordenar, dar conta de e orçar).[16] Penso que o velho (esse sim, clássico) processo de Gulick pode ser recuperado e oferecido (em vez de sua atual simplificação), como uma descrição do que é essencial num modelo de gestão: o PODSCORB é, em última análise, o processo que descreve tudo o que é importante num tal modelo.

No modelo da Estrela de Seis Pontas, assim, o que está sendo chamado de modelo de gestão é o conjunto de ações e recursos que os gestores da empresa decidiram criar e usar, não apenas para fazer o acompanhamento da estratégia, mas para apoiá-la integralmente em todos os seus aspectos e garantir seu cumprimento. A estratégia é a ação mais nobre de uma empresa – aquela para a qual todos os esforços devem ser deslocados prioritariamente. Se a empresa depende de resultados e se a estratégia escolhida é, por definição, a melhor que se encontrou para obtê-los, então é à estratégia, logicamente, que o modelo de gestão deve subordinar-se. Essa é a principal razão por que a definição de um modelo de gestão mais elaborado terá necessariamente de vir a reboque da estratégia, muito embora não se possa dizer que, antes de pela primeira vez se formalizar uma estratégia de negócios, não tenha a empresa algum modelo rudimentar de gestão.

É óbvio, portanto, que o modelo de gestão poderá afetar tudo mais, na empresa, em nome de um apoio efetivo à estratégia: ao escolher um modelo de gestão, a empresa pode pôr em xeque sua atual estrutura organizacional e seu funcionamento – e funções ainda não preenchidas podem aparecer, assim como outras que já existem podem ser dispensadas.

A rigor, o modelo de gestão irá apontar para a necessidade de reflexões também sobre os quatro outros itens presentes no hexagrama: *missão*, *ideário*, *cultura* e *contexto*. Concomitantemente com o apoio do modelo de gestão à estratégia, a organização provavelmente se fará questionamentos tais como:

- à missão: Estamos fazendo aquilo a que nos propusemos, pelo qual existimos?
- ao ideário: Aquilo que pensamos ser certo é verdadeiro?
- à cultura: Devemos seguir fazendo o que estamos acostumados a fazer?
- ao contexto: Estamos nos adaptando às exigências que o meio externo nos coloca?

Quanto às interações especificamente entre modelo de gestão e estratégia, esses são processos que se alimentam mutuamente e de forma contínua: a cada mudança no modelo de gestão, a estratégia mais se viabiliza em algum aspecto até então truncado ou dificultado. Ela, então, se acelera, se agiliza ou se aperfeiçoa.

Por outro lado, a cada aperfeiçoamento dado à estratégia, fica evidente também a necessidade de reajustes no modelo de gestão: a cada novo "giro" da estratégia, o modelo de gestão em vigência é questionado e, com ele, cada um dos demais itens do hexagrama. Emerge, então, um modelo de gestão mais aperfeiçoado, consistente e, sobretudo, mais apropriado às necessidades da organização. Esta, ao mesmo tempo em que se repensa, cresce. Essas idéias estão representadas na Figura 9.7 a seguir:

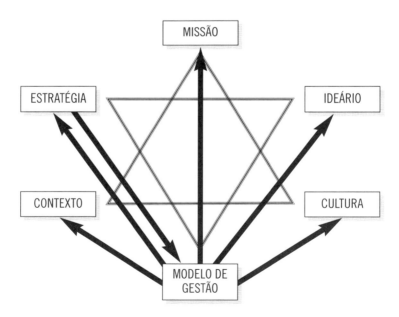

Figura 9.7 – Interações do modelo de gestão com a estratégia e com os demais componentes do hexagrama

O APARELHO DE FILTRAGEM

Essas reflexões apontam para o término da descrição do modelo da Estrela de Seis Pontas: o leitor já deve ter claro que são esses os últimos aspectos a apresentar, sobre o sexto e último item do hexagrama apresentado na Figura 3.1 (p. 82). Nesse ponto, uma particularidade especial do modelo de gestão, envolvendo contexto e cultura, deve ser ainda mencionada: ele funciona também como uma espécie de filtro, em ambos os sentidos, entre esses dois itens.

Quando a cultura corporativa apresenta traços que dificultam o desenvolvimento da estratégia pretendida, o que é preciso fazer? Nesses casos, pode ser necessário que a empresa altere suas pretensões quanto à estratégia prevista (ver Figura 9.2, p. 264). Outra opção seria a empresa intervir, de alguma forma, não na estratégia, mas na cultura da empresa. Por princípio, a primeira alternativa é sempre a melhor, visto que, via de regra, é possível formular estratégias mais flexíveis e porque a intervenção sobre a cultura é sempre uma medida de risco, de resultados não completamente seguros.

A cultura, mesmo naqueles aspectos que não passam de cultura excipiente, funciona como um "cimento" aglutinador das pessoas, facilitando a integração e atuação destas como uma unidade. Coerentemente, a cultura real tem seus mecanismos de autoproteção, que atuam na extinção de comportamentos estranhos à cultura que sejam introduzidos aqui e ali, bem como na adoção e no reforço de comportamentos integradores que já estejam presentes.

O ideário, representando uma "cultura ideal" que confronta a cultura real, é o "pai" das políticas e da estratégia, que obviamente colide também com a cultura real, pelo menos em alguns aspectos. A estratégia, por sua vez, dá origem ao modelo de gestão, que igualmente tende a colidir em algum grau com a cultura real. Sabendo disso, os gestores da empresa devem trabalhar sobre esse confronto cultura-modelo de gestão de forma inteligente, pela introdução de algum "dispositivo" de controle que faça a filtragem das influências em ambos os sentidos: do contexto para a cultura e da cultura para o contexto. Dou a esse dispositivo o nome de aparelho de filtragem.

O aparelho de filtragem é uma forma de estabelecer ordem e previsibilidade nas interações entre cultura interna e contexto externo. Seu "filtro de entrada" deve dificultar a entrada na empresa de conteúdos vindos do contexto, que poderiam "contaminar" excessivamente a cultura interna, descaracterizando-a e rompendo sua integridade. Ao mesmo tempo, esse "filtro de entrada" deve facilitar o ingresso de conteúdos favoráveis à cultura real.

Por outro lado, seu "filtro de saída" deve selecionar as mensagens sobre a cultura real que a empresa remete ao contexto externo, evitando que a sociedade em geral seja indevidamente alimentada com informações inconvenientes, que reforcem aspectos negativos ou secretos da empresa e que iriam prejudicar sua imagem e sua identidade. Ao mesmo tempo, o "filtro de saída" deve estimular a saída, para o contexto, de mensagens que contribuam para reforçar uma imagem positiva da empresa, que interessa a esta divulgar.

O aparelho de filtragem é, portanto, um conjunto de diversos "comutadores" atuando em paralelo, com a capacidade de auto-acionamento sempre que necessário. Não é uma função centralizada em algum ponto da organização, e, sim, disseminada por diferentes áreas da empresa, em especial aquelas que se relacionam diretamente com o público externo (sindicatos, fornecedores, consumidores, concorrentes, órgãos governamentais, famílias dos empregados, candidatos, a sociedade nas comunidades em que a empresa opera etc.).

Cada público desses tem sua imagem sobre a empresa, a qual deve, de alguma forma, traduzir, em termos básicos, a cultura real daquela. Ao aparelho de filtragem cabe, portanto, não apenas manter o mais possível intacta a cultura real interna, mas também reforçar nos públicos externos a imagem que a empresa deseja passar. Em grande parte essas funções são cumpridas pelas áreas de marketing, comunicação, relações públicas e afins.

"CULTURA" PARA CONSUMO EXTERNO

Essa produção de uma identidade da empresa para "consumo externo" normalmente passa pelo crivo de agências especializadas de comunicação, publicidade ou relações públicas: muitas empresas contratam esses serviços para modelarem ou filtrarem sua imagem, de modo a transmitir ao exterior certos aspectos vantajosos, ao mesmo tempo ocultando outros aspectos desvantajosos. Por exemplo, Schewe e Smith estudam as formas pelas quais laboratórios farmacêuticos americanos muitas vezes enfatizam, mediante a propaganda institucional, uma imagem de pesquisa competente, integridade e interesse pelos consumidores.[17]

Não é a cultura da empresa *per se*, portanto, tal como se desenrola internamente, que é projetada no contexto, mas uma parte selecionada dela, aplicando seus aspectos mais positivos. Certamente, para ser crível, essa veiculação da imagem da empresa precisará estar razoavelmente fundamentada no que se passa com a real cultura desta; uma propaganda mentirosa, cedo ou tarde, mostrará sinais de que não pode ser levada a sério.

Podem sobrevir momentos de crise nessa veiculação da imagem da empresa, quando uma "propaganda enganosa" é facilmente percebida por todos. Há muitos casos desse. Por exemplo, a jornalista holandesa Dieudonné ten Berge inicia seu livro sobre comunicação empresarial em situações de crise, falando da inabilidade da Nasa, nos momentos que se sucederam ao trágico episódio da explosão da espaçonave Challenger. Setenta e dois segundos após o lançamento, no cabo Canaveral (Flórida, EUA), sob os olhares estarrecidos dos presentes e de milhões de telespectadores que viram a explosão, tudo o que conseguiu dizer o titular do serviço de relações públicas da agência foi: "Os controladores de vôo aqui estão examinando cuidadosamente a situação. Obviamente foi um sério problema de mau funcionamento." Isso, em vez de acalmar, estimulou tremendamente a frustração e a ira de toda a nação. A jornalista salienta, também, o fraco desempenho da agência nas tentativas feitas, nas semanas seguintes, para explicar o acontecido. Isso "fez o resto, enterrando de vez a credibilidade da agência aos olhos do público", afirma a autora.[18]

Como foi dito, o aparelho de filtragem funciona também como meio de selecionar interferências da cultura real que devem ou não entrar na organização. Departamentos que cuidam de recrutamento e seleção, transferências e promoções, planos de carreira e assessment centers, por exemplo, são centrais nesse processo. Nesse caso, a empresa fará bem, como parte do modelo de gestão, em definir com clareza o perfil das pessoas cujo ingresso pretende estimular e, então, instituir procedimentos de recrutamento e seleção que reforcem a escolha de candidatos com esse perfil.

NOTAS BIBLIOGRÁFICAS

APRESENTAÇÃO

1 "The Big Bang Theory". Disponível em http://liftoff.msfc.nasa.gov/academy/universe/b_bang.html. Acesso em dezembro de 1997.

2 David W. Hughes. "Origins of the Solar System". In: A. C. Fabian (org.). *Origins: The Darwin College Lectures.* Cambridge (Inglaterra): Cambridge University Press, 1988, pp. 26-ss.

CAPÍTULO 1

1 Antonio Ozaí Silva. "A força da tradição no mundo ao avesso". *Espaço Acadêmico*, n. 35, abril de 2004. Disponível em: www.espacoacademico.com.br/035/35epol.htm.

2 Dum De Lucca, Demerval Franco & Carlos Neves. "Um século de gestão". *Treinamento e Desenvolvimento*, vol. 7, n. 84, dez. 1999, p. 7.

3 Everardo P. Guimarães Rocha. *Magia e capitalismo: Um estudo antropológico da publicidade.* São Paulo: Brasiliense, 1985, pp. 62-63.

4 Ibidem, p. 64.

5 Charles Handy. *Tempo de mudanças.* São Paulo: Saraiva, 1996, pp. 75-77.

6 Steven Schlossstein. *The End of the American Century.* Nova York: Congdon & Weed, 1989.

7 William Ouchi. *Teoria Z: Como as empresas podem enfrentar o desafio japonês.* São Paulo: Fundo Educativo Brasileiro, 1982.

8 Richard Tanner Pascale & Anthony G. Athos. *As artes gerenciais japonesas: Métodos e sistemas dos executivos japoneses adaptados à realidade ocidental.* Rio de Janeiro: Record, 1982.

9 Thomas J. Peters & Robert Waterman Jr. *Vencendo a crise: Como o bom senso empresarial pode superá-la.* São Paulo: Harper & Row do Brasil, 1982.

10 Claudia Cruz Lanzarin. "A fantasia e o baile de máscaras do final do milênio." Revista *Psicologia Ciência e Profissão*, 2000, vol. 20, n. 3, pp. 28-29.

11 Jean Baudrillard. In: Cassiano Elek Machado. "O pensador das incertezas". *Folha de S. Paulo*, 29/4/2002, p. E1.

12 Peter F. Drucker. *Prática de administração de empresas.* Rio de Janeiro: Fundo de Cultura, 1962.

13 Pierre Bourdieu. "Esboço de uma teoria da prática", in *Sociologia – Pierre Bourdieu*, col. Grandes Cientistas Sociais vol. 39 (org. e coord. Renato Ortiz & Florestan Fernandes), São Paulo: Ática, 1994, p. 47.

14 Ilda Seara & José Coimbra. *Sine Qua Non – A ideologia do habitar*. Lisboa: A Regra do Jogo, 1986, p. 19.

15 Matthew Shirts. "Na mesa com os japoneses". *O Estado de S. Paulo*, 3/9/1994, p. C2.

16 Leslie A. White. *O conceito de sistemas culturais – Como compreender tribos e nações*. Rio de Janeiro: Zahar Editores, 1978, p. 132.

17 François Laplantine. *Aprender antropologia*. São Paulo: Brasiliense, 1995, p. 162.

18 Michael Bond (da revista *New Scientist*). "Grau de felicidade varia segundo o país". *Folha de S. Paulo*, supl. Equilíbrio, 20/9/2001, p. 11.

19 Alba Zaluar. "Teoria e prática do trabalho de campo: Alguns problemas". In: *A aventura antropológica – Teoria e pesquisa*. Ruth Cardoso (org.). São Paulo: Paz e Terra, 1988, 2.ed., p. 108.

20 Cf. *People Whose Ideas Influence Organisational Work – Geert Hofstede*. Disponível em: www.onepine.info.

21 Lilia Moritz Schwarcz. *O espetáculo das raças*. São Paulo: Cia. das Letras, 1993, p. 47.

22 Jean-Marie Auzias. *A antropologia contemporânea*. São Paulo: Cultrix, 1978, p. 26.

23 Ruth Benedict. *O crisântemo e a espada*. São Paulo: Perspectiva, 2. ed., 1988.

24 Andrew Edgar & Peter Sedgwick. *Teoria cultural de A a Z*. São Paulo: Contexto, 2003, p. 322.

25 Marvin D. Harris apud Tomás Austin Millán. "Concepto de Subcultura". Disponível em: www.geocities.com/tomaustin_cl/.

26 Tomás Austin Millán. "Concepto de Subcultura". Disponível em: www.geocities.com/tomaustin_cl/.

27 Amílcar Forno Sparosvich. *Multiculturalidad e Interculturalidad: Explorando las determinantes contextuales de la identidad*. Osorno, Chile (2002): Universidad de Los Lagos, Departamento de Educación.

28 Paula Montero. "Modernidade e cultura: Para uma antropologia das sociedades complexas". Texto de sistematização crítica para título de livre-docência. USP, São Paulo, 1992, p. 70.

29 Otávio Frias Filho. "Religião do capitalismo". *Folha de S. Paulo*, 8/4/2004, p. A2.

30 Citado por John Micklethwait & Adrian Wooldridge. *Companhia: Breve história de uma idéia revolucionária*. Rio de Janeiro: Objetiva, 2003, p. 89.

31 J. Steven Ott. *The Organizational Culture Perspective*. Chicago: Dorsey Press, 1989, p. 75.

32 Gilles Lipovetsky. In: Juremir Machado da Silva. "A era da mulher sujeito". *Folha de S. Paulo*, supl. Mais!, 21/11/1999, pp. 5-10.

33 Robert Henry Srour. *Classes, regimes, ideologias*. São Paulo: Ática, 1987, p. 158.

NOTAS

34 Ibidem, p. 67.

35 Ibidem.

36 Ibidem, p. 252.

37 Claude Lévi-Strauss. *História do lince*. Lisboa: Asa, 1992, pp. 146-147.

38 Pierre Clastres. *A sociedade contra o Estado*. Rio de Janeiro: Francisco Alves, 3. ed., 1986, p. 10.

39 Robert Henry Srour, op.cit., p. 252.

40 Peter Drucker. "The next society: A survey of the near future". *The Economist*, suplemento especial, 3/11/2001, p. 14.

41 Félix Guattari & Suely Rolnik. *Cartografias do desejo*. Petrópolis, Rio de Janeiro: Vozes, 3. ed., 1993, pp. 15-16.

42 Pierre Jordan. Comunicação pessoal. École des Hautes Études en Sciences Sociales, Marselha (França), 1991.

43 Paula Montero, op.cit., p. 59.

44 Paula Montero, op.cit., p. 60.

45 Everardo P. Guimarães Rocha, op.cit., p. 23.

46 Erich Scheurmann (org.). *O Papalagui*. São Paulo: Marco Zero, 2. ed., s/d, pp. 33-34.

47 Horace Miner. "Ritos corporais entre os Nacirema". In: *Readings in Introductory Anthropology"*. A. K. Romney & P. L. DeVore (orgs.), Cambridge (EUA): Winthrop Publishers, 1973, pp. 72-76.

CAPÍTULO 2

1 Michael E. Porter. *Estratégia competitiva: Técnicas de análise de indústrias e da concorrência*. Rio de Janeiro: Campus, 1986, pp. 22-ss.

2 Nelson Blecher. "Ex-mascate constrói império atacadista". *Folha de S. Paulo*, 1/10/1991, pp. 3-8.

3 Gordon McBeath. *Practical Management Development*. Londres: B. Blackwell, 1990, p. 106.

4 In: "Building a new Boeing". *The Economist*, 12/8/2000, p. 61.

5 J. Steven Ott. *The Organizational Culture Perspective*. Chicago: Dorsey Press, 1989, pp. 81-2.

6 Cf. *Fortune*, 1990 (número e data da edição desconhecidos).

7 Garibaldi Otávio. "A cara é nacional, mas o espírito é o que vem da matriz". *Gazeta Mercantil*, 18/10/1990, p. 32.

8 Akio Morita. *Made in Japan*. São Paulo: Cultura, 1986, p. 198.

9 Fátima Fernandes. "GE – Filial brasileira enquadrada". *Gazeta Mercantil*, 20/10/1990, p. 23.

10 "The New Turnaround Champs". *Fortune*, 16/7/1990, pp. 28-32.

11 "Big Mac Attacks With Pizza". *Fortune*, 26/2/1990, p. 54.

12 Cf. *Fortune*, 17/10/1983, p. 71.

13 Cf. *Fortune* (sem outras referências).

14 A esse respeito, consultar Michael Porter, op.cit., pp. 34-37.

15 A. L. Kroeber. *Anthropology: Culture Patterns and Processes*. Nova York: Harbinger, 1963, p. 112.

16 Marc Augé. *Não-lugares*. Campinas: Papirus, 1994, p. 31.

17 Pacanowsky & O'Donnell-Trujillo, 1983. In: J. Steven Ott, op.cit., p. 49.

18 Maria Ester de Freitas. *Cultura organizacional: Formação, tipologias e impacto*. São Paulo: Makron, 1991, Introdução, p. XX.

19 Philippe Bernoux. *La sociologie des entreprises*. Paris: Éditions du Seuil. 1995, p. 67.

20 Ibidem, p. 67.

21 Ibidem, p. 99.

22 Ibidem, pp. 97-98.

23 Peter Senge. *A dança das mudanças*. Rio de Janeiro: Campus, 1999, p. 35.

24 Georges Devereux. *Ethnopsychanalyse complémentariste*. Paris: Flammarion, 1985, pp. 141-144.

25 Marco A. Oliveira. *Pesquisas de clima interno nas empresas: O caso dos desconfiômetros avariados*. São Paulo: Nobel,1995, p. 47.

26 Ibidem, p. 31.

27 Disponível em: http://en.wikipedia.org/wiki/Margaret_Mead.

28 Disponível em: www.comciencia.br/reportagens/amazonia.

29 Edgar H. Schein. *Organizational culture and leadership*. São Francisco: Jossey-Bass, 1986, p. 9.

30 Maurice Thévenet. "A cultura da empresa hoje em dia". *Revista de Administração*, Instituto de Administração, FEA-USP, São Paulo, vol. 26, n. 2, abril-junho de 1991, pp. 32-39.

31 John P. Kotter & James L. Heskett. *A cultura corporativa e o desempenho empresarial*. São Paulo: Makron Books, 1994, p. 4.

32 Ibidem.

33 Terrence Deal & Allen A. Kennedy. *Corporate cultures: The rites and rituals of corporate life*. Reading (Massachusetts, EUA): Addison-Wesley, 1982.

34 Stanley M. Davis. *Managing corporate culture*. Cambridge (Massachusetts, EUA): Ballinger, 1984.

CAPÍTULO 3

1 Cf. C. K. Ogden & A. Richards. "The Meaning of the Meaning", 1952, 10.ed., p. 58. In: Nicola Abbagnano. *Dicionário de filosofia*. São Paulo: Martins Fontes, 1998, p. 199.

2 Cf. Nicola Abbagnano, op.cit., p. 199.

3 Robert Heilbroner. *O capitalismo do século XXI*. Rio de Janeiro: Jorge Zahar Editor, 1994, p. 79.

4 Cf. Andrew Campbell, Marion Devine & David Young. *A Sense of Mission*. Londres: Hutchinson/The Economist Books, 1990, p. 19.

5 Cf. Andrew Campbell, Marion Devine & David Young, op.cit., p. 19.

6 Gary Hamel & C. K. Prahalad. *Competindo pelo futuro: Estratégias inovadoras para obter o controle do seu setor e criar os mercados de amanhã*. Rio de Janeiro: Campus, 1995, p. 325.

7 Cf. IBGC – Instituto Brasileiro de Governança Corporativa. Disponível em: www.vivo.com.br/institutovivo/tire_suas_duvidas.php.

8 Disponível em: www.marshall.usc.edu.

9 Larry E. Greiner. "Evolution and Revolution as Organizations Grow". *Harvard Business Review*, maio-junho 1988.

10 Cf. *Accel-Team 2005*. Disponível em: www.accel-team.com.

11 Cf. *Dr. Ichak Adizes ten stages of corporate life cycle*. Disponível em: www.businessballs.com/adizeslifecycle.htm.

12 Émile Durkheim. In: Piotr Sztompka. *A sociologia da mudança social.* Rio de Janeiro: Civilização Brasileira, 1998, p. 423.

13 Piotr Sztompka, op.cit., p. 423.

14 Ibidem, p. 435.

15 Ibidem, p. 436.

16 Ibidem, p. 427.

17 Ibidem, p. 428.

18 Ibidem, p. 429.

CAPÍTULO 4

1 Cf. Gordon McBeath. *Practical Management Development*. Londres: B. Blackwell, 1990, p. 106.

2 Marco A. Oliveira. *A dinâmica da mudança: Fatos geradores e geradores de fatos nas empresas*. São Paulo: Nobel, 1995, pp. 15-40.

3 Thomas S. Kuhn. "Revoluciones em el pensamiento." In: *Cambio social*. Robert Nisbet et al. Madri: Alianza Editorial, 1988, pp. 144-160.

4 Piotr Sztompka. *A sociologia da mudança social*. Rio de Janeiro: Civilização Brasileira, 1998, p. 111.

5 James R. Bright. "Forecasting by Monitoring Signals of Technological Change". In: *A Guide to Practical Technological Forecasting*. James R. Bright & Milton E. F. Schoeman (orgs.). Englewood Cliffs, Nova Jersey: Prentice-Hall, 1973, pp. 238-256.

6 James R. Bright, op.cit., pp. 238-256.

7 Eric Leser (do jornal francês *Le Monde*). "Fotografia digital força mudança da Kodak". *Folha de S. Paulo*, 23/10/2004, p. B5.

8 Ana Saggese (correspondente em Londres). "'Pai' mundial do CVV critica rumo da ONG". *Folha de S. Paulo*, 24/6/2001, p. A19.

9 Ítalo Calvino. *As cidades invisíveis*. São Paulo: Companhia das Letras, 1990, p. 35.

10 Adriana Mattos. "Como ser briguento, estranho, criativo e rico". *Folha de S. Paulo*, 21/10/2001, p. B12.

11 "Sem opção, brasileiro vira líder em negócio próprio". *Folha de S. Paulo*, 6/2/2002, p. B4.

12 Alberto Silva Franco. "O macaco e o peixe". *Folha de S. Paulo*, 9/5/2002, p. A3.

13 Marco A. Oliveira. *Valeu! Passos na trajetória de um empreendedor*. São Paulo: Nobel, 1995, pp. 64-65.

14 Guilherme Barros. "Ervilha e vinhos". *Folha de S. Paulo*, 27/3/05, p. B2.

15 Tatiana Diniz. "Dez negócios inspirados nas crianças". *Folha de S. Paulo*, supl. Negócios, 8/5/05, p. 23.

16 Marco A. Oliveira, op.cit., pp. 64-65.

17 Bruno Lima. "Inusitado surpreende e dá certo". *Folha de S. Paulo*, supl. Negócios. 2/4/2005, p. 20.

18 Cf. Frank Ribeiro. *Jornal Opinião*, Caderno Economia, João Pessoa (PB), 11/12/1993, p. 12.

19 Norberto Bobbio, Nicola Matteucci & Gianfranco Pasquino. *Dicionário de política*. Brasília: Edunb, 1993, 5.ed., vol. 2, p. 845.

20 Grant McCracken. *Cultura & Consumo*. São Paulo: Mauad, 2003, cap. 8.

21 Ibidem.

22 Richard Layard. "A felicidade está de volta". Londres, 2005. Disponível em: www.prospect-magazine.co.uk.

23 André Gorz. *O imaterial: Conhecimento, valor e capital*. São Paulo: Annablume, 2003, p. 48.

24 Disponível em http://en.wikipedia.org/wiki/Edward_Bernays.

25 Stephen Fjellman. *Vinyl Leaves: Walt Disney World and America*. Boulder, Colorado (EUA): Westview Press, 1992, p. 38-9.

26 Nicola Abbagnano. *Dicionário de filosofia*. São Paulo: Martins Fontes, 1998, p. 703.

27 André Lalande. *Vocabulário crítico da filosofia*. São Paulo: Martins Fontes, 1993, p. 241.

28 Nicola Abbagnano, op.cit., p. 707.

29 Jeremy Rifkin. In: André Gorz, op.cit., p. 3.

30 Gary Hamel, "Não houve nenhuma revolução na web", entrevista a Jorge Nascimento Rodrigues, s/ data. In: Boletim online "Janela na web". Disponível em www.janelaweb.com/manageme/hamel4.html. Acesso em 29/12/2008, 15h30.

31 Sandra Kornam. "Despertando a iniciativa e a cidadania". *Revista Rumos*, julho-agosto de 2004, p. 6.

32 Cf. Emerson Alecrim. "A Internet e o Google: o casamento perfeito". Disponível em: www.infowester.com.

33 Cf. Centro de Divulgação Científica e Cultural, campus São Carlos, setor de Astronomia – Universidade de São Paulo – "Século XX – Astronomia e Astronáutica: O Homem na Lua". Disponível em: www.cdcc.sc.usp.br/cda/sessao-astronomia/seculoxx.

34 César Souza. *Você é do tamanho de seus sonhos*. São Paulo: Gente, 192 p.

35 César Souza. "O direito inalienável de sonhar". *Revista Melhor*, setembro de 2003, p. 45.

36 "Herdeiros do banqueiro Whitaker mantêm um escritório de advocacia". *Folha de S. Paulo*, 13/3/1988, p. A-24.

37 Ana Maria Geia. "Vender aos pobres, o segredo de Klein". *O Estado de S. Paulo*, 7/10/1990, p. 13.

38 Julia Boorstin et al. "The best advice I ever got". *Fortune*, 21/3/2005, p. 43.

39 Julia Boorstin et al., op.cit., p. 50.

CAPÍTULO 5

1 Cf. Marina Ferraz. "Quatro momentos da criação literária: Rilke, Borges, Mansfield e Andrade", UFPe. Disponível em: www.palavrarte.com.

2 Davi Arrigucci Jr. *O escorpião encalacrado: a poética da destruição em Julio Cortázar*. São Paulo: Companhia das Letras, 1995, p. 24 (apud Adair de Aguiar Neitzel, *O jogo das construções hipertextuais: Cortázar, Calvino e Tristessa* – tese de doutorado em Literatura da Universidade Federal de Santa Catarina, 2002). Disponível em: www.cce.ufsc.br/~neitzel.

3 Michael Porter. *Vantagem competitiva: Criando e sustentando um desempenho superior*. Rio de Janeiro: Campus, 1989.

4 Entrevista com Warren Bennis. *Revista Training*, agosto de 1997, pp. 33-38.

5 Henry Miller. *Sexus*. São Paulo: Companhia das Letras, 2004, 584 p. (apud Marcelino Freire. "O povo contra Henry Miller". *Folha de S. Paulo*, supl. Mais!, 9/1/05, p. 7.)

6 Joca Reiners Terron. "Super-García Márquez contra a morte em vida". *Cult*, ano VII, n. 87, p. 46.

7 Peter F. Drucker. *Administração: Responsabilidades, tarefas, práticas*. São Paulo: Pioneira, 1975, vol. 1, p. 84.

8 Peter F. Drucker, op.cit., p. 85.

9 Marco A. Oliveira. *Vencendo a crise à moda brasileira*. São Paulo: Nobel, 1994, pp. 78-9.

10 Ibidem, p. 79.

11 "Monsters still, but prettier". *The Economist*, 5/1/2002, p. 59.

12 Peter Drucker. *Administrando em tempos de grandes mudanças*. São Paulo: Pioneira, 1999, p. 5.

13 Stuart Crainer. *The Ultimate Business Library*. Oxford: Capstone, 1998, p. 114.

14 Gary Hamel & C. K. Prahalad. *Competindo pelo futuro*. Rio de Janeiro: Campus, 1994, p. 229.

15 "Wal around the world". Revista *The Economist*, 8/12/2001, p. 55.

16 C. K. Prahalad. "A competência essencial". São Paulo: Revista *HSM Magazine*, mar-abr 1997, p. 2.

17 C. K. Prahalad, op.cit., p. 4.

18 C. K. Prahalad, op.cit., p. 4.

19 Gary Hamel. In: Mariana Barbosa. "Só empresas revolucionárias sobreviverão". *Folha de S. Paulo*, 18/11/2000, p. Especial B2.

CAPÍTULO 6

1 Pierre Bourdieu. "Habitus et champ". Disponível em: http://perso.wanadoo.fr/sos. philosophie/bourdieu.htm.

2 Edgar H. Schein. *Organizational culture and leadership*. São Francisco (EUA): Jossey-Bass, 1986, p. 9.

3 Desmond Morris. *Você – Um estudo objetivo do comportamento humano*. São Paulo: Círculo do Livro, 1977, p. 47.

4 A. L. Kroeber. *Anthropology: Culture Patterns and Processes*. Nova York: Harbinger, 1963, p. 219.

5 Arie de Geus. *A empresa viva*. Rio de Janeiro: Campus/Publifolha, 1999, p. 124.

6 Arie de Geus, op.cit., p. 125.

7 Peter Senge. *A dança das mudanças*. Rio de Janeiro: Campus, 1999, pp. 67-68.

8 Ibidem, p. 192.

9 Adaptado de: J. Steven Ott. *The Organizational Culture Perspective*. Chicago: Dorsey Press, 1989, pp. 87-95.

10 Marvin Harris. *Cows, Pigs, Wars & Witches – The Riddles of Culture*. Glasgow: Fontana/Collins, 1975, prefácio, p. 8.

11 Abner Cohen. *O homem bidimensional*. Rio de Janeiro: Zahar, 1978, p. 9.

12 Andrew Edgar & Peter Sedgwick. *Teoria cultural de A a Z*. São Paulo: Contexto, 2003, p. 306.

13 Akio Morita. *Made in Japan*. São Paulo: Cultura, 1986, pp. 199-200.

14 Idem.

15 Idem.

16 John F. Love. *McDonald's – A verdadeira história do sucesso*. Rio de Janeiro: Bertrand Brasil, 2.ed., 1987, pp. 146.

17 "Jeans não aceita régua". Revista *Consumidor S. A.*, São Paulo, IDEC, s/data.

18 O fato é bem conhecido e citado em vários relatos sobre a vida e o trabalho de Karsh. Uma das fontes em que é narrado é: "Yousuf Karsh e Churchill", Boletim Online Nafarricos, edição de 5/3/2007. Disponível em: http://nafarricos.blogspot.com/ 2007/03/yousuf-karsh-e-churchill.html. Acesso em 29/12/2008, às 15h48.

CAPÍTULO 7

1 George M. Foster. *Antropologia aplicada*. México: Fondo de Cultura Económica, 1974, p. 14.

2 R. Pascale, M. Millemann & L. Gioja. *Surfing the Edge of Chaos: How the Smartest Companies Use the New Science to Stay Ahead* (sem informações adicionais).

3 Idem.

4 "Rebuilding the garage". *The Economist*, 15/7/2000, p. 59.

5 Carlos Ghosn. In: Guilherme Barros. "Brasileiro vira 'rei' na Nissan e no Japão". *Folha de S. Paulo*, 6/1/2002, p. B6.

6 "The complex lives of legal persons". *The Economist*, 16/10/1999, p. 4.

7 "Churning at the top". *The Economist*, 17/3/2001, p. 67.

8 Entrevista com Warren Bennis. *Training*, agosto de 1997, pp. 33-38.

9 Cf. J. Laplanche & J.-B. Pontalis. *Vocabulário da psicanálise*. São Paulo: Martins Fontes, 1992, p. 458-459.

10 Marco A. Oliveira. *Pesquisas de clima interno: O caso dos desconfiômetros avariados*. São Paulo: Nobel, 1995, pp. 54-55

11 Stephen H. Rhinesmith. *A Manager's Guide to Globalization: Six Skills for Success in a Changing World*. Londres: Irwin, 1996, cap. 1.

12 Idem.

13 Renato Ladeia de Oliveira. *Diversidade e conflito nas organizações*. Relações Humanas, São Bernardo do Campo, v. 20. p. 40-44, 2003.

A FACE OCULTA DA EMPRESA

14 Michael Goold & Andrew Campbell. *Strategies and Styles*. Inglaterra: Basil Blackwell, 1989, pp. 37-41.

15 Weston, J. Fred et al, apud Alberto Borges Matias, Antonio Carlos Pizarro de Mattos Barretto e Vlamir Gorgatti, "Fusões e aquisições no Brasil atual: possibilidades de ocorrência de uma onda". Disponível em: http://www.cepefin.org.br/publicados_pdf/fusoes_aquisicoes_brasil_atual.pdf. Acesso em 29/12/2008, às 16h36.

16 "The Daimler-Chrysler emulsion". *The Economist*, 29/7/2000, p. 67.

17 Idem.

18 Rene K. Weiss. *Training*, Seção de cartas, novembro de 1987.

19 "First among equals". *The Economist*, 26/8/2000, p. 59.

20 "The Digital dilemma". *The Economist*, 22/7/2000, p. 67.

21 "One house, many windows". *The Economist*, 19/8/2000, p. 60.

22 Horacio Riggi (de Buenos Aires). "Problema da Daimler-Chrysler se alastra". In: *Gazeta Mercantil Latino-Americana*, 11-17/12/2000, p. 29.

23 "First among equals". *The Economist*, 26/8/2000, p. 59.

24 Mark N. Clemente & David S. Greenspan, "Winning at merges and acquisitions". Nova York: Wiley, 1998.

25 Ricardo A. P. Xavier. "Quando a informação é básica". *O Estado de S. Paulo*, Caderno Empresas, 9/12/1993, p. L-1.

26 *Seleções do Reader's Digest*. setembro de 1993, p. 68.

CAPÍTULO 8

1 Norberto Bobbio, Nicola Matteucci & Gianfranco Pasquino, op.cit., p. 579.

2 Andrew Edgar & Peter Sedgwick. *Teoria cultural de A a Z – Conceitos-chave para entender o mundo contemporâneo*. São Paulo: Contexto, 2003, p. 151.

3 Norberto Bobbio, Nicola Matteucci & Gianfranco Pasquino, op.cit., p. 579.

4 G. Balandier. *Antropo-lógicas*. São Paulo: Edusp, 1976 p. 115.

5 Marco A. Oliveira. *Reflexões sobre Eric Berne*. Porto Alegre: EST/Idort/CIP, 1980, p. 60.

6 Sheila Grecco. "Gianni Vattimo defende originalidade das culturas". *Folha de S. Paulo*, supl. Mais!, 14/11/1999, p. 5-9.

7 Robert Srour. *Classes, regimes, ideologias*. São Paulo: Ática, 1987, pp. 130-ss.

8 Gianfranco Pasquino. In: Norberto Bobbio, Nicola Matteucci & Gianfranco Pasquino, op.cit., p. 564.

9 Mario Stoppino. In: Norberto Bobbio, Nicola Matteucci & Gianfranco Pasquino, op.cit., p. 933.

NOTAS

10 R. Boudon & F. Bourricaud. *Dicionário crítico de sociologia*. São Paulo: Ática, 1993, p. 433.

11 John R. P. French Jr. & Bertrahm H. Raven. *Social Psychology: Peoples in Groups*. Nova York: John Wiley, 1976, p. 516.

12 John R. P. French Jr. & Bertrahm H. Raven, op.cit., p. 201.

13 Mario Stoppino. In: Norberto Bobbio, Nicola Matteucci & Gianfranco Pasquino, op.cit., p. 937.

14 Julia Boorstin et al. "The best advice I ever got". *Fortune*, 21/3/2005, pp. 46-47.

15 Norma Discini. *O estilo nos textos*. São Paulo: Contexto, 2004.

16 Cf. www.ee-iese.com/92/word_porras.htm.

17 John Micklethwait & Adrian Wooldridge. *Os bruxos da administração: Como entender a Babel dos gurus empresariais*. Rio de Janeiro: Campus, 1998, prefácio à edição brasileira, p. xii.

18 Cf. Geert Hofstede. "Cultural Dimensions". Disponível em: www.geert-hofstede.com/hofstede_brazil.shtml.

19 Cf. Geert Hofstede, op.cit.

20 Claude Lévi-Strauss. *A oleira ciumenta*. São Paulo: Brasiliense, 1986, p. 9.

21 Terence P. Paré. "Bankers who beat the bust". *Fortune*, 4/11/1991, pp. 164-165.

22 Norma Discini. op.cit.

23 Cf. S. B. Simon, L. W. Howe, & H. Kirschenbaum. *Values Clarification: A Handbook of Practical Strategies for Teachers and Students*. Nova York, EUA: Hart, 1972.

24 Jacqueline Papalardo Dumont. *A Guide to Values Clarification in Sex Education*. Cleveland, Ohio (EUA): Preterm Cleveland University, 1979, p. 1.

25 Antonio Gramsci. *Selections from the Prison Notebooks of Antonio Gramsci*, editado e traduzido por Q. Hoare e G. Nowell Smith. Londres: Lawrence and Wishart, 1971, 330n.

26 Ibidem, p. 328.

27 Ibidem, p. 326.

28 Carlos Nelson Coutinho. In: Maurício Santana Dias. "O pensador hegemônico". *Folha de S. Paulo*, supl. Mais!, 21/11/1999, p. 5.

29 Andrew Edgar & Peter Sedgwick. *Teoria cultural de A a Z*. São Paulo: Contexto, 2003, pp. 88-89.

30 Dalen Jacomino. "As piores empresas para trabalhar". *Você S. A.*, setembro de 2003, p. 47.

31 Milton Santos. Cf. Cassiano Elek Machado. "O Brasil (segundo Milton Santos)". *Folha de S. Paulo*, 2/2/2001, p. E1.

CAPÍTULO 9

1 Carlos Heitor Cony. "A guerra não acabou, agora é que está começando". *Folha de S. Paulo*, 14/9/2001, p. E22.

2 Cf. Nicola Abbagnano. *Dicionário de filosofia*. São Paulo: Martins Fontes, 1998, p. 773.

3 Michael E. Porter. *Estratégia competitiva: Técnicas para análise de indústrias e da concorrência*. Rio de Janeiro: Campus, 1986, p. 49.

4 Stanley M. Davis. *Managing Corporate Culture*. Cambridge (EUA): Ballinger, 1984, pp. 14-15.

5 Idem.

6 Adalberto Fischmann. Comunicação pessoal, 2003.

7 D. E. Schendel & C. W. Hofer. *Strategic Management: A view of business policy and planning*. Boston: Little, Brown & Co., 1979.

8 Adalberto Fischmann. Comunicação pessoal, 2003.

9 Geoffrey Colvin. "How Alfred P. Sloan, Michael Porter and Peter Drucker taught us all The Art of Management". *Fortune*, 21/3/2005, p. 34.

10 Adalberto Fischmann. Comunicação pessoal, 2003.

11 "Intermédica Sistema de Saúde". *Folha de S. Paulo*, 1/7/1999, p. 3-8.

12 Edmund P. Learned, C. Roland Christiansen, Kenneth Andrews & William D. Guth. *Business Policy: Textes and Cases*. Homewood, Illinois (EUA): Irwin, 1969.

13 James Manktelow. "Why use SWOT Analysis?" Disponível em: www.mindtools.com/pages/article/newTMC_05.htm.

14 James Manktelow, op.cit.

15 Maria Cristina Lima D'Ajuz. "Modelo de gestão: Diferencial de competitividade ou uma grande incógnita?" Boletim online da Perspectiva Consultoria, Educação e Desenvolvimento. Disponível em: http://www.perspectivas.com.br/art71.htm. Acesso em 29/12/2008, às 16h59.

16 Henry Mintzberg. *The Nature of Managerial Work*. Nova York: Harper & Row, 1973, p. 9.

17 Charles D. Schewe & Reuben M. Smith. *Marketing: Conceitos, casos e aplicações*. São Paulo: McGraw-Hill, 1982, p. 424.

18 Dieudonné ten Berge. *The First 24 Hours: A Comprehensive Guide to Successful Crisis Communications*. Oxford: Basil Blackwell, 1990, pp. 5-6.

GLOSSÁRIO

Análise descritiva da cultura – O analista faz uma análise meramente descritiva, na qual se exime de emitir juízos de valor sobre ela.

Análise prescritiva da cultura – O analista identifica os traços culturais mais eficazes e aqueles que devem ou não ser mantidos.

Aparato dramático – Simulação do comportamento de um indivíduo ou um grupo a partir da interdição de seu comportamento autêntico, estabelecido pelos gestores da organização.

Aparelho de filtragem – Filtro estabelecido por uma gestão para impedir a divulgação dos traços culturais daquela organização a fim de evitar interferências do contexto externo na cultura da empresa.

Aprendizado institucional – Aprendizado que ocorre simultaneamente em diferentes partes de uma organização.

Camadas de cultura – Imagem metafórica sobre a composição de uma cultura corporativa, segundo a qual esta compreende duas "camadas", sendo a primeira a cultura capitalística e a segunda a cultura idiossincrática.

Choque cultural – Estado de hesitação ou perplexidade de que são tomados os membros de uma cultura quando confrontados com uma situação inusitada, sem paralelo ou explicação pelos traços culturais vigentes, com os quais estão familiarizados.

Clima interno – Estado emocional, positivo ou negativo, estabelecido pelos líderes e gestores internos e que influencia toda a organização. O clima interno é conseqüência das mudanças ocorridas no contexto e gera expectativas.

Clima organizacional – Ver *clima interno*.

Comportamento aberrante – Ver *transgressão institucional*.

Comportamento não-conforme – Ver *inovação normativa*.

Comunidade de prática – Condição atingida por uma coletividade, em que seus componentes, tendo formado uma rede de relacionamentos altamente coesa, ajudam-se voluntariamente uns aos outros.

Congregação – Reunião de colaboradores de diferentes partes da organização por tempo suficiente para trocarem informações e idéias.

Contexto – Ambiente no qual a empresa opera.

Core business – Negócio principal ao qual uma empresa se dedica.

Core competences – Competências especialmente desenvolvidas pela empresa como traços culturais típicos e diferenciadores em relação aos seus concorrentes.

Crenças – Adesão mental a uma proposição baseadas na fé, que é objetivamente insuficiente, embora subjetivamente se imponha com grande convicção.

Cultura – Conjunto dos modos de pensar, sentir e agir dos integrantes de uma coletividade.

Cultura burocrática – Variante da cultura de esforço verificada na parte inferior da hierarquia, entre os integrantes do ente produtor, nas empresas estatais e órgãos públicos, quando comandadas por ente hegemônico de orientação fortemente política.

Cultura capitalística – Função mais importante da cultura de uma empresa a partir de sua presença num contexto econômico capitalista.

Cultura corporativa – Ver *cultura de empresa*.

Cultura da aceitação – Cultura desenvolvida pelo ente produtor frente a um ente hegemônico autoritário e centralizador. Caracteriza-se pela aparente adoção de um aparato dramático que demonstra aceitação passiva e conformada dos ditames do ente hegemônico. É uma das modalidades da cultura de resposta.

Cultura da resistência – Cultura desenvolvida pelo ente produtor frente a um ente hegemônico autoritário e centralizador. Caracteriza-se pela não-aceitação dos ditames autoritários do ente hegemônico, e pela adoção de estratégias coletivas para dissimular essa recusa, por meio de resistência passiva ou velada. Trata-se de uma das modalidades da cultura de resposta.

Cultura de base – Ver *cultura capitalística*.

Cultura de cobertura – Ver *cultura idiossincrática*.

Cultura de empresa – Cultura específica de uma empresa que envolve em particular os componentes de seu ente produtor.

Cultura de raiz – Traços culturais persistentes que permanecem em vigência por muitos anos.

Cultura de resposta – Cultura corporativa que se origina no ente produtor, em resposta direta aos estímulos vindos do ente hegemônico, quando seus componentes agem como se não pertencessem ao quadro da empresa e em nada tivessem de se submeter a sua cultura. É a modalidade mais comum da cultura de empresa.

Cultura do esforço – Cultura desenvolvida pelo ente produtor, frente a um ente hegemônico autoritário e centralizador. Caracterizada pelo apego da coletividade ao trabalho e à produtividade, como recurso para conviver com as imposições do ente hegemônico. É uma das modalidades da cultura de resposta.

Cultura em afirmação – Ver *mesocultura*.

Cultura estagnada – Cultura corporativa que se solidificou em demasia, na qual os modos de pensar, sentir e agir dos colaboradores transformaram-se em condutas automáticas.

GLOSSÁRIO

Cultura excipiente – Parcela da cultura idiossincrática que, sem utilidade direta para os negócios da empresa, funciona, entretanto, como elemento aglutinador e formador de identidade cultural para os integrantes da coletividade.

Cultura fragmentária – Cultura corporativa que, tendo existido anteriormente, foi violentamente rompida pela adoção por parte do ente hegemônico de um ideário de combate.

Cultura ideal – Ver *ideário*.

Cultura idiossincrática – Divisão da cultura de uma empresa que deriva de outras fontes que não o contexto econômico capitalista em que a empresa está inserida.

Cultura instalada – Ver *endocultura*.

Culturalização – Ver *formação da cultura*.

Cultura oficial – Ver *ideário*.

Cultura organizacional – Ver *cultura de empresa*.

Cultura potencial – Ver *exocultura*.

Cultura real – Cultura da empresa propriamente dita, quando confrontada com o ideário ou cultura ideal.

Cultura rudimentar – Cultura corporativa ainda em fase de formação ou em estado inicial.

Culturas em fusão – Processo que ocorre nas fusões e incorporações de empresas, caracterizado por sete conflitos simultâneos entre as modalidades do hexagrama.

Cultura subterrânea – Cultura que os membros do ente produtor conservam relativamente intacta, em uso velado e secreto, enquanto simulam a prática dos comportamentos comandados pelo ente hegemônico, numa empresa de gestão autoritária e centralizada. (Ver *cultura da resistência*.)

Cultura técnica – Variante da cultura de esforço verificada na parte superior da hierarquia, entre os integrantes do ente produtor, nas empresas estatais e órgãos públicos quando comandadas por ente hegemônico de orientação fortemente política.

Cultura *underground* – Ver *cultura subterrânea*.

Cultura vacilante – Forma imatura e indecisa de manifestação da cultura corporativa pela ação constrangedora de um ou mais gestores autoritários ou em casos de expansão notavelmente rápida da empresa. É uma das modalidades da cultura rudimentar.

Desenvolvimento organizacional – Movimento anterior ao aparecimento do conceito de cultura corporativa, que visava o aperfeiçoamento do relacionamento intragrupal.

Discurso público – Ver *ideário propalado*.

D. O. – Ver *desenvolvimento organizacional*.

Endocultura – O nível 1 da cultura corporativa: a camada interna ou "núcleo sólido" da cultura, perceptível para todos.

Ente adquiridor – Conjunto dos clientes (ativos e inativos) de uma empresa, excluído o mercado potencial desta.

Ente hegemônico – Indivíduo ou grupo que detém total poder sobre a empresa, podendo tomar, em seu próprio nome ou em nome dos proprietários da empresa, as decisões sobre os destinos desta.

Ente produtor – Conjunto das pessoas sob o comando do ente hegemônico em uma empresa ou prestadores de serviços para ela.

Ente provedor – Conjunto dos fornecedores de uma empresa.

Estratégia – Conjunto das ações planejadas por uma empresa para realizar negócios de forma bem-sucedida, colocando em prática sua missão. É formulada de acordo com as crenças e valores presentes no ideário do ente hegemônico.

Estrela de Seis Pontas – Modelo apresentado e discutido neste livro, combinando aspectos da cultura corporativa com elementos de gestão, com a finalidade de favorecer a gestão estratégica de uma empresa. Também chamado hexagrama.

Exocultura – Camada mais externa da cultura corporativa, ainda distante de uma solidificação (ou da formação de hábitos).

Fontes formadoras – Fontes fornecedoras de traços culturais para a formação da cultura idiossincrática. Consideram-se, geralmente, cinco fontes: o ramo de negócio da empresa, os valores do fundador, o ideário da empresa-mãe, as crenças e valores da sociedade local e os fatos históricos que impactaram a empresa no passado.

Formação da cultura – Processo em oito etapas, nas quais um traço cultural específico ou uma cultura como um todo vai se tornando característica de uma coletividade. No caso de uma cultura de empresa, pode também ser chamado de culturalização.

Hexagrama – Ver *Estrela de Seis Pontas.*

Ideário – Conjunto de crenças e valores do ente hegemônico, que governam suas decisões e ações sobre a empresa.

Ideário de combate – Sistema de crenças e valores de um ente hegemônico, quando, numa situação de crise da organização, origina iniciativas de intervenção violenta na cultura estabelecida.

Ideário persuasivo – Situação em que o ideário do ente hegemônico é estabelecido na empresa mediante uma transformação pacífica com a apresentação de propostas conciliadoras e otimistas e a solicitação da colaboração de todos, mas sem deixar margem a discussões a respeito.

Ideário propalado – Discurso preparado com a finalidade de transmitir publicamente uma mensagem positiva da empresa, valorizando seus aspectos positivos e ocultando os negativos. Pode também ser chamado de discurso público.

Ideologia – Sistema de idéias e conceitos mantidos por um grupo social, transmitidos por um discurso próprio e utilizados para defender uma doutrina e justificar os interesses específicos desse grupo.

Inovação normativa – Modalidade de aplicação de inovações na organização.

Learning organization – Proposta teórica segundo a qual a empresa deve se transformar num contexto promotor de contínua aprendizagem individual e coletiva de seus componentes.

Macropolíticas – Políticas máximas criadas na empresa para orientar seu comportamento no presente e no futuro. O termo refere-se especificamente à missão e à visão de futuro da empresa. As macropolíticas são uma das três modalidades de política existentes na empresa.

Mesocultura – Camada intermediária da cultura corporativa, em processo de solidificação (ou de formação de hábitos).

Micropolíticas – Políticas criadas para orientar a atuação em áreas específicas da empresa. São geralmente derivadas das políticas estratégicas e constituem uma das modalidades de política existentes na empresa.

Missão – Declaração feita ou aprovada pelos membros do ente hegemônico da empresa, sobre o propósito primordial para o qual a empresa existe.

Missão em operação – Missão de uma empresa empreendida em suas operações no contexto e, portanto, não mais existente apenas no plano das idéias do empreendedor, mas concretizada na atuação do dia-a-dia.

Missão idealizada – Missão de uma empresa, enquanto idéia proposta por um empreendedor, mas ainda não transformada em realidade prática.

Mobilidade – Condição de freqüente exposição dos membros de uma organização a novas funções, desafios e questões a resolver.

Modelo de gestão – Conjunto de todos os aspectos relativos à estrutura organizacional e aos procedimentos de trabalho decididos pelo ente hegemônico com a finalidade de apoiar eficazmente a estratégia da empresa.

Mudança caótica – Mudança repentina, abrupta, na qual não se reconhecem padrões relevantes que tenham permanecido da situação anterior.

Mudança cumulativa – Ver *mudança linear*.

Mudança incremental – Ver *mudança linear*.

Mudança linear – Mudança na qual aspectos relevantes da empresa gradativamente se afastam de seu estado anterior.

Mudança progressiva – Ver *mudança linear*.

Necessidade – Vazio ou carência a ser preenchido no contexto. Corresponde a uma oportunidade a ser aproveitada por um empreendedor.

Níveis da cultura – Imagem sobre os vários estágios de formação em que podem se encontrar os traços de uma cultura corporativa. São considerados três níveis: a exo-, a meso- e a endocultura.

Oportunidade – Circunstância favorável de um contexto identificada pelo empreendedor e percebida como um potencial de negócio.

Políticas – Diretrizes gerais instituídas pela empresa para orientar os comportamentos de seus gestores e colaboradores. Podem ser classificadas em macropolíticas, políticas estratégicas e micropolíticas.

Políticas estratégicas – Políticas de uma empresa que têm função estratégica e das quais derivam aspectos importantes da estratégia corporativa.

Prática cultural – Conjunto dos comportamentos, práticas e formas de relacionamento, bem como os objetos resultantes, habitualmente utilizados por uma coletividade e reforçados por seu universo simbólico.

Prática social – Ver *prática cultural.*

Protocultura – Projeto de cultura ainda não realizado na prática. É comum nos estágios iniciais do funcionamento de uma empresa. É uma das modalidades da cultura rudimentar.

Redes informais internas – Redes de comunicação e relacionamento informal estabelecidas dentro das organizações, pelas quais passa a maior parte das mensagens que interessa à coletividade.

Resistência passiva – Conduta apresentada pelos membros do ente produtor frente a um ente hegemônico autoritário e centralizador. A coletividade passa a criar dificuldades no trabalho, comprometendo sua qualidade, produtividade e executando-o de modo ineficiente. É uma forma de agir própria da cultura da resistência.

Resistência velada – Conduta apresentada pelos membros do ente produtor frente a um ente hegemônico autoritário e centralizador. A coletividade apresenta comportamentos simulados de dificuldade no trabalho, embora isso ocorra de modo secreto ou velado, às escondidas. É uma forma de agir própria da cultura da resistência.

Revolução passiva – Ação não ostensiva nem destrutiva por parte do ente hegemônico que, embora repressor e autoritário, visa empreender processos de renovação na cultura da empresa.

Risco cultural – Risco ao qual uma ação estratégica definida pela empresa está sujeita, em função de coadunar-se ou não com a cultura real estabelecida.

Simulacro – Comportamento simulado baseado na idéia das expectativas que as pessoas à sua volta teriam acerca de sua conduta. O termo foi criado por Baudrillard, dando a entender que uma imagem sobrevive mesmo sem que tenha o respaldo de uma realidade concreta na qual se baseie. O simulacro se dá, nas empresas, pelo emprego dos mecanismos de imitação, ocultação e discurso.

Sobrevivências – Traços culturais ou hábitos diversos que permanecem de uma cultura anterior.

Sonho – Missão idealizada que ainda se encontra em estágio muito preliminar e precisa ser melhor elaborada mentalmente pelo seu autor antes de colocada em prática.

Steep – Sigla criada pelas iniciais dos termos social, tecnológico, econômico, ecológico e político (os cinco subsistemas em mudança permanente que compõem o contexto de uma empresa). O termo em inglês formado pela sigla significa "excede os limites de modo mais rápido que o usual".

Subcultura – Cultura de um grupo interno com características relativamente distintas da cultura mais ampla da qual fazem parte, mas não radicalmente distintas daquelas da coletividade como um todo.

Substrato cultural – Ver *cultura capitalística*.

Superestrato cultural – Ver *cultura idiossincrática*.

Traço cultural – Atos, objetos individuais ou específicos que constituem a manifestação expressa de uma cultura e se associam a outros para formar um todo harmônico e integrado. Suas quatro características são: forma, uso, função e significado.

Transgressão institucional – Modalidade de introdução de mudanças na organização pela transgressão pura e simples das normas vigentes.

Transmissão social – Processo de rápida e eficiente circulação de informações entre os integrantes de uma coletividade.

Transplante de cultura – Situação em que se procura levar a um contexto cultural estranho os traços de uma cultura já estabelecida.

Universo simbólico – Conjunto de crenças, idéias, histórias, mitos e conceitos que circulam no contexto cultural que sustentam as práticas sociais dos integrantes de uma coletividade.

Valores – Conteúdos mentais mantidos pelas pessoas que, acima das crenças, passaram pelo crivo de suas reflexões, tendo sido objeto de escolha consciente.

Visão – Ver *visão de futuro*.

Visão-capacidade – Capacidade de um indivíduo de entrever num contexto oportunidades ou problemas que não foram observados pelos demais.

Visão de futuro – Imagem idealizada de como a empresa deverá ser no futuro.

Visão-objeto – Objeto, conseqüência ou estado de algo mentalmente imaginado por um empreendedor ou outro indivíduo.

CONHEÇA TAMBÉM OUTRAS PUBLICAÇÕES
DA EDITORA SENAC RIO NA
ÁREA DE ADMINISTRAÇÃO E NEGÓCIOS

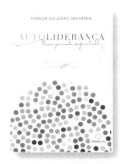

Autoliderança: uma jornada espiritual – para maior consciência na gestão com pessoas
Robson Goudard Santarém

O novo mercado de trabalho: guia para iniciantes e sobreviventes
Marco A. Oliveira

Desperte o empreendedor em você
Jorge Duro e J. R. Bonavita

Empresas de sucesso, pessoas infelizes? A gestão de pessoas e a ciência
Clemente Nobrega

A Editora Senac Rio publica livros nas áreas de gastronomia,
design, administração, moda, responsabilidade social, educação,
marketing, beleza, saúde, cultura, comunicação, entre outras.

Visite o site www.rj.senac.br/editora, escolha os títulos
de sua preferência e boa leitura.

Fique atento aos nossos próximos lançamentos!
À venda nas melhores livrarias do país.

Editora Senac Rio
Tel.: (21) 2510-7100
Fax: (21) 2240-9656
comercial.editora@rj.senac.br

Editora Senac São Paulo
Tel.: (11) 2187-4450
Fax: (11) 2187-4486
editora@sp.senac.br

Disque Senac: (21) 4002-2002

Este livro foi composto em Futura e Times New Roman
e impresso em papel offset $90g/m^2$, pela gráfica Colorset,
para a Editora Senac Rio, em abril de 2009.